La mort n'est qu'un masque temporaire...

Catalogage avant publication de Bibliothèque et Archives nationales
du Québec et Bibliothèque et Archives Canada

Casault, Jean, 1950-
     La mort n'est qu'un masque temporaire...
     (Collection Essai)
     ISBN 978-2-7640-2348-8
     1. Réincarnation. 2. Vie future. 3. Karma. I. Titre.

BL515.C37 2014   133.901'35   C2014-941255-X

© 2014, Les Éditions Québec-Livres
Groupe Librex inc.
Une société de Québecor Média
1055, boul. René-Lévesque Est, bureau 201
Montréal (Québec) H2L 4S5
Tél.: 514 270-1746

Dépôt légal : 2014
Bibliothèque et Archives nationales du Québec

Pour en savoir davantage sur nos publications,
visitez notre site : **www.quebec-livres.com**

Éditeur : Jacques Simard
Conception de la couverture : Bernard Langlois
Illustration de la couverture : Shutterstock, Thinkstock
Conception graphique : Sandra Laforest
Infographie : Claude Bergeron

Imprimé au Canada

Gouvernement du Québec – Programme de crédit d'impôt pour l'édition
de livres – Gestion SODEC.

L'Éditeur bénéficie du soutien de la Société de développement des entreprises culturelles du Québec pour son programme d'édition.

Nous reconnaissons l'aide financière du gouvernement du Canada par
l'entremise du Fonds du livre du Canada pour nos activités d'édition.

DISTRIBUTEURS
EXCLUSIFS :

• Pour le Canada et les États-Unis :
MESSAGERIES ADP*
2315, rue de la Province
Longueuil (Québec) J4G 1G4
Tél.: 450 640-1237
Télécopieur: 450 674-6237
* une division du Groupe Sogides inc.,
filiale du Groupe Livre Québecor Média inc.

• Pour la France et les autres pays :
INTERFORUM editis
Immeuble Paryseine, 3, Allée de la Seine
94854 Ivry CEDEX
Tél.: 33 (0) 4 49 59 11 56/91
Télécopieur: 33 (0) 1 49 59 11 33

**Service commande France
métropolitaine**
Tél.: 33 (0) 2 38 32 71 00
Télécopieur: 33 (0) 2 38 32 71 28
Internet: www.interforum.fr

**Service commandes Export –
DOM-TOM**
Télécopieur: 33 (0) 2 38 32 78 86
Internet: www.interforum.fr
Courriel: cdes-export@interforum.fr

• Pour la Suisse :
INTERFORUM editis SUISSE
Case postale 69 – CH 1701 Fribourg
– Suisse
Tél.: 41 (0) 26 460 80 60
Télécopieur: 41 (0) 26 460 80 68
Internet: www.interforumsuisse.ch
Courriel: office@interforumsuisse.ch

Distributeur: OLF S.A.
ZI. 3, Corminboeuf
Case postale 1061 – CH 1701 Fribourg
– Suisse

Commandes: Tél.: 41 (0) 26 467 53 33
Télécopieur: 41 (0) 26 467 54 66
Internet: www.olf.ch
Courriel: information@olf.ch

• Pour la Belgique et le Luxembourg :
INTERFORUM BENELUX S.A.
Fond Jean-Pâques, 6
B-1348 Louvain-La-Neuve
Tél.: 00 32 10 42 03 20
Télécopieur: 00 32 10 41 20 24

JEAN CASAULT

La mort n'est qu'un masque temporaire...

...ENTRE DEUX VISAGES

LES ÉDITIONS
Québec-Livres

Une société de Québecor Média

Du même auteur

Esprit d'abord, humain ensuite, Éditions Québec-Livres, 2013.

Les Intelligences supérieures, Éditions Québecor, 2012.

L'École invisible, Éditions Québecor, 2011.

Ovnis, enlèvements, extraterrestres, univers parallèles. Ce dont je n'ai jamais parlé, Éditions Québecor, 2011.

Ovnis, enlèvements, extraterrestres, univers parallèles. Et si la Terre n'était qu'un jardin d'enfance ?, Éditions Québecor, 2010.

Ovnis, enlèvements, extraterrestres, univers parallèles. Certitude ou fiction ?, Éditions Québecor, 2010.

Le parchemin de Rosslyn, Merlin Éditeur, 2005 ou *La prophétie de l'homme nouveau*, Ambre Éditions, 2012.

Le parchemin de Jacques, Éditions Incalia, 2001.

L'Esprit de Thomas, Éditions Incalia, 2000 ou *Les coulisses de l'infini*, Ambre Éditions, 2012.

Dialogue avec mon supérieur immédiat, Éditions Incalia, 1998.

Les extraterrestres, Éditions Québecor, 1995.

Dossier OVNI, Libre Expression, 1980.

La Grande Alliance, Société de belles-lettres Guy Maheux, 1978.

Manifeste pour l'avenir, Éditions AFFA, 1972.

*À mon Esprit, pour toutes ces vies anciennes
et à venir, mais aussi, comme toujours, à mon épouse Hélène
et à mes trois elfes, Xavier, Julien et Miriam, ainsi
qu'à leur papa et à leur maman, Bernard et Sophie.*

Prologue

Après y avoir longuement réfléchi, j'ai accepté de vivre cette expérience prolongée dans cette bulle hermétique en immersion totale dans un liquide expressément conçu pour la situation et dans un environnement dépourvu de source lumineuse. Je savais dès le départ qu'il s'agirait là d'une expérience très particulière, mais je faisais confiance aux spécialistes et aux experts dans ce domaine.

J'y suis maintenant. Je suis... extrêmement bien. Il fait chaud, je ne sens aucun poids, mon corps bouge très lentement et des sons me bercent parfois. Je ne sais d'où ils viennent, mais ils ne sont pas menaçants. Cette eau est merveilleuse. C'est presque onirique, cette sensation de flotter librement. Je n'ai besoin de rien, je n'ai envie de rien. J'erre sans but dans l'obscurité, la chaleur, l'apesanteur. C'est magnifique et je ne veux pas que cela s'arrête.

Je sais que le temps passe, mais je ne sais trop ce qu'il signifie. C'est apparemment la conscience que nous avons d'être et de ressentir le passage des autres et des choses autour de nous, mais moi, je ne sens rien. Si le temps existe, je ne le sens pas, mais je sais que j'existe, bien que je ne parvienne plus à me définir. J'erre dans le pur bonheur, alors à quoi bon m'interroger, tout est merveilleux ici. Oui, c'est comme vivre dans un nuage... Mais qu'est-ce que c'est?

J'ai ressenti quelque chose de très différent. On déplace la bulle, on la fait bouger. Ce n'est pas normal. Je n'aime pas ça. Tout bouge. J'ai l'impression que les parois se rapprochent, se gonflent vers l'intérieur. Je n'aime pas ce qui se passe. Il y a de plus en plus de sons qui traversent la paroi orbe, qui se replie sur moi en une étroite menace concave, et ces sons me sont étrangers. Les... les parois... vont imploser, je sens que ça me touche, je n'ai plus le sentiment de flotter, je suis comme paralysé. C'est affreux. Je ne respire plus ou presque. Je vais étouffer. Je déteste cela. Oh non, je glisse. On me pousse et on me tire, mais je ne peux aller nulle part ailleurs. Qu'est-ce qui arrive? Mon paradis s'effondre, c'est insupportable, je vais mourir, je ne veux pas de... Aaaaaaah... J'ai la tête comprimée, elle va éclater, on me tire... Mon corps va se briser, je souffre, j'ai mal, mais arrêtez! C'est cruel et monstrueux ce que vous faites! Ces sons épouvantables. Mes yeux brûlent... Ooooooooh, ça y est je... Aaaaah... Je suis lourd, j'ai froid, j'ai terriblement froid. On me frappe, mais qui me frappe ainsi? NOOOOON... JE NE VEUX PAS RENAÎTRE. JE NE VEUX PAS RENAÎTRE. ÉCOUTEZ MES CRIS, MA COLÈRE ET MA RAGE. JE N'AI JAMAIS VOULU DE CETTE VIE!

CHAPITRE UN

L'art d'aborder la réincarnation

Une après-vie à soupeser

Il serait sage de déterminer au mieux et maintenant ce qui nous arrive après la mort, sans quoi la question des vies antérieures risque de perdre de sa pertinence avant même d'être abordée. Or, voilà : la réponse à ce questionnement purement métaphysique se loge à curieuse enseigne. Elle n'est pas scientifique, parce que la science est encore à ce jour incapable de fournir une réponse satisfaisante au-delà de sa compréhension limitée de la globalité des mécanismes du cerveau. Elle considère d'ailleurs ce dernier comme le siège absolu de la conscience. Quand il meurt, plus rien ne subsiste[1].

La réponse n'est pas religieuse non plus. La nature de toute religion fait en sorte qu'elle impose ses dogmes au nom d'une foi dont elle est elle-même la créatrice. En matière de droit, cela serait considéré comme un conflit d'intérêts très conséquent. La position de l'ensemble des doctrines religieuses traditionnelles et monothéistes est donc irrecevable.

---

1. C'est le principal reproche qu'adresse le docteur Jean-Jacques Charbonnier à ses confrères qui ne croient pas à l'existence d'une conscience après la mort du cerveau.

Étonnamment, cette réponse sur la vie après la mort est logique à défaut d'être scientifique. Elle est également philosophique et spirituelle à défaut d'être religieuse.

Le docteur Robert Lanza[2]

Il est l'auteur d'une quantité phénoménale d'ouvrages remarquables dont le plus récent, *Biocentrism*, a fait sauter quelques mines antipersonnel dans son champ d'expertise, tout comme le fit Ralph Waldo Emerson[3] en son temps. Le docteur Lanza ne se fait l'avocat d'aucune cause et ne divulgue aucune de ses croyances ou de ses non-croyances. Il admet qu'il ne peut pas prouver que la réincarnation existe ou n'existe pas, mais il aborde un point très important: l'après-vie est, à ses yeux, une incontournable réalité!

Le docteur Lanza suggère que nous croyons mourir, ne plus exister en somme, parce que nous nous identifions presque totalement à notre corps. Comme nous savons avec pertinence que le corps meurt bel et bien, nous croyons que nous cesserons d'exister dès que celui-ci cessera de fonctionner. Le rapport que certains entretiennent entre la vie de leur corps et la leur est inaliénable. Ce que le docteur Lanza ajoute est essentiel: «Toute la matière, dit-il, toutes les énergies, toutes les lois de l'univers convergent vers un objectif évident: l'existence et la perpétuation de la vie! Le telos[4] de l'univers n'est rien d'autre que la vie.»

La vie est vivace

Traduit par le métaphysicien, ce propos envoie le message extraordinaire que l'univers n'est que vie, n'existe que pour elle. Citant de très nom-

---

2. Né au Massachusetts en 1956. Il est le directeur des recherches scientifiques de l'Advanced Cell Technology et professeur à l'Institute for Regenerative Medicine, de la Wake Forest University School of Medicine.
3. Philosophe américain du XIXᵉ siècle fondateur du transcendantalisme.
4. Voir le petit glossaire des mots rares en fin de volume.

breuses expériences de physique quantique, le docteur Lanza rappelle que les «miracles impossibles», et qui pourtant se réalisent jour après jour dans ces laboratoires, ne sont pas cantonnés à l'extrêmement petit. Ils existent dans notre quotidien, mais nous ne les voyons pas. «Les scientifiques qui affirment que tous ces grands moments ne sont que pour le microcosme de notre univers ont tort, affirme le docteur Lanza. La vie est une aventure qui transcende notre façon très linéaire de voir les choses. La vie est comme ces fleurs qui meurent et renaissent chaque printemps, la vie est... vivace!» Cette formulation est fascinante: «La vie est vivace!»

Comment peut-on aborder un livre sur la réincarnation sans au moins peser le pour et le contre d'une existence après la mort? Le docteur Lanza vient de résumer tout cela. L'univers entier n'a qu'un but: soutenir et perpétuer la vie. Alors, je demande: «Existe-t-il une vie après la mort?» Pour celui qui ne s'identifie qu'à son corps, non, évidemment, il n'y a absolument aucun espoir d'une existence dans une après-vie quelconque lorsque des vers transforment les chairs en un lixiviat évoquant une glaire au miasme insoutenable, et pas davantage lorsque l'humidité fait que les cendres, dans le petit pot de grès sur la cheminée, se transforment en petits grumeaux friables. Toutefois, pour celui qui s'identifie à sa conscience, à sa capacité de penser, à son corps émotionnel et spirituel, à son «je» identitaire, sans tomber dans les reliquats des fantasmes religieux, alors oui, évidemment, il y a absolument une existence dans une après-vie puisqu'en réalité la mort de son corps va le libérer de cet écrin contraignant. Puisque, bien sûr, nous sommes Esprits d'abord... humains ensuite[5].

---

5. *Esprit d'abord, humain ensuite* est le titre du dernier livre de l'auteur, mais surtout une sorte d'épigraphe ou de devise personnelle.

Le temps d'une pièce

Voyons l'Esprit sous l'angle d'un comédien, jouant un rôle d'humain dans une pièce cosmique et qu'à la toute fin ce personnage s'écroule sur la scène. Au moment de tirer les rideaux sous les applaudissements de la salle, rien de très dramatique ne survient. Le comédien se relève pour un dernier salut au public. Du personnage, il conservera l'émouvant souvenir de son essence distillée et intégrée à sa conscience. Ce personnage n'existera plus jamais, il a été créé pour le temps d'une pièce, mais le comédien a devant lui une carrière éternelle sur les planches de l'univers.

Cet ouvrage porte sur le cycle des vies ou, sous son nom le plus répandu, la réincarnation. Les éléments empiriques de la réalité du phénomène seront abordés de front parce que, comme c'est le cas en ufologie[6], il est essentiel d'avoir des faits mesurables et mesurés ou vérifiables et vérifiés pour étayer une théorie. Simultanément ou presque, la question métaphysique sera tout aussi franchement abordée par le pourquoi du pourquoi et par le sens réel de l'incarnation, comme le pourquoi de l'amnésie. Enfin, il sera question de mon vécu anamnestique ésotérique, mais autant vous prévenir : à cette étape, nous en aurons terminé avec l'empirisme.

Une croyance étayée de faits

Avec l'expérience de mort imminente et le spiritisme, la réincarnation est le phénomène le plus étrange du milieu paranormal ou métaphysique. Il n'y a plus aucun rapport avec l'ufologie. Du fait qu'il est question de vie après la mort, c'est une croyance, presque religieuse, mais elle est étayée par une série de faits vérifiables et rapportés par des gens stables et équilibrés, puis analysée par des spécialistes rigoureux. En général, les faits vérifiables et les croyances religieuses se retrouvent très rarement

---

6.   Discipline parascientifique qui étudie le phénomène des UFO (*Unidentified flying objects*) ou OVNI (objet volant non identifié). L'usage créant la règle, les termes ufologie et ufologue sont maintenant francisés depuis de nombreuses années. L'auteur de cet ouvrage est à la fois ufologue et métaphysicien.

à papoter ensemble au même cocktail dinatoire, et c'est pourtant ce que fait le phénomène de la réincarnation. Cela démontre son unicité et l'approche très particulière requise pour l'aborder le plus efficacement possible.

L'ire de la triade monothéiste

Dès qu'on aborde la vie après la mort, on se frotte aux fondements mêmes de la triade monothéiste[7]. Cette dernière considère comme intouchable tout ce qui a trait à la survie de l'âme puisque, dogmes obligent, tout est là ! L'Église se moque des ovnis et des extraterrestres, mais pas des morts qui reviennent, car au vu de sa doctrine imposée, les morts doivent rester morts et rôtir en enfer, patienter au purgatoire ou jubiler au paradis, mais ils n'ont pas le droit de revenir ! Ajoutons à cela le concept chrétien de la résurrection des morts au Jugement dernier, le Shéol juif ou le Jardin du séjour éternel islamique et nous comprenons mieux pourquoi la réincarnation vient leur jouer dans les entrailles, tout aussi bénies soient-elles.

La réincarnation heurte avec une violence inouïe l'adhésion très puissante et très présente dans l'inconscient collectif de milliards de gens au concept d'une seule vie et d'une âme qu'ils risquent de perdre à tout instant, s'ils commettent certains péchés mortels. Et c'est alors l'enfer qui les attend à la fin de leurs jours, comme l'a prédit le bon pape François aux méchants de La Mafia en mars 2014. Donc, lorsqu'on veut aborder la réincarnation, il vaut mieux être prévenu : elle ne fait pas bon ménage avec les croyances religieuses monothéistes.

---

7.   Bien que l'auteur utilise souvent cette expression, il s'en tiendra uniquement au christianisme dans ses exemples, à moins d'une note spécifique.

L'ignorance nous définit souvent mieux que nos connaissances

Bon nombre de ceux qui rejettent la réincarnation pour d'autres motifs que leur croyance religieuse ignorent les données empiriques dont nous pouvons disposer depuis de nombreuses années. L'ignorance nous définit plus encore que les connaissances que nous accumulons. En d'autres termes, ce qu'on ignore fait de nous ce que nous sommes, bien plus que ce que nous savons. Ce rejet par des gens qui connaissent peu le sujet vient du fait que ces derniers ont accordé foi à certains canulars ou à certaines méprises, pourtant bien admis et parfaitement connus des spécialistes. Ils ont alors tout refusé avec un cynisme déplorable, comme ils le font pour tout ce qui touche le paranormal et l'ufologie et, comme d'habitude, avec une abusive généralisation. Ces gens sont parfois des scientifiques, mais ne vous y trompez pas, ils ne font qu'émettre une opinion, pas plus savante que celle d'un aimable voisin de palier. Lorsqu'on s'interroge sur la nature des données qu'ils ont étudiées, on apprend qu'ils n'en ont rien fait! On trouve ce même laxisme chez les détracteurs de l'ufologie quand ils lancent impunément: «Tous les témoins mentent ou fabulent!» Mais ils n'en ont rencontré aucun!

L'après-vie n'est pas un concept irrationnel

En dehors de cette attitude cavalière, le rejet de la réincarnation est porté haut les cœurs par des gens qui se réclament d'une pensée unique, rationnelle et cartésienne. Cela leur suffit pour sonner l'hallali. L'après-vie est donc, *a priori*, irrationnelle à leurs yeux. Or, à ce jour, aucune option ne se révèle la solution promise et nous étudierons ces autres possibilités.

En réalité, l'argumentaire est presque philosophique. Ce qui n'existe pas ne peut pas se manifester, or l'âme, Dieu, la vie après la mort ne constituent pas les éléments d'une base de données acceptable aux yeux de la science. L'Esprit n'étant pas retenu *a priori* par la science, il ne peut donc s'incarner de nouveau *a posteriori*. C'est logique, et les scientifiques défendent cette exclusion en arguant que l'existence d'une réalité spirituelle n'ayant jamais été démontrée, ni même soupçonnée, ils ne peuvent l'y inclure. Et ce n'est pas la théorie de MacDougall qui va modifier leur point de vue[8]. L'Esprit n'étant pas inclus dans l'équation, la valeur de x devient tout à fait subjective d'après leur bagage actuel de connaissances sur la vie après la mort. Donc, rien du tout ! CQFD, comme ils aiment tant à le dire. Une équation formulée à partir de données partielles ne pourra jamais révéler une valeur exacte.

Cela étant bien compris, les gens de science ont parfaitement raison de ne pas admettre l'existence *a priori* de quoi que ce soit qui n'existe pas encore dans leur champ de connaissances. Cela existe, mais ils l'ignorent, et la science est très lente, elle prend son temps, n'aime pas la pression et ne s'aventure jamais aveuglément dans le conclusif. La science ne peut aller plus loin que là où elle en est. Il en a toujours été ainsi et elle souffre qu'on l'y force. Quand la science disait que la saignée était la seule thérapie efficace universelle, elle en était là. Quand elle affirmait que la Terre était plate, elle en était là et quand elle estimait qu'aucun homme ne pourrait survivre à une vitesse de plus de 50 kilomètres à l'heure, elle en était là. Quand elle a nié l'existence des exoplanètes, elle en était là. La science est la science, et si elle devait brusquement se mettre à formuler des théories basées sur des à peu près, des estimations vagues et des faits non démontrés, elle ne serait plus que l'ombre d'elle-même. Par contre, la science exige que nous ne la dépassions pas quand elle circule à cette vitesse de lamantin sur l'autoroute du savoir. Et quand elle en est là, nous aussi sommes supposés nous arrêter ! La science ne peut à son tour démontrer selon sa méthode que rien ne survit à la mort. Si on se base sur un principe généralement reconnu par elle, «rien ne naît ni ne périt, mais des choses déjà existantes se combinent, puis se

---

8.   La théorie de la masse de l'âme, ou théorie des 21 grammes, est une théorie émise par le docteur Duncan MacDougall en mars 1907. Sur la base d'expériences réelles, celui-ci émet l'hypothèse que le corps humain a une âme et que cette âme a une masse estimée à 21 grammes (trois quarts d'once). Au moment de la mort, l'âme s'échapperait du corps, qui se retrouverait allégé de ce poids.

séparent de nouveau[9] » ou, repris plus tard par Lavoisier, « rien ne se perd, rien ne se crée, tout se transforme », nous savons que chacune des cellules du corps sera recyclée. La nature consentirait à récupérer le moindre atome de la matière ensevelie, mais lèverait le nez sur la conscience, la personnalité et le vécu de toute une existence, laissant ce bagage inouï se perdre pour l'éternité ?

Mais soyons beau joueur, cessons de harceler les scientifiques avec nos histoires de survie après la mort, de réincarnation, d'extraterrestres visiteurs et de fantômes, cela les incommode inutilement. Ils n'en sont tout simplement pas là et un beau jour ils y arriveront. Mais en attendant, qu'ils effacent de leur visage ces petits sourires hautains de commisération et qu'ils cessent ces commentaires offensants qui font tache et désordre. Comment peuvent-ils, professionnels rigoureux qu'ils sont, s'arroger en ce domaine inspiré le droit de se comporter parfois en véritables cuistres pédants !

Je ne crois pas que la pensée, la personnalité, les connaissances et le savoir de l'être humain s'effacent comme un programme informatique qu'on supprime à jamais. Ne dit-on pas qu'il en reste toujours une trace quelque part ? C'est rationnel, non ? Préfère-t-on une approche plus cartésienne ? Comme celle-ci par exemple : « Il consiste en la considération de la nature de nos âmes, que je pense connaître si clairement devoir durer plus que les corps et être nées pour des plaisirs et des félicités beaucoup plus grands que celles dont nous jouissons en ce monde que je ne puis concevoir autre chose de ceux qui meurent, sinon qu'ils passent à une vie plus douce et plus tranquille que la nôtre, et que nous les irons trouver quelque jour, même avec souvenance du passé ; car je reconnais en nous une mémoire intellectuelle, qui est assurément indépendante du corps[10]. » Il faut admettre qu'il est présomptueux d'être plus cartésien que Descartes !

---

9. Anaxagore de Clazomènes, philosophe grec ayant vécu en 500 avant J.-C.

10. Lettre de René Descartes à Christian Huygens, physicien et astronome, le 10 octobre 1642.

Parions que d'ici peu, avec l'évolution folle de la science quantique, nous ne tarderons pas à fusionner encore un plus grand nombre d'aspects de la physique avec la métaphysique, comme d'ailleurs nous le verrons plus loin. Pas plus la science que la religion n'est adaptée à cette vérité première et universelle : Esprit d'abord, humain ensuite. Nous survivons en Esprit, pour mieux revivre en humain !

Pour aborder la réincarnation et son existence ou sa non-existence, il faudra effectuer un sérieux ménage dans les croyances religieuses et mettre en petit tas les objets de la Foi et ceux de la Raison et se faufiler entre les deux. On appelle cela modifier les paradigmes. Si nous n'y arrivons pas et que nous retournons dans nos traités de science le bec pincé ou, pis encore, si nous nous mettons à genoux pour demander pardon à Jésus d'y avoir pensé, alors ce sera un lamentable échec. Il existe des faits solides comme le roc, des réalités bien appuyées et qui s'autodéfendent, en plus d'être soutenues par un argumentaire bétonné. Nous venons de comprendre le premier motif de ce livre : établir que science et religion ne nous seront d'aucune aide ici.

Le second motif est plus important encore. Une fois abordé le concept de la réincarnation, on voudra savoir pourquoi on s'incarne. Choisissons-nous nos parents ? Le lieu de notre naissance ? Pourquoi cette vie, très ordinaire, ennuyeuse et banale en particulier ? Pourquoi certains ont-ils choisi une vie misérable, alors que d'autres vivent dans le luxe, la gloire, la fortune et surtout le pouvoir ? Bref, pourquoi un Esprit aurait-il le droit de devenir Céline Dion ou Warren Buffett, alors que d'autres croupissent dans une rizière toute leur vie avec une seule jambe valide ou encore viennent au monde schizophrènes ? «La vie n'est pas juste», clament-ils. Et ils ont tort. Et c'est pour cette seconde raison que ce livre a été écrit : découvrir le vrai sens de la réincarnation. Alors, explorons sans plus tarder cette dynamique extraordinaire de la vie et ce masque de mort temporaire qu'elle porte entre deux visages.

Chapitre deux

La réincarnation
et les autres possibilités

Quand une fleur de cerisier énerve les chercheurs !

Certaines expériences ont révélé que des souris auraient transmis à leurs descendants des perceptions olfactives dont, assez curieusement, l'odeur de la fleur de cerisier[11]. Partant de là, le docteur Brian Dias, directeur du département de psychiatrie de l'Université Emory d'Atlanta, en Georgie, croit qu'il est possible que certaines informations soient transmises biologiquement d'une génération à l'autre, après certaines modifications chimiques de l'ADN. Lesquelles ? Il l'ignore. Un traumatisme important vécu par un parent pourrait aussi influencer la structure et la fonction du système nerveux des générations suivantes. Les effets appréhendés seraient liés à la transmission de phobies, d'anxiété et de désordres posttraumatiques. En clair, un soldat fortement traumatisé par ses expériences au combat pourrait transmettre à ses enfants une forme d'anxiété, liée à l'usage d'armes quelconques ou à un climat sectoriel très hostile auquel il aurait été confronté. Ce ne sont là que des suppositions et non de véritables observations. Le chercheur reconnaît qu'il ignore complètement le comment éventuel de cette transmission d'informations. En

---

11. http://www.nature.com/neuro/journal/v17/n1/full/nn.3594.html.

d'autres termes, la manière dont l'ADN, même mitochondrial[12], pourrait envoyer ce type d'informations – ce qui est pourtant l'essentiel du débat – est une totale inconnue. Ceux-là mêmes qui tapent furieusement du pied en exigeant des preuves de la réincarnation ne proposent en contrepartie qu'un souriceau qui a hérité de sa mère la capacité olfactive de reconnaître une fleur de cerisier ! Voilà sans doute pourquoi le professeur Wolf Reik, de l'Abraham Institute de Cambridge, reste prudent quant à lui et considère que cette transmission d'une valeur olfactive par une souris est à des lieues d'être comparée au transfert mnémonique de données extrêmement complexes et élaborées chez un humain.

C'est précisément ce genre de débat que nous aurons dans cet ouvrage. Nous chercherons à déterminer quel poids réel ont ces données par rapport à celles venant de recherches sur le terrain, auprès de sujets qui se réclament d'une autre existence antérieure. Et c'est sur ce parcours cahoteux que nous allons découvrir que la science projette ses conclusions à partir de ce qu'elle reconnaît comme vrai et authentique, dans ce cas de figure, un souriceau et l'odeur d'une fleur de cerisier ! Rien d'autre !

Apparemment, notre réalité s'arrête là où est arrivée la science !

Les scientifiques ont l'habitude de penser que la réalité d'aujourd'hui s'arrête là où ils sont arrivés dans leurs conclusions et que tout ce qui «dépasse sous le sarrau» n'est que spéculation et fantaisie. Ils ont toujours pensé de la sorte, notamment avec la théorie des humeurs[13] qui a perduré de l'Antiquité au XIXᵉ siècle. C'était cela et rien d'autre ! Ils n'ont guère changé, même si leurs connaissances ont grandement évolué. Ce sont toujours ces dernières qui constituent le terminus où nous devons tous descendre du bus, afin de contempler leur parcours, béats d'admiration.

---

12. Transmis seulement par la mère.
13. Le sang, le phlegme, la bile noire et la bile jaune associés aux quatre éléments : l'air, l'eau, la terre et le feu.

Les détracteurs de la réincarnation estiment qu'il existe d'autres explications et qu'il suffit de chercher un peu. C'est faux. Chercher davantage d'explications n'apportera rien de nouveau tant et aussi longtemps que l'équation de base restera la même sur la valeur de x. Cette équation redondante vient du fait qu'à leurs yeux, le cerveau est à l'origine de la psyché : la pensée, la conscience, notre « je » identitaire, notre « moi » en somme. Dès lors, le cerveau est identifié comme le seul générateur de nos visions, de nos rêves, de nos émotions, de nos sorties extracorporelles, des apparitions de fantômes, de certains cas d'ovnis et de toute autre anomalie du genre. Le cerveau invente les récits d'enlèvements et les souvenirs de vies antérieures en régression hypnotique ou spontanée. Un pas de plus et on en revient à la citation classique : « Le cerveau sécrète la pensée comme le rein sécrète l'urine[14]. »

Tous ces dilettantes du cerveau rendent ce dernier responsable de Gog et Magog, de l'Apocalypse, des fantômes de tante Marguerite et des ovnis d'Eugène, son mari. Ce qu'ils ne réalisent pas, c'est que leurs prétentions, souvent teintées de mépris, sont autant d'inventions de leur part que celles qu'ils reprochent aux chercheurs dans ces domaines réprouvés. N'en déplaise à leur ego collectif, mais prétendre que le cerveau est le générateur de tout n'est qu'une opinion, car les scientifiques ne détiennent aucune preuve digne de ce nom. Ils présument que toutes les réponses au paranormal dans son ensemble ont en commun l'activité cérébrale et des sous-produits de celle-ci, mais ce n'est qu'une présomption, une opinion, rien d'autre. Pis encore, c'est une opinion dénuée d'argumentaire pour l'appuyer, comme un corps mou sans squelette qui chercherait à se tenir debout et bien droit ! Ils observent des phénomènes, n'en connaissent absolument pas la nature et l'origine et déduisent que le cerveau en est le responsable. La grande majorité des gens l'ignore, mais les scientifiques les plus avancés dans l'étude du fonctionnement interne du cerveau n'ont qu'une idée partielle de son mode de

---

14. Citation célèbre du naturaliste suisse Carl Vogt (1817-1895).

fonctionnement[15]. L'organe majeur du corps humain leur échappe par sa complexité. Prétendre que le cerveau sécrète la pensée comme le rein sécrète l'urine est une opinion! Prétendre que le cerveau fabrique des images surréalistes est une opinion. Bref, prétendre que le cerveau invente tous ces scénarios qui constituent le corpus de l'ufologie, de la parapsychologie et des vies antérieures n'est qu'une autre opinion, formulée différemment selon le cas, mais qui n'en demeure pas moins une simple et banale opinion du type «Moi je dis, moi je pense», à laquelle on peut opposer «Ah vraiment? Eh bien, pas moi!». Prétendre que la Terre était plate était aussi une opinion!

Ce qui me rassure toutefois est ce constat que la mécanique quantique est en train de faire une série de découvertes qui promettent d'être particulièrement déconcertantes. Les gluons permettent l'existence des quarks et donc des protons, des neutrons et des électrons, ou de l'atome, si vous préférez. Il est impossible de débattre de leur taille, puisqu'il est impossible de la déterminer en admettant qu'elle existe, et c'est bien là le mystère. Les définir est une tâche ardue d'autant plus qu'ils se comportent parfois comme une onde, donc une forme d'énergie, et parfois comme une particule, donc une forme de matière. Quelle sera la prochaine étape du savoir concernant la matière sinon de réaliser qu'elle n'existe pas, qu'elle est en fait une énergie gelée? Nous aborderons cette question plus loin, mais quelle sera la prochaine étape concernant le cerveau? Est-il vraiment le seul et unique maître à bord? Ou serait-il simplement l'outil de travail élémentaire de l'Esprit? Est-il vraiment l'organe suprême, créateur de tout et de rien? Si oui, il faudra expliquer convenablement ce qui suit.

---

15. À leur décharge, la neurologie est une science toute récente fondée au XIXe siècle à Paris par le docteur Jean-Martin Charcot.

Vivre sans cerveau

Dans la très sérieuse revue médicale *The Lancet*[16], on apprend que le docteur Lionel Feuillet, neurologue à Marseille, a découvert un patient de 44 ans dont le crâne était entièrement rempli de liquide céphalo-rachidien et ne laissait qu'un cerveau de quelques millimètres d'épaisseur. L'homme, fonctionnaire et père de trois enfants, vivait une existence normale, mais souffrait d'une défaillance à la jambe. Les tests ont montré que son état remontait à l'enfance. Une vie normale de 44 ans et plus sans un véritable cerveau montre alors que la conscience, le «je» ou le «moi» identitaire qui détermine qui nous sommes en tant que personnalité – dans ce cas de figure, un travailleur, un mari et un père –, ne se loge pas plus dans le cerveau que dans les reins. En 1980, le neurologue John Lorber de l'Université de Sheffield, dans le Yorkshire, décrit le cas d'un de ses patients venu le consulter pour un problème mineur. Le patient, un jeune étudiant en mathématiques, fort brillant d'ailleurs, avait la tête juste un peu plus grosse que la normale. Le tomodensitogramme révéla qu'il résolvait ses problèmes mathématiques avec autre chose que son cerveau, puisqu'il en était dépourvu, son encéphale étant réduit à une pellicule de moins d'un millimètre recouvrant le sommet de sa moelle épinière. Il mena d'ailleurs une vie sans encombre, continuant d'accumuler les honneurs en mathématiques. Le professeur Lorber répertoria au cours de sa carrière plusieurs centaines de cas de personnes ayant des hémisphères cérébraux pratiquement inexistants, mais qui se comportaient comme des individus intelligents et normaux, certains affichant même un QI de 130. En 1914, on rapporte le cas d'un homme de 62 ans, brutalement emporté par une crise d'épilepsie. L'autopsie révéla qu'après une blessure à la tête, survenue un an plus tôt, un vaste abcès purulent s'était développé dans son crâne. Son cerveau était réduit littéralement à l'état de bouillie, sans que ses fonctions en fussent affectées. Il avait vécu jusqu'à la fin, sans aucune défaillance dans son comportement[17]. Tout cela

---

16. Numéro du 20 juillet 2007.
17. Omnilogie.fr.

est troublant, mais quoi qu'il en soit, pour le moment, ces données remettent en question la conception du cerveau comme organe empereur du corps humain. Les neurologues se défendent en affirmant qu'un cerveau aplati, dit cerveau plastique, même s'il ne mesure qu'un millimètre d'épaisseur, ne perd pas nécessairement sa connectivité. L'image – sans doute puérile – qui me vient à l'esprit est celle de l'un d'eux acceptant de se faire aplatir le sien, l'étalant sur sa moelle épinière, de la nuque au coccyx, et à qui on demanderait de terminer sa journée sans loucher !

Cette opinion sur la non-existence de la réincarnation est donc basée sur la déification d'un organe physique, en opposition à la non-existence de l'Esprit. Tout est là. À l'université, on leur a dit que Dieu était une fabrication de l'homme, que l'Esprit est une fantaisie au même titre que le père Noël ou Peter Pan et que la spiritualité est une tentative désespérée des hommes de se réconforter dans le malheur, mais que sur le plan scientifique, Dieu et l'Esprit n'ont aucune substance. Pour la science, c'est la nature qui est à l'origine de tout. Donc, par déduction simple, puisque l'Esprit ou Dieu n'existent pas, tout ce qui tend à prouver le contraire est donc faux. Par extension, si rien ne survit à la mort du corps, rien ne peut donc s'incarner dans un nouveau corps. C'est leur logique. Elle se tient.

Même en l'absence d'une procédure d'investigation fournissant des preuves scientifiques reconnues comme telles par la possibilité de reprendre l'expérience à de multiples reprises pour en observer le mécanisme, nous devons être rigoureux. Aborder la réincarnation exige des reins solides. Si des sujets prétendent avoir vécu une autre existence dans le passé, est-il possible d'effectuer des contrôles sur le terrain, de mener des enquêtes, de faire des vérifications approfondies et ensuite d'échafauder des hypothèses ? Absolument ! Ces travaux ont-ils déjà été menés par des gens bien formés dans ce domaine, ayant une expérience dans la recherche scientifique, et ont-ils utilisé des méthodes rigoureuses et crédibles ? Absolument ! Et si quelqu'un se donne la peine d'étudier, même en surface, les procédures d'enquête et les conclusions de ces experts, a-t-il de fortes chances de penser sérieusement que la réincarnation est l'hypothèse à retenir et, malgré son aspect spectaculaire, la plus plausible ? Absolument. Nous allons donc commencer à découvrir quelques grands noms et simultanément regarder de très près les autres possibilités de la transmigration de l'Esprit d'une vie à l'autre. Nous allons tenter de voir si elles sont cohérentes et si l'une d'elles remplace la réincarnation comme explication finale.

Un mot sur l'hypnose

J'utilise depuis des décennies certaines techniques de régression hypnotique avec mes sujets. Je ne fais aucun spectacle, je ne fais pas de thérapie et je ne fais pas non plus d'anesthésie. Je ne m'intéresse qu'à la capacité d'un sujet de revivre des évènements du passé avec plus d'acuité lorsqu'il le fait sous hypnose. Des énormités sur l'hypnose sont proférées depuis qu'elle existe, tant du côté de ses défenseurs que de celui de ses détracteurs. Vidons le sac à malices. L'hypnose n'est pas une forme de sommeil ou d'inconscience. Elle n'est pas une transe mystérieuse et magique. L'hypnose n'est rien d'autre qu'un état mental plus ou moins modifié ou altéré, que l'on peut créer soi-même, mais avec plus d'aisance et de succès sous la gouverne d'un spécialiste.

Au cours de moments très précis de mon écriture, je suis dans un état de réceptivité qui provoque une émission d'ondes cervicales de type alpha. Je suis en état d'hypnose. À la vitesse avec laquelle je tape sur le clavier, inutile de vous dire que je ne dors pas ! Vous connaissez l'expression « être dans la lune » ? C'est aussi une forme d'hypnose. Lorsque vous regardez un film et que vous êtes captivé au point d'oublier que c'est un film, que vous pleurez comme une Madeleine ou que vous hurlez de peur, c'est une autre forme d'hypnose. Toutes sont des altérations de la conscience qui monopolisent davantage le côté droit du cerveau, laissant de côté la logique plus mathématique et rationnelle du cerveau gauche. Applaudissez l'artiste Mesmer[18], qui maîtrise ce talent fabuleux de vous

---

18. Hypnotiseur de scène très populaire au Québec et en France.

faire croire que les gens sur scène sont endormis! Ils sont tout simplement complices – au sens figuré, bien entendu – parce qu'ils veulent bien jouer le jeu. Sous hypnose, les gens, tant sur scène qu'en clinique, sont plus focalisés mentalement sur ce qu'ils entendent qu'en temps normal, mais ils sont entièrement conscients. C'est une forme de méditation-concentration au cours de laquelle ils ne perdent jamais conscience. Si on leur demande d'oublier, ils oublient, mais parce qu'ils le veulent bien. Une personne sous hypnose peut très bien mentir ou inventer ce qu'elle veut, mais en aucun cas un praticien ne peut lui faire dire ce qu'il veut si elle n'est pas d'accord. Mais si elle veut lui faire plaisir, ce sera comme ce qui se passe sur scène. Il est également ridicule de prétendre qu'une personne sous hypnose pourrait ne pas se réveiller puisqu'il n'y a aucune forme de sommeil ou d'inconscience. Si elle ne sort pas de sa transe, c'est qu'elle n'en a pas envie!

Donc, l'hypnose consiste à fixer son attention (seul ou avec l'aide d'un praticien) sur un thème, une question ou une situation du présent ou du passé, d'où le terme de «régression hypnotique», afin que plusieurs fonctions cognitives du sujet tombent dans une espèce de léthargie au profit de celle utilisée par le praticien. Il s'agit plutôt de suggestions élaborées avec adresse pour entraîner le sujet là où on veut qu'il soit. Je répète, toutefois, que s'agissant de suggestions et non d'ordres, même si le praticien donne l'impression de tout dominer, le sujet peut les refuser en tout temps. Par contre, si le sujet porte une grande attention aux suggestions du praticien, il se met dans une position de relâchement maximale, très proche du sommeil, d'où vient l'expression erronée de «sommeil hypnotique». C'est très facile pour certains et ils atteignent un degré de détachement très efficace, ce qui leur permet d'explorer des zones plus profondes de leur inconscient, sans se laisser distraire par le verbiage habituel de leurs activités normales. L'état d'hypnose est donc une autre façon de se souvenir ou de se concentrer.

J'ajoute que la confiance et l'admiration qu'éprouve un sujet pour le praticien jouent énormément dans la qualité de la transe. Être intimidé ou impressionné (spectacle de scène) produit le même effet. C'est pour cette raison que les gens de spectacle se donnent des airs mystérieux, jouent avec leur regard magnétique ou font des passes élaborées avec leurs mains. Autrefois, j'ai travaillé avec l'un d'eux, qui n'hésitait pas à se déguiser en fakir indien, les yeux maquillés à outrance et le visage ténébreux !

Les gens qui disent ne pas être «hypnotisables» sont habituellement ceux qui ne veulent pas céder aux suggestions du praticien. Je détecte ce type de caractère assez aisément et j'applique à leur endroit une technique qui porte le nom d'«entrevue cognitive[19]». Elle ne requiert aucun mode de suggestion intrusif et, de ce fait, se rapproche davantage de la méthode Erickson[20].

Les récits de vie antérieure sous hypnose ont autant de valeur que les récits spontanés puisque, faut-il le répéter *ad nauseam*, le sujet est conscient dans les deux cas ! Les adultes requièrent le plus souvent une mise en transe pour se concentrer sur certaines images qui refluent, alors que les enfants n'ont habituellement pas besoin de cette forme d'altération.

La preuve juridique est écrasante

La réincarnation, au-delà de la mauvaise conception que nous en avons, en raison de son importation parfois maladroite des philosophies orientales, est appuyée par des faits. Ce ne sont pas des preuves scientifiques, puisqu'elles sont impossibles à recueillir avec nos connaissances actuelles, mais ce sont malgré tout des faits patents qu'une cour de justice ne pourrait que reconnaître, si tel était l'enjeu. Ce dernier est donc de taille et la résistance, colossale et causée par la culture monothéiste. Comme

---

19. Ceux qui regardent la série policière *Esprits criminels* ont l'occasion de voir ce qu'il en est puisqu'elle est correctement représentée.
20. Milton Erickson, hypnothérapeuthe (1901-1980).

certains faits se sont effectivement révélés des canulars[21], il existe une méfiance *de facto* qui nuit à la crédibilité de ce phénomène. Bref, que ce soit sous la loi d'Athéna ou celle de Thémis[22], il faut être circonspect.

Les chromosomes-mémoires ?

Dès la conclusion de l'affaire Bridey Murphy, j'ai pensé que le phénomène était inconnaissable. Durant les années 70, je m'étais battu avec mon Français préféré de l'époque, Robert Charroux, qui, non content de tirer à feu nourri sur mes soucoupes volantes, torpillait la réincarnation avec ses chromosomes-mémoires. Il prétendait que certains chromosomes pouvaient conserver et transmettre une certaine quantité de souvenirs d'évènements vécus par nos ancêtres. Cette thèse s'est elle-même réincarnée depuis, sous d'autres appellations. À titre d'exemple, sous hypnose, un sujet soutient qu'il a vécu l'existence d'un fermier du Berri en 1739. Selon Robert Charroux, il suffirait de suivre la lignée parentale et génétique du sujet pour éventuellement découvrir dans ses ancêtres le bon vieux Berrichon ! Les chromosomes de ce dernier auraient conservé de son existence de petits extraits qu'une régression hypnotique serait parvenue à faire remonter à la surface, trois cent cinquante ans plus tard.

Vue sous cet angle, l'hypothèse a du mordant et le mérite de nous débarrasser de la question spirituelle, particulièrement quand on claironne partout son athéisme. Malheureusement pour ses pairs, l'hypothèse de Robert Charroux ne supporte pas une analyse plus approfondie parce qu'elle n'est pas très cohérente. Nous verrons pourquoi en établissant ce qu'est un chromosome et quel est son rôle. Nous constaterons ainsi que ces chromosomes-mémoires n'existent pas et qu'ils ont été imaginés pour nourrir une théorie.

---

21. *In Search of Bridey Murphy*, 1956. Tout semble indiquer qu'il s'agit d'une supercherie involontaire.
22. Respectivement déesses grecques des sciences et de la justice.

La critique la plus fréquente à l'égard des réincarnationnistes est qu'il y a beaucoup plus d'humains de nos jours qu'autrefois. D'où viennent ces nouvelles âmes? demandent-ils la bouche en cœur. Ceux qui posent une telle question tiennent donc pour acquis que les âmes ne sont destinées qu'aux habitants de la Terre puisque, bien sûr, la Terre est le seul endroit peuplé de vie intelligente dans l'univers. C'est de toute évidence une prémisse fort imprudente puisque notre science actuelle est incapable de démontrer cela, dans un sens ou dans un autre. Cela dit, elle nous informe de l'existence de neuf à onze milliards de «Terres» dans notre seule galaxie, dans un jardin de deux cent cinquante autres milliards de galaxies[23]. Quand même! C'est un peu gênant de se proclamer seul dans l'univers dans un tel contexte. Passons à l'autre objection.

Si en tant qu'Esprit nous vivons plusieurs existences pour grandir, à quoi bon le faire si nous oublions chaque fois? C'est plus une question intéressante qu'une objection et qui a le mérite d'avoir du bon sens. On ne peut que spéculer, si on tient à conserver une certaine rigueur cartésienne dans l'appréciation du phénomène, mais j'ai tout de même une réponse à cela. Elle m'a été inspirée par des tentatives de me distraire avec ces fameux jeux vidéo. Au premier, le jeu Riven[24], je me croyais plus malin que les autres. J'y suis arrivé, mais pas sans tricher lamentablement. Punissez-moi, Cyan, j'ai acheté un bouquin explicatif! C'est alors que j'ai réalisé que lorsqu'on perd une vie dans un jeu vidéo, ce n'est pas la fin! On peut en avoir d'autres; le but est de s'améliorer comme joueur d'une vie à l'autre et qu'importe le temps qu'on prend pour y parvenir. L'objectif du jeu est de se rendre à la fin avec l'immense satisfaction d'avoir déjoué le concepteur... sans tricher!

L'incarnation est une aventure bien réelle, mais il est impossible de tricher! L'amnésie est l'équivalent de l'ignorance qu'a un joueur des solutions, des parcours secrets, des énigmes, des lieux où se trouvent les

---

23. Selon une étude de la NASA confiée à l'Université de Berkeley et publiée dans *NATURE*, en octobre 2013.
24. Jeu de type puzzle-énigmes développé en 1997 par Cyan World.

passages mystérieux, des ressources supplémentaires pour sa survie, etc. Pour le plaisir du jeu – l'objectif du concepteur –, il doit découvrir tout cela lui-même, en ignorant les *spoilers*, *walktroughts*, indices et codes divers qui essaiment le Web. Cette comparaison est boiteuse comme elles le sont toutes, mais réfléchissons à cela : le concepteur qu'est l'Esprit que nous sommes s'offre, par l'incarnation, l'occasion de grandir en parcourant son jeu, avec les ressources essentielles, mais également avec les difficultés, les pièges et attrapes. Comme le véritable but du jeu est le plaisir de gagner, il n'inclut pas les éléments qui permettraient de tricher. Et il offre autant de vies que nécessaire pour y parvenir ! Ubisoft a copié la Divine Mère [25] !

La psychogénéalogie

Pour en revenir à la théorie de Robert Charroux ou de Brian Dias, il serait bon de la tailler en pièces une fois pour toutes. Toutes ces explications comme autres possibilités de la réincarnation tournent autour du processus mnémonique chez les humains. Tout est là, en somme.

Mais alors, qu'est-ce que «se souvenir de quelque chose» signifie ? Le biologiste Karl Lashley a fait, au cours des années 20, certaines expériences pour localiser le siège de la mémoire dans notre cerveau, mais en vain. Il charcuta le cerveau de rats blancs pour se rendre compte qu'ils étaient capables de vivre presque normalement sans leur cervelle de rongeur. Il en vint à conclure, avec le temps et plusieurs autres expériences, que la mémoire n'avait pas vraiment de siège précis. Déjà, durant les années 50, le neurologue Wilder Penfield avait cartographié le cerveau lors d'expériences visant à soulager les crises d'épilepsie les plus sévères, mais il n'avait pu situer un siège de la mémoire, pas plus qu'il n'avait pu déterminer s'il y en avait un. À ce jour, d'autres recherches sur la mémoire ont été conduites, mais presque exclusivement pour tenter de trouver un remède à la maladie l'Alzheimer, noble et légitime objectif.

---

25. Dans son ouvrage précédent, *Esprit d'abord, humain ensuite*, l'auteur nomme le principe divin la Divine Mère ou Dieu le Père !

On sait que l'hippocampe, ce tout petit cerveau dans un cerveau, et situé très profondément au fond du crâne, est responsable de la mémoire spatiale et de l'orientation. C'est lui qui est le plus affecté par l'Alzheimer, c'est pourquoi les malades qui sortent de leur résidence ou de l'hôpital sont incapables de retrouver leur chemin. Mais la mémoire n'est pas stockée dans l'hippocampe, ce dernier étant un mécanisme d'activation parmi d'autres[26].

Finalement, on en est venu à découvrir qu'il existe plusieurs mémoires et une série de plusieurs centres d'intérêt mnémonique dans le cerveau. Se souvenir de la manière d'utiliser un tournevis est différent, en tant que type de mémoire, de se souvenir de l'endroit où sont les clefs de la voiture, de se souvenir aussi de notre première relation sexuelle, d'une odeur associée à notre première chambre à coucher ou du visage d'un ami lointain, différent aussi des manifestations de la mémoire eidétique. La mémoire est donc un processus beaucoup plus complexe qu'on le croyait et n'a pas de siège bien défini dans le cerveau, puisqu'il y en aurait plusieurs, situés un peu partout : l'hippocampe déjà nommé, le cortex préfrontal, le lobe temporal, le diencéphale, le cervelet, etc. Les échanges entre les neurones, par milliards, ne sont pas simples, mais, à ce jour, les chromosomes, qui se situent dans notre ADN et qui sont porteurs des gènes qui nous définissent physiquement, n'ont jamais montré qu'ils pouvaient stocker ou même véhiculer des souvenirs visuels et émotionnels, et encore moins des pans entiers d'existences ayant été vécues par nos ancêtres.

C'est beaucoup en demander à un petit chromosome, qui n'est, en somme, qu'un employé de Fedex transportant des colis scellés qui seront ouverts et utilisés par les cellules apparaissant sur son registre d'adresses. Voilà du bleu pour les yeux, des commissures pour les lèvres, deux petits orifices pour les narines et un petit nez retroussé ici, compliment de

---

26. C'est la version qu'ont les spiritualistes : le cerveau est l'ordinateur de l'Esprit, un réseau organique servant à activer des fonctions essentielles, une fois incarné dans un corps physique.

votre grand-mère. Il faut comprendre ici, et ce sera plus aisé pour le lecteur lorsqu'il aura pris connaissance des récits vérifiés des sujets, que les souvenirs d'une vie complète avec des noms, des nombres, des lieux, des adresses et des situations précises, le tout enrobé de puissantes émotions, constituent une quantité phénoménale de données extrêmement lourdes et complexes – l'émotion n'étant guère une donnée physique – à stocker dans une ou plusieurs cellules, sous prétexte qu'il n'y a pas de siège précis de la mémoire dans le cerveau humain. Cela dit, la mémoire génétique est à ce jour considérée comme de la science-fiction par tous les spécialistes, bien que certains continuent de penser le contraire. Il est très clair que cette hypothèse va survivre comme une bouée de sauvetage sans laquelle leur raison pourrait s'enfoncer dans les abysses de la croyance en l'Esprit.

Pour terminer, mentionnons qu'il est exact que nous recevons le patrimoine génétique de toute une lignée d'ascendants, pas seulement celui de nos parents, mais aussi celui des leurs, et sans vraiment de coupures radicales avec notre passé, mais avec une dilution qui s'accentue jusqu'à nos très lointains ancêtres préhistoriques. Or, nous savons que nos yeux bleus et notre caractère mélancolique sont un transfert génétique de l'un ou de l'autre des humains de notre lignée, nos parents, puis les leurs, puis les parents de ces derniers, etc. Si les chromosomes transportent des gènes physiques et des gènes de comportement provenant de très loin dans le passé patrimonial, jusqu'à trois ou cinq mille ans, est-il possible qu'ils transportent des éléments mnémoniques? D'après la science, non. L'expérience de Brian Dias se limite à la transmission de la réaction olfactive d'une souris face à l'odeur caractéristique de la fleur de cerisier. D'après les scientifiques, le transfert mnémonique n'a jamais été démontré, l'olfaction étant un sens physique très sensible, celui d'ailleurs qui est le plus grand porteur de messages[27].

---

27. Il est bien connu que le sens olfactif est celui qui peut rapidement nous ramener en arrière. On se souviendra d'une odeur de l'enfance bien avant de se rappeler le lieu ou même d'en avoir des images mentales.

Il faut aussi savoir que la psychogénéalogie est une théorie développée au cours des années 70 par la professeure Anne Ancelin Schutzenberger, de Nice, et reprise sous diverses appellations par plusieurs spécialistes. Sa grande faiblesse repose sur le fait que l'ADN, et particulièrement l'ADN mitochondrial, est remarquable, surtout dans les séries américaines sur la police scientifique, mais qu'il y a tout de même des limites que même la fiction ne franchit pas.

Je ne crois pas en l'âme ou en l'Esprit, donc ça n'existe pas

En fait, le problème est que ces chercheurs qui rejettent presque violemment la réincarnation ont en commun un trait d'une extrême importance et qui est la base même de leur équation. Cela a déjà été mentionné au début de cet ouvrage, mais il est essentiel d'y revenir. Aucun n'accepte d'envisager, *a priori*, l'existence de l'Esprit dans leur équation. L'Esprit – ou l'âme ou Dieu, qu'importe le vocabulaire – n'est qu'une hérésie scientifique, un fantasme pour gens qui « n'ont pas de vie », une lubie, une illusion, une invention ou, quand cela devient insistant, un délire mystique ou mythique, incurable, à moins de gaver le sujet d'anxiolytiques.

Le plus souvent, c'est une véritable allergie qu'ils développent contre toutes ces « choses spirituelles », alors que dans les faits, ils rejettent surtout les religions monothéistes, ce qui au demeurant n'a rigoureusement aucun rapport de cause à effet, la spiritualité ayant existé bien avant ces religions. Donc, pour clore le dossier, la science, à ce jour, n'a rien démontré qui va dans le sens de l'existence ou de la non-existence du phénomène de la réincarnation. Elle n'en est pas là tout simplement. Étant déiste gnostique profond, je n'ai pas d'autre choix que d'ignorer ceux pour qui l'Esprit n'est qu'une lubie. Nous sommes aux antipodes et nous canonnons à distance, parce que j'inclus cette donnée essentielle de l'Esprit dans l'équation pour déterminer la nature de l'après-vie et des vies successives. Je n'ai pas l'intention de livrer un combat par psychiatres interposés, opposant l'avis de l'un à celui de l'autre. Ce que j'affirme, cependant, c'est que les sujets qui viennent confirmer par leur récit l'existence de la réincarnation ont à leur crédit beaucoup plus de faits vérifiables et vérifiés que toutes les autres thèses élaborées à la va-vite pour prêter secours au rationalisme rédhibitoire de certains.

C'est donc là que se séparent les eaux. Nous continuerons d'explorer les différentes théories, mais nous le ferons à partir du principe «Esprit d'abord, humain ensuite» qui est le leitmotiv de la perception gnostique que j'entretiens depuis toujours. Agir autrement ne nous mènerait qu'au seuil terne du savoir scientifique actuel sur la vie après la mort. C'est-à-dire à rien du tout !

L'Esprit n'est pas amnésique

Lorsque nous nous incarnons, nous faisons un avec le corps humain et subissons ainsi l'inévitable amnésie. D'entité subtile, sans forme et sans masse, nous subissons brutalement le fardeau corporel, la gravité de ce monde. Sans corps, sans douleur, ne ressentant ni le chaud, ni le froid, ni la soif, ni la faim, voilà qu'en une plongée[28] nous subissons tout cela dès que nous pénétrons dans le corps d'un fœtus, mais surtout quand nous sortons du ventre de la mère. C'est une odyssée terrible !

L'Esprit n'est pas amnésique, mais l'humain l'est. Il ne peut se souvenir de vies qu'il n'a jamais vécues, puisque ce n'est pas lui qui s'incarne, mais l'Esprit. Cela signifie que pour avoir accès à des souvenirs de vies antérieures, il nous faut transiger avec l'Esprit. Mission difficile pour qui en nie l'existence.

Autres explications possibles

Quand les critiques du milieu paranormal se heurtent à la très irritante démonstration de la réincarnation, ils adoptent une rhétorique plutôt vague et nonchalante et vont jusqu'à invoquer la télépathie en désespoir

---

28. Dans son livre *Death to rebirth*, l'auteure Mandy Hall compare l'incarnation à une session intense de plongée sous-marine.

de cause, ce qui en dit long sur leur cohérence, quand on sait que la télépathie est au premier rang de l'indéfendable aux yeux de la science. Mais, en général, les autres possibilités avancées sont la tromperie ou le canular, des manifestations de cryptomnésie, de possession, de fantaisie, de paramnésie, de la mémoire héritée de l'inconscient collectif ou de la mémoire génétique, aussi appelée psychogénéalogie comme on le sait maintenant.

Les marques gênantes ? Des coïncidences !

Selon un des plus grands spécialistes de la réincarnation, le regretté docteur Ian Stevenson, dont nous parlerons abondamment dans le chapitre suivant, certains enfants ont souvent des marques sur leur corps qui expliquent que c'est par là qu'ils ont été tués, mutilés ou gravement blessés. Les parents attestent que ces marques sont présentes depuis l'enfance. D'autres enfants nés avec une difformité, des membres ou des doigts manquants déclarent que ces difformités indiquent ce qui a causé leurs précédentes morts. Dans un certain nombre de cas où la vie antérieure s'est déroulée à peine quelques années avant la re-naissance, le docteur Stevenson a pu avoir accès aux dossiers des hôpitaux pour confirmer ces déclarations. Il a donc été en mesure d'établir une corrélation troublante entre les marques de naissance et les rapports d'autopsie ou les dossiers de l'hôpital révélant la cause du décès. Évidemment, évoquer la simple coïncidence paraît bien fade ici. La tromperie est également brandie comme argument. Le docteur Stevenson n'y croit pas un seul instant[29]. Les cas existent par dizaines de milliers et viennent de partout dans le monde. Or, un seul cas représente une tâche titanesque pour un éventuel trompeur et pour aboutir à quoi en fin de compte ? À rien. Les entrevues et les examens croisés de tant d'enfants témoins montrent que l'élaboration d'un canular dans ce domaine relève du véritable exploit et

---

29. Il y a des canulars dans ce domaine comme dans tout autre, mais en aucune manière ils n'expliquent tout quand la science est incapable d'avoir une réponse crédible.

est impossible sur le plan pratique, à moins d'y consacrer des ressources énormes. Il ne s'agit plus ici de photographier une lanterne thaïlandaise et de mettre cela sur YouTube[30]. Une tromperie dans le domaine de la réincarnation doit être très approfondie pour être convaincante. Il faut donc organiser la situation avec une grande minutie, préparer les parents, comme s'il s'agissait d'une grande représentation théâtrale, les amis, les témoins. Parfois, le nombre de personnes concernées excède la cinquantaine. Il faut mettre en scène des émotions d'enfant avec une extrême précision, surtout quand il y a réunion de l'enfant avec les êtres chers d'une vie antérieure[31]. La mise en scène de ces émotions dépasse la capacité humaine, d'autant plus que, très souvent, les chercheurs interviennent très rapidement dans le dossier qu'ils ont découvert eux-mêmes.

De plus, aucun d'entre eux ne rétribue les personnes concernées, et aucun témoignage et aucune publicité ne sont faits pour inciter à coopérer[32]. La fraude est irréaliste. Certaines tentatives ont sans doute été entreprises, mais on ne peut songer un seul instant que les dizaines de milliers de cas soient tous des canulars. Les chercheurs dans ce domaine, et nous les découvrirons bientôt, sont pleinement conscients que les investigations scientifiques qu'ils poursuivent sont scrutées à la loupe par d'autres scientifiques, par des concurrents et par ceux qui ont un intérêt particulier à ne pas les voir réussir. Ils prennent donc leurs précautions et œuvrent en pleine transparence.

Cryptomnésie?

La cryptomnésie, c'est de la mémoire... oubliée. Cela signifie simplement que le sujet a appris, sans le vouloir, dans sa vie présente ce qu'il dit sur

---

30. De nombreux ovnis orange ont «perdu des plumes» avec cette technique, le plus souvent estudiantine.
31. Faire pleurer un enfant de quatre ans quand il a envie de rire ou l'inverse est une tâche impossible.
32. Tout comme le docteur John E. Mack pour les témoins de RR-4. J'applique le même principe.

sa vie antérieure. Consciemment ou inconsciemment, il a lu l'information, en a entendu parler, ou on lui a appris, mais il a oublié ce fait. Dans certains cas de mémoire fragmentaire, racontée à la sauvette au bout d'une table, c'est possible, particulièrement lorsqu'une personne voyage un peu et revient d'un pays lointain avec le sentiment d'y avoir vécu. Ces cas ne sont pas inscrits dans le registre des dossiers complexes sur lesquels les chercheurs travaillent. Nous avons tous ce genre de cryptomnésie à l'occasion. Ce sont des récits anecdotiques qui peuvent être réels aussi, mais qui sont sans doute un effet de la mémoire oubliée.

En fait, la cryptomnésie[33] livre des fragments épars et non des scénarios de vie entière. Il peut s'agir de quelques images, de phrases, de noms qui relèvent du déjà-vu, mais sans plus. La cryptomnésie est évoquée dans certains cas de plagiat, quand un artiste jure être l'auteur d'une pièce, alors qu'il n'a plus aucun souvenir de l'avoir lue, vue ou entendue. Certains prétendent que le cinéma est responsable de certains récits du genre. Le sujet évoque des situations étranges et mystérieuses venant d'un temps passé, alors qu'en fait il s'agit de scènes cinématographiques oubliées. Qu'un film puisse teinter un récit n'est pas exclu, mais l'importation d'images en bloc, comme si la pellicule se déroulait dans le cerveau, est une hypothèse fantaisiste. De plus, la cryptomnésie ne peut s'appliquer aux enfants.

La fameuse mémoire collective

Dans ce cas de figure, les critiques prétendent que l'enfant obtient son information de l'inconscient collectif jungien, une sorte de Web cérébral purement théorique et «inventé» par le psychiatre suisse Carl Jung. La grande faiblesse de cette hypothèse repose principalement sur le fait qu'elle est réfutée par Jung lui-même. Ce qui est enregistré réellement de l'information provenant de l'inconscient collectif théorique est très

---

33. Associée au syndrome du faux souvenir, qui fait l'objet de sérieuses controverses, la cryptomnésie pourrait être également une fausse réponse, même en dehors des cas de réincarnation.

général, très vague, comme Jung l'affirme lui-même en évoquant la symbologie complexe de cet univers, alors qu'un inconscient tourmenté se met à générer des mandalas. Ne perdons pas de vue que les mandalas sont des représentations graphiques abstraites, un peu comme les cercles céréaliers, et sont utilisés pour le design d'horticulture, ce qui en dit long sur leur symbolique. Nous sommes loin de la vie entière d'un pilote d'avion abattu au-dessus du Pacifique[34] ou d'un soldat noir de l'Union qui souffre d'une blessure par balle au poignet. L'argument génétique et la mémoire héritée s'autodétruisent en raison d'une autre faille majeure. Si une personne se souvient d'une vie antérieure et qu'en réalité il s'agit plutôt de la vie d'un de ses ancêtres, il est évident qu'on va retrouver cet ancêtre dans son lien patrimonial à l'époque indiquée. Or, une quantité effarante de dossiers évoquent des gens qui se souviennent de vies passées comme membres de races totalement différentes, comme c'est le cas de Chase Bowman, dont nous parlerons bientôt. De plus, un ancêtre ne pourrait transmettre génétiquement à sa descendance que des souvenirs d'évènements survenus avant la conception de l'enfant re-né. Il s'ensuit que le souvenir des circonstances de la mort de l'ancêtre ne pourrait jamais être transmis, puisque l'émetteur de ces souvenirs est mort. Il ne peut plus rien transmettre. Mais comme la conscience où l'Esprit survit à la mort et s'incarne de nouveau, les circonstances dans lesquelles s'est déroulée la mort du corps font alors partie intégrante du bagage mnémonique de cette vie antérieure, l'Esprit survivant à cette mort.

Caractéristiques de souvenirs spontanés chez les enfants

Un très bon résumé des caractéristiques de souvenirs spontanés évoquées par plusieurs chercheurs se trouve dans le livre de Sylvia Cranston et Carey William, *Reincarnation: A New Horizon in Science, Religion, and*

---

34. Il en sera question plus loin dans «James, le pilote abattu».

Society[35]. On découvre que le souvenir apparaît habituellement entre deux et quatre ans et qu'il s'efface presque toujours entre cinq et huit ans. Au cours d'une discussion que j'ai eue avec Carol Bowman, une des plus grandes spécialistes dans ce domaine, nous avons convenu tous les deux que des millions d'enfants ont des souvenirs de vies antérieures, mais n'en parlent jamais ou importent ces images dans leurs jeux, et le tout passe inaperçu. J'ai vécu un évènement de ce genre vers l'âge de cinq ans. Pour les enfants, ces images ou ces souvenirs ne sont pas toujours menaçants ou terrifiants et dès lors s'intègrent bien dans leur jeune conscience. Les parents ne se doutent de rien ou ne font pas attention à ce que leurs enfants vivent comme expérience dans ce domaine, parce que le souvenir d'une vie antérieure ne fait absolument pas partie de leurs croyances d'Occidentaux chrétiens ! L'idée que leur enfant est en train de revivre un évènement vécu il y a de nombreuses années ne leur viendrait jamais à l'esprit. C'est très souvent par accident ou « par hasard » qu'ils seront alertés par le comportement de leur petit.

Puisque nous venons de parler de Carol Bowman et du docteur Stevenson, il est plus que temps de vous présenter les pionniers remarquables de cette discipline, qui, à l'image de l'ufologie et de la parapsychologie, souffre encore cruellement du mépris ou de l'indifférence d'une très grande majorité de gens mal ou non informés.

---

35. Harmony Books, New York, 1984.

CHAPITRE TROIS

Les grands pionniers

Les « vols de nuit »

Deux chercheurs, Andra M. Smith et Claude Messier, de la School of Psychology de l'Université d'Ottawa, ont dévoilé en 2014 l'amorce d'une preuve sur « les vols de nuit », mon expression préférée pour désigner les fameuses sorties extracorporelles et que j'ai empruntée à Saint-Exupéry.

C'est Jean-Marc Dufresne, un ami à moi de la même région, recherchiste et rédacteur de son métier, qui m'a parlé de leurs travaux, après avoir lu un article dans l'*Ottawa Citizen*. Intrigué et sachant que cela m'intéresserait, il m'en a fait part et s'y est également penché pour son propre travail.

Malheureusement, les résultats[36] s'adressent aux scientifiques. Le texte est rédigé en jargon du métier et en anglais, ce qui limite très sérieusement sa compréhension. Mais en voici un résumé. Alors qu'il enseignait, en 2012, le professeur Claude Messier traitait du sujet de la désincarnation, ou sortie extracorporelle, comme le faisaient tous les scientifiques, en répétant *ad nauseam* que ce sont des hallucinations et qu'elles ne se produisent que dans des cas extrêmes. Or, un jour, une étudiante de 24 ans s'est présentée à lui en disant qu'elle pouvait sortir de son corps quand elle le voulait. Le professeur Messier a alors décidé

---

36. http://journal.frontiersin.org/Journal/10.3389/fnhum.2014.00070/full.

d'étudier son cas en surveillant les essais de sortie extracorporelle de la jeune fille avec tout un appareillage approprié.

Le professeur Messier a été obligé de revoir ses notes de cours. J'ai bien aimé la synthèse de Jean-Marc Dufresne :

> Il semble qu'il y ait deux conclusions. La première indique qu'il s'agit d'une hallucination auto-induite, avec ceci de particulier qu'elle ne respecte pas les critères scientifiques quant aux zones du cerveau qui y sont normalement associées. L'autre conclusion semble s'adresser davantage aux scientifiques et est celle-ci : « Comme on ne peut pas vraiment prouver ce que la jeune fille voyait, on admet avoir pris son témoignage sur la foi que ce qu'elle dit est vrai. Le fait qu'elle soit venue d'elle-même, qu'elle pensait que tout le monde faisait ça, qu'elle peut le déclencher à volonté et qu'on peut effectivement mesurer une activité cérébrale inusitée (complètement dans l'hémisphère gauche, au lieu du gauche et du droit, comme lorsqu'on voit ou qu'on imagine quelque chose) accorde une crédibilité à ce qu'elle dit. »

Là où cette expérience diffère des autres du même genre est qu'il n'y a pas de charge émotive liée à l'OBE[37], comme voir un parent défunt, avoir peur de mourir, être confus, etc. Et, de fait, la perception même diffère : dans le cas de cette jeune fille, c'est son entité complète qui s'élève, une sorte de corps double, pas juste une âme. Elle est totalement consciente de l'entièreté de son corps durant tout l'OBE.

Il existe donc au moins une recherche sérieuse dont les conclusions diffèrent des rengaines habituelles et redondantes des médecins et spécialistes de la santé mentale. On avance, et grâce à ces chercheurs, il sera plus aisé de suivre l'évolution d'un cas. Si cette jeune fille sort de son corps, on peut se demander ce qui s'échappe exactement et aussi ce qui arrive à ce quelque chose quand la personne meurt. Le questionnement est sans fin.

---

37. *Out of the Body Experience.*

«Je vous ai choisis!»

Marcel et Nicole, des amis, ont un petit garçon qu'ils ont appelé Anthony. Un jour, Marcel joue avec Anthony, qui a alors trois ans, et demande à son épouse de les filmer. Comme tous les papas du monde, Marcel demande à son enfant: «Aimes-tu papa? Aimes-tu maman?» À sa manière habituelle et dans son langage d'enfant, Anthony répond que oui, il aime papa et maman, mais lorsque Marcel lui demande pourquoi il les aime, la réponse, spontanée, est énoncée différemment. Posément, il explique qu'il les a choisis tous les deux après un long processus. Marcel fronce les sourcils, mais au lieu de mettre un terme à cette conversation plutôt étrange, il veut en savoir plus et feint un intérêt mitigé, obligeant ainsi l'enfant à être plus précis. Anthony ajoute alors qu'ils étaient tous réunis avec un personnage en blanc qui leur parlait et qu'ils devaient soigneusement regarder des images qui bougeaient et puis choisir entre certaines de ces images. Il ajouta qu'il aimait beaucoup ce qu'il voyait et qu'il avait donc choisi Marcel et sa maman pour venir au monde. Marcel confiera plus tard: «Il y avait de la solennité dans sa voix.» J'ai visionné la vidéo et je suis tout à fait d'accord. Seule la voix de l'enfant trahit son âge, mais le ton et le propos donnent l'impression d'être ceux d'un adulte. Isolé, ce témoignage n'a aucune valeur; rapidement, on l'attribuera à un rêve qu'aurait fait l'enfant, mais remis en perspective avec ceux des autres, il acquiert une valeur considérable. Allons donc prendre connaissance de ces autres témoignages et aussi rencontrer de grands pionniers, qui, par leur vécu et leurs travaux, redorent jour après jour le blason de la réincarnation.

Carol Bowman

En 1997, j'ai lu l'histoire de Chase Bowman[38]. J'ai été fasciné. J'ai réalisé que la réincarnation que je percevais à l'époque comme une certitude inconnaissable et improuvable était en réalité un véritable phénomène

---

38. C'est le fils de quatre ans de Carol Bowman, auteure de *Children's Past Lives*.

physique laissant des traces, et que ceux et celles qui vouaient leur vie à les faire connaître étaient des scientifiques reconnus, mais simultanément méconnus. Bien que profondément convaincu de l'existence de la réincarnation depuis toujours, je n'avais jamais vraiment fait de recherches dans ce domaine.

Quand j'ai refermé le livre, ma décision était prise. Carol Bowman devait absolument venir prononcer une conférence devant les membres de mon organisation[39] de l'époque à Ottawa.

«Ils sont tous morts, nous allons tous mourir!»

Dans sa loge, pendant que le public prenait place dans la salle de conférence, je suis entré dans le vif du sujet.

— Carol, je dois vous répéter à quel point la lecture de votre livre a bouleversé ma conception de la réincarnation par la découverte de données bien réelles, solides et physiques qui montrent qu'elle est une réalité qu'on peut confier à *l'output*[40]. Pour moi, le cycle des vies antérieures était inconnaissable et vous avez pratiquement apporté des preuves. Bravo!

— Merci, Jean. J'apprécie votre commentaire d'autant plus qu'avant cette histoire avec Chase, je ne croyais pas à la réincarnation. Je ne m'y intéressais pas et je ne voyais aucun intérêt dans ces choses, compte tenu de mon éducation religieuse.

— C'était des trucs des Indes, des vaches sacrées dans lesquelles le grand-père machin s'était incarné...

— (rire) Oui, absolument. C'est un peu ce que j'aurais dit si on m'en avait parlé avant l'expérience de Chase, mais la réincarnation, la métempsycose ou les vies antérieures ne sont plus du domaine exclusif des

---

39. Centre d'étude et d'information sur les phénomènes inexpliqués (CEIPI).
40. Pour l'auteur, *l'output* est la phase finale de la recherche : publier ou diffuser l'information, sans quoi elle n'a aucune utilité.

grandes religions orientales. Avec mes recherches, j'ai pris connaissance du fait que depuis la fin du XIXᵉ siècle, les occultistes et ésotéristes de plusieurs pays, dont l'Angleterre, ont introduit la réincarnation dans leur système de croyances. C'est l'avènement des sectes religieuses, ou du Nouvel Âge, qui a redoré le blason des vies antérieures avec la multiplication de l'information.

— Au Québec, la réincarnation passe généralement bien lorsque les gens prennent connaissance de certains faits. Je crois qu'il suffirait de peu pour qu'elle soit répandue, mais aux États-Unis, il y a une très forte résistance, non?

— Oui. Le contexte puritain et fondamentaliste des chercheurs scientifiques américains est sans doute à l'origine du silence tabou entretenu depuis toutes ces années sur les travaux ahurissants du docteur Stevenson...

— Pardon de vous interrompre, Carol, mais cela m'exaspère! Les travaux des professeurs Stevenson et Wambach sur la réincarnation devraient à eux seuls avoir clos le dossier, mais ils ne suffisent pas?

— Non, ça ne bouge pas beaucoup. La résistance des organisations religieuses est très forte, vous savez!

— Oui, je sais, la fameuse *Bible Belt*[41]. Ils ne se demandent pas pourquoi Jésus, qui devait parfaitement être au courant de la réincarnation véhiculée par le bouddhisme depuis près de six cents ans, n'en a pas profité pour la détruire. Il ne l'a jamais fait! Il n'existe aucun texte dans les Évangiles qui rejette la réincarnation, alors qu'elle était omniprésente dans les croyances de son époque, même les croyances juives.

Au cours de la conférence, Carol a révélé que la question de la réincarnation a été débattue pendant près de trois siècles au sein de l'Église

---

41. Une vingtaine d'États du sud et du sud-ouest des États-Unis sont touchés par ce fondamentalisme chrétien. Fait intéressant: ce sont ces mêmes États esclavagistes d'extrême droite qui s'étaient déclarés sécessionnistes en 1861.

chrétienne. Il suffit de lire cette phrase du prince de l'enseignement du christianisme, Origène[42] : «Chaque âme vient dans ce monde, renforcée par les victoires et les défaites de ses vies antérieures.» Carol a également rapporté que c'est l'empereur Constantin qui décréta que le christianisme pouvait désormais sortir des catacombes et fleurir à souhait, et qui convoqua le premier concile de Nicée[43]. Il enjoignit les chrétiens à déterminer ce qui devait et ne devait pas faire partie de la doctrine chrétienne. Une affaire d'humains entre eux, en somme, à l'image des membres d'un parti politique dans un congrès d'orientation! C'est lors de ce concile que la thèse de la réincarnation fut rejetée. Plus de deux siècles passèrent, mais la réincarnation tenait bon dans les croyances des premiers chrétiens. Il fallait agir, car elle éliminait le concept de la damnation éternelle, dont ils avaient impérativement besoin pour assurer l'emprise de leur Église naissante sur les fidèles. Au concile de Constantinople, en 553, la réincarnation fut décrétée hérésie. Y croire conduisait à l'excommunication et parfois même à l'extermination! Ce fut le sort des cathares, qui furent brutalement et sauvagement massacrés par l'Église en 1244, à Montségur. On ne massacre plus personne de nos jours chez les chrétiens, mais la foi, qui est une création de l'Église, interdit encore cette croyance.

— Je sais que vous allez le faire tout à l'heure, Carol, mais parlez-moi un peu du docteur Stevenson. J'ignorais que des scientifiques s'étaient lancés dans une étude aussi vaste et rigoureuse.

— J'ai été interpellée par les travaux, en effet rigoureux et extrêmement intéressants, du docteur Ian Stevenson, chef du département de psychiatrie de l'Université de Virginie. J'étais intriguée par le peu d'écho de ses travaux dans la presse et je les ai tous commandés, dans l'espoir d'obtenir une réponse à mes questions.

---

42. Théologien chrétien d'Alexandrie mort en 253.
43. S'est tenu en 325 à Nicée, aujourd'hui ville turque.

Des années auparavant, Carol avait été témoin d'un fait qui sema la panique dans sa petite famille. Devant quelque deux cents personnes réunies pour l'écouter, elle a raconté ce qui l'avait profondément bouleversée alors qu'elle était une mère de famille à la maison, sans aucun intérêt pour ce genre de choses. J'ai déjà relaté cet incident dans plusieurs de mes écrits, mais dans le contexte de cet ouvrage, je me dois d'y revenir.

Son fils Chase, alors âgé de quatre ans, assiste avec elle au feu d'artifice du 4 juillet quand, soudain, il se met à hurler et à se débattre sans aucune raison apparente. Le hasard, l'ami fidèle de la causalité en culottes courtes, veut qu'un ami hypnologue soit présent chez elle pour célébrer le jour de l'Indépendance. Dès leur retour à la maison, il a l'idée de calmer l'enfant très doucement et de l'inviter à dire tout haut et posément pourquoi il a tant pleuré.

Carol raconte qu'à cet instant elle a trouvé la question un peu stupide parce qu'il était évident dans son esprit que les explosions pyrotechniques étaient la cause de l'émoi de l'enfant. À sa grande surprise, Chase se met à décrire sa peur d'être abattu, sa terreur devant tous ces cadavres sur la colline et sa douleur au poignet après avoir été atteint par une balle. Carol reconnaît que si son ami hypnothérapeute n'avait pas été chez elle ce soir-là, elle ne serait pas non plus présente devant le public, pas plus qu'elle n'aurait été invitée à l'émission d'Oprah Winfrey[44]. Elle aurait écarté complètement ce récit fantastique, le mettant sur le compte de la fabulation d'un enfant, et l'incident se serait clos de lui-même.

Donc, lentement, l'hypnologue pose des questions simples et non directives afin d'en savoir plus, malgré l'ébahissement total de la mère. Ils apprennent alors que Chase vient de revivre une bataille en règle entre les sudistes et les nordistes. Plus tard, l'enfant indique tant de détails précis que Carol n'a pas d'autre choix que de les faire confirmer par un

---

44. Le lecteur pourra apprécier une de ces entrevues à cette adresse : http://www.intuitivetimes.ca/Spirituality/research/vol2-1pastlives.htm.

historien. Ce qui est fait, et ce qu'elle apprend transforme la jeune mère de famille en une chercheuse tenace et déterminée, encore à ce jour[45]. Le souvenir oublié de cette vie antérieure avait été ravivé en l'enfant de quatre ans par la vue des corps étendus sur la colline, par la fumée, ainsi que par le son du spectacle pyrotechnique. Il s'agissait évidemment des spectateurs, simplement allongés sur le sol, qui admiraient les feux d'artifice.

Bien qu'ayant déjà été mis en présence d'images évoquant la guerre de Sécession, l'historien et les autres experts qui ont examiné l'enfant sont tous d'avis qu'il lui était impossible de connaître avec tant de précisions l'histoire et surtout le déroulement de la vie d'un soldat noir de l'Union. L'enfant n'a que quatre ans! D'ailleurs, la race du soldat en dit long sur l'impossibilité qu'il s'agisse d'une mémoire génétique ou cellulaire, ces fruits appétissants de la psychogénéalogie. Le père de l'enfant tire ses origines directement des Bowman d'Angleterre depuis 1066 et Carol ne compte que des Blancs dans sa famille, aussi loin qu'elle peut remonter. La guerre de Sécession ayant eu lieu entre 1861 et 1865, ils savent qu'aucun homme de race noire ne s'est glissé dans cette lignée aussi blanche que neige durant ces années-là.

Donc voilà un enfant de quatre ans qui ne sait pas encore lire, qui vit au sein d'une famille bien normale, où on ne parle pas plus de guerre de Sécession que de Révolution française ou de la Conquête de 1759 chez d'autres. Carol explique alors que son fils est en mesure de donner des chiffres très précis et vérifiables, mais surtout vérifiés, sur des aspects logistiques particuliers en campagne mobile. C'est un détail extrêmement intéressant, parce que si bon nombre d'entre nous s'intéressent à certains hauts faits concernant des batailles célèbres, très peu effectuent des recherches sur l'aspect logistique de ces campagnes de guerre lorsqu'une armée entière se déplace, ou même y portent un intérêt: la nourriture, les munitions, l'eau, le matériel, les produits d'entretien. Inutile

---

45. http://www.carolbowman.com/.

de dire à quel point les historiens consultés ont été estomaqués de voir un enfant de quatre ans posséder ces connaissances. Découvrons maintenant ce professeur Stevenson dont parlait Carol.

Stevenson, ce mystérieux inconnu

Ian Pretyman Stevenson est né à Montréal le 31 octobre 1918, mais a passé pratiquement toute sa vie aux États-Unis. À l'Université de Virginie, il a été le grand patron de la faculté de psychiatrie de 1957 à 1967, professeur de psychiatrie de 1967 à 2001 et professeur de recherche de 2002 à son décès, en 2007. Voilà un parcours qui rappelle celui d'un géant du domaine métaphysique de l'ufologie, le docteur John Mack, de Cambridge, malheureusement décédé accidentellement en 2004.

Fasciné par un aspect très particulier de la réincarnation, le docteur Stevenson est devenu le fondateur et le directeur de la division des Études perceptives de l'Université de Virginie. Les recherches de cette division concernaient des cas dont les émotions, les souvenirs, et parfois même les blessures physiques – présentes sous forme de taches de naissance – étaient transférés d'une vie à l'autre. À titre d'exemple, la balle au poignet que disait avoir reçue Chase se manifestait par un eczéma très tenace et limité à son poignet, presque depuis sa naissance. Toutefois, comme l'affirment la plupart des chercheurs dans ce domaine, les marques ou les douleurs chroniques disparaissent dans les jours qui suivent la révélation, ce qui a été le cas pour Chase, dont l'eczéma chronique a disparu peu après. Bien que les travaux touchant cet aspect soient méconnus, ils sont bien existants, documentés et consultables. Ces corrélations troublantes sont presque des preuves.

L'analyse que Carol Bowman a faite des travaux du docteur Ian Stevenson lui a permis d'apprendre que celui-ci a rencontré et étudié personnellement plus de deux mille six cents cas du genre[46]. Sa méthodologie

---

46. C'est un échantillonnage plus que suffisant, même selon les critères les plus rigoureux.

était simple et redoutable pour quiconque aurait eu l'intention de falsifier des données. À la manière d'un détective, opérant dans l'anonymat, il écoutait attentivement les propos de l'enfant et prenait note des détails les plus infimes. Par la suite, il visitait les lieux décrits, le plus souvent fort éloignés de sa résidence, et préparait le terrain pour une confrontation en maintenant toujours les sujets dans l'ignorance complète de ses intentions et de sa stratégie. Puis il définissait les paramètres de ses recherches devant les parents, détaillait le protocole et, si ces derniers acceptaient, ils se rendaient tous au lieu désigné par l'enfant. Le pourcentage extrêmement élevé de cas satisfaisant ses critères de recherche a été déterminant pour le docteur Stevenson, ce qui l'a convaincu de rendre ses travaux officiels en les publiant dans sa propre université. Rappelons qu'on peut trouver la collection complète et colossale des travaux de Stevenson à la bibliothèque de l'Université de Virginie. Stevenson n'est pas une créature du Web. Il était sans contredit le scientifique le plus impliqué dans le domaine de la réincarnation, celui qui a démontré par l'expérience auprès de tant de sujets qu'elle est une réalité. Il a toujours refusé d'affirmer qu'elle était prouvée, mais ajoutait que ce n'était qu'une question de temps : « Ceci ne relève pas encore de notre expertise de prouver que s'effectue ce transfert parce que nous ignorons aussi comment cela se produit. » En fait, Ian Stevenson, sur le plan strictement scientifique, ne pouvait aller plus loin et reconnaître ce qu'en métaphysique nous appelons l'anamnèse. En 1982, il a fondé la Société pour l'exploration scientifique et a publié près de 300 articles et 14 livres [47].

Un combat entre deux factions

Les chercheurs de l'étrange sont un peu comme des guérilleros, des soldats rebelles ou des mercenaires. Ils ont l'avantage du terrain parce qu'ils

---

47. Dont *Twenty Cases Suggestive of Reincarnation*, 1966, ainsi que *European Cases of the Reincarnation Type*, 2003. Sa contribution majeure est sans contredit ses deux volumes de plus de 2000 pages : *Reincarnation and Biology : A Contribution to the Etiology of Birthmarks and Birth Defects*, 1997.

rencontrent les témoins, travaillent avec eux, fouillent, cherchent, et puis un beau jour publient les résultats de leurs travaux. Et c'est là que le bât blesse. Dans nos sociétés aseptisées et protégées contre les extrêmes et les abus, la pensée unique[48] nie à ces soldats d'infortune le privilège de leurs ressources médiatiques. Ils peuvent publier autant de recherches qu'ils le veulent – c'est un pays libre –, mais n'adhérant pas à la pensée unique, ils n'ont pas accès aux services et aux ressources habituellement accordés aux autres chercheurs et auteurs. L'élite intellectuelle de la pensée unique considère que nous sommes tous des farfelus sans exception et nous canarde avec mépris ! Le regretté docteur John E. Mack est passé à un cheveu d'être démis de ses fonctions, alors qu'il était responsable du département de psychiatrie du plus prestigieux établissement universitaire des États-Unis : Harvard, à Cambridge. Le docteur Mack a provoqué l'ire de ses pairs non pas pour avoir effectué des recherches très poussées sur les victimes d'enlèvements extraterrestres, mais pour être devenu un mercenaire, pour s'être extirpé de l'arène universitaire et pour avoir livré son combat sur la place publique avec un livre people[49], assurant de tout son poids et de tout son prestige la crédibilité de ces récits. C'est un geste qu'on ne pardonne pas facilement dans ces milieux du « haut savoir ». Il a finalement eu gain de cause contre ses détracteurs, mais il a dû se battre comme un lion !

Le docteur Ian Stevenson n'était pas John Mack, il n'a pas commis de crime de « lèse-science », bien que sa thématique de recherche ait été tout aussi provocante. En s'attaquant au fondement du christianisme qui est la résurrection des corps, il s'attirait pourtant les foudres de ses congénères. Mais Stevenson n'avait pas la personnalité très charismatique de John Mack. Il était effacé, un peu terne aussi, pas très intéressant à médiatiser, et comme s'il était conscient des limites de son charme naturel, il n'a jamais fait de vagues. Il est donc passé sous le radar. Ses

---

48. Expression qui identifie l'ensemble des pensées conformistes et conservatrices d'une société.
49. *Dossier extraterrestres*, Robert Laffont.

publications universitaires, que le public peut consulter, sont restées confidentielles, comme c'est le cas très souvent avec le matériel universitaire. Personne n'a jamais vraiment su qui il était. Carol m'a confié que si elle n'avait pas fait de recherches poussées, elle n'aurait jamais eu connaissance de son existence. S'il est connu maintenant, c'est principalement grâce à elle.

Margaret Fox, du *New York Times*, a été emballée par cet homme, le décrivant comme un véritable génie incompris, la caste des scientifiques obtus n'ayant jamais daigné porter un regard sur ses travaux. En 1999, Tom Shroder, un journaliste du *Washington Post*, a publié[50] à son tour un article sur les travaux du docteur Stevenson, ainsi que Jim B. Tucker, psychiatre et collègue de Ian Stevenson, en 2005[51]. Du côté des critiques, c'est le même catéchisme du scepticisme qui est brandi : la réincarnation n'existant pas, les enfants ont menti et trompé le docteur Stevenson. C'est comme pour les ovnis, ils n'existent pas parce qu'il est impossible qu'ils existent, alors tout ce qui tend à prouver le contraire est forcément faux. Ce qui doit être retenu est que le docteur Stevenson a mis en jeu sa réputation en publiant son travail dans les plus prestigieux journaux de psychiatrie[52]. D'autres scientifiques de réputation internationale ont attesté du professionnalisme et de la crédibilité du docteur Stevenson, dont le professeur Albert J. Stunkard, président du département de psychiatrie de l'Université de Pennsylvanie. Parmi plusieurs déclarations positives, retenons celle-ci : « Le docteur Stevenson est l'homme le plus critique que je connaisse dans cette sphère où nous travaillons, et peut-être le plus réfléchi, qui a le chic pour construire le protocole d'investigation approprié. » Cela ne traduit pas un appui au phénomène de la réincarnation, mais cela indique que Ian Stevenson n'était pas un amateur brouillon. La D^re Gertrude Schneider, du City Collège à l'Université

---

50. *Old Souls : Scientific Evidence From Children Who Remember Previous Lives.*
51. *Life before Life.*
52. *The Journal of Nervous and Mental Disease*, septembre 1979, et *The Journal of Psychiatry*, décembre 1979.

de New York, confirme à son tour : « Stevenson est une personne très soigneuse et très consciencieuse, d'une grande capacité intellectuelle et de standards professionnels élevés. Il se donne la plus grande peine pour collecter et analyser les données brutes. » Le professeur Herbert S. Ripley, président du département de psychiatrie de l'Université de Washington, à Seattle, témoigne : « J'ai beaucoup d'estime pour le docteur Stevenson. Je le vois comme quelqu'un de minutieux et d'honnête. Nous avons de la chance. Il a de réelles aptitudes et une grande intégrité pour étudier dans ce domaine controversé. » Le Dr Harold Lief écrit dans le *Journal of Nervous and Mental Disease*, en septembre 1977 : « Soit il fait une faute colossale, soit il sera connu comme le Galilée du xxe siècle. » Jacques Languirand, de Radio-Canada[53], n'a que de bons mots à son endroit. Malgré cela, vous ne connaissiez pas le docteur Ian Stevenson. Vous connaissez les docteurs Christiaan Barnard et Pierre Grondin parce qu'ils ont réussi les premières transplantations du cœur, mais le nom de Stevenson ne vous dit absolument rien.

Comme nous l'avons vu, Ian Stevenson a établi une des plus étranges corrélations qui soient concernant les sujets qu'il a traités. Sur leur corps se trouve une marque qui coïncide avec l'endroit physique qui a été gravement atteint dans une vie antérieure : une trace sous la forme d'une tache de naissance ou d'un problème récurrent, comme c'était le cas pour Chase Bowman, qui souffrait d'eczéma[54]. Le célèbre musicien Ravi Shankar se souvenait d'avoir été horriblement décapité par un parent qui espérait hériter de la fortune de son père. L'enfant né de nouveau, Ravi Shankar, portait une marque encerclant son cou. Quand sa déclaration a été étudiée, on découvrit que la personne qu'il disait avoir été était bien morte par décapitation.

---

53. http://www.radio-canada.ca/par4/tran/reincarn.htm.
54. Le lecteur peut aussi relire tous les détails de l'affaire Galander, que j'ai exposée dans mon dernier ouvrage *Esprit d'abord, humain ensuite*.

Un second cas concerne un enfant turc se souvenant d'avoir été un voleur qui, sur le point d'être capturé par la police, s'était suicidé en plaçant le canon de son fusil sous le côté droit de son menton. L'enfant qui déclarait se souvenir de cette vie précédente était né avec une marque très distincte sous son menton. Une autre enquête a montré qu'il portait une seconde marque de naissance au sommet du crâne, là où la balle avait dû ressortir. Quand le docteur Stevenson a étudié ce cas, un vieil homme l'informa qu'il se rappelait l'incident et le corps abattu. C'est comme si ces blessures très graves et ces morts violentes traînaient avec elles l'ombre résiliente d'un choc se manifestant sur le corps suivant, tout comme une sorte de désordre post-traumatique qui serait plus physique que psychique. Compte tenu de ces détails importants[55], et nous en verrons d'autres, un indéniable constat s'impose. Des enfants en très bas âge se souviennent avec une très grande acuité de faits et de gestes très précis posés par d'autres à une époque bien antérieure à la leur et s'identifient avec une grande diversité d'émotions à ces autres gens. Or, vu leur âge (entre un et cinq ans), il est impossible qu'ils puissent connaître ces circonstances. Ces cas défient la raison. Comment un enfant de quatre ans peut-il se souvenir d'avoir entretenu, nettoyé, graissé et poli un canon d'ordonnance de trois pouces, alors qu'il était soldat de l'Union? Si quelqu'un veut absolument faire intervenir la raison, alors qu'il s'en fasse une!

Chase n'avait pas le vocabulaire nécessaire pour expliquer ses visions; ce ne sont tout de même pas des cellules d'ADN qui lui ont appris l'anglais ce soir-là! Il y a tout de même des limites à l'acharnement sceptique. La réincarnation, c'est-à-dire la thèse voulant que la conscience actuelle de cet enfant ait déjà habité un autre corps dans le passé, celui de ce soldat, est actuellement la plus évidente, aussi choquante ou spectaculaire qu'elle puisse paraître.

---

55. Dans ses publications, Ian Stevenson explique largement et en détail tous les aspects de sa démarche investigatrice, ce que je ne peux me permettre de reproduire ici.

L'extraordinaire dossier de Parmod Sharma

De tous les dossiers diffusés par le professeur Ian Stevenson, le plus impressionnant est celui de Parmod Sharma. J'ai commenté ce cas à quelques reprises dans le passé, mais jamais en détail. En voici maintenant l'intégralité et il est absolument renversant. À lui seul, ce dossier devrait fermer les livres et clore le débat !

Parmod Sharma est né le 11 octobre 1944 à Bisauli, aux Indes. Vers l'âge de deux ans et demi, il dit à sa mère qu'elle n'a plus à lui préparer ses repas puisqu'il a déjà une épouse à Morâdâbâd, une ville située à 150 kilomètres au nord-est de Bisauli. Pendant près de deux ans, il ne cesse de parler de la vie qu'il y menait, décrivant la nature et la fonction de plusieurs commerces locaux qu'il possédait avec des membres de « son autre famille ». Il insiste particulièrement sur un petit établissement qui fabriquait et vendait des biscuits et de l'eau gazeuse, le Mohan Brothers. Il était l'un de ces frères et ajoutait qu'il avait un autre commerce à Saharanpur, une ville située à 160 kilomètres au nord de Morâdâbâd.

Le jeune Parmod n'aime pas la compagnie des autres enfants et joue seul. Il construit des modèles de petits ateliers en y incluant le câblage électrique. Il adore faire des « biscuits de vase » qu'il sert avec du thé ou de l'eau gazeuse à sa famille. Ce faisant, il continue de décrire en détail la vie qu'il menait dans son petit commerce de Morâdâbâd et ses voyages d'affaires à Delhi. De temps à autre, il fait des réflexions à ses parents sur leur pauvre condition et la compare à ce qu'il a connu dans sa précédente vie en tant que commerçant prospère. Nous sommes à des années-lumière de l'ombre d'une mémoire génétique transmise par des cellules ou des chromosomes.

Parmod éprouve un profond dégoût pour le curd[56], ce qui est assez rare pour un enfant né aux Indes. Un jour, il dit à son père de ne plus en manger parce que cela est néfaste et dangereux. Questionné, il répond

---

56. Le curd est d'origine britannique. Il s'agit le plus souvent du lemon curd, une garniture pour macarons très riche et très sucrée, à base de jaunes d'œuf.

que dans sa vie précédente il a déjà été très malade après en avoir trop consommé. Il est possible d'avoir une réaction sévère à ce produit, particulièrement si les œufs utilisés ne se sont pas de première fraîcheur, sans parler de l'éventualité d'un diabète.

L'enfant manifeste également une véritable phobie de l'eau, ce qui, selon lui, vient du fait qu'il est mort noyé dans un bain. Après un certain temps, il informe ses parents qu'autrefois il avait une femme et cinq enfants, dont quatre garçons et une fille. Il veut les revoir et se montre très insistant, priant constamment son père de l'emmener à Morâdâbâd.

C'est le pas que sa famille ne veut pas franchir. Écouter les histoires de Parmod est une chose, mais impliquer d'autres gens, des étrangers situés à des kilomètres de là, en est une autre. Sa mère lui fait toutefois la promesse que cette visite s'effectuera quand il saura lire ! Dans les faits, souligne Ian Stevenson, jamais les parents de Parmod n'ont fait de vrais efforts pour vérifier les dires de leur enfant. Aux Indes, la mentalité n'est pas la même qu'en Occident. La culture indienne à cet égard n'a vraiment rien à voir avec la nôtre, occidentale et christianisée, et comporte un aspect inexistant chez nous : un enfant qui se souvient de ses vies antérieures risque de mourir jeune ! Malgré cela, on entend parler des révélations du jeune Parmod à Morâdâbâd, et c'est ainsi que le docteur Stevenson est informé et passe à l'action. La famille Mehra est très attentive à son histoire et considère que de nombreux détails rapportés par l'enfant concordent étrangement. Les frères Mehra sont propriétaires de plusieurs commerces à Morâdâbâd, dont une fabrique de biscuits et d'eau gazeuse portant le nom de Mohan Brothers, ce qui est en tout point identique à ce que raconte Parmod depuis son très jeune âge. Rappelons que l'enfant ne sait ni lire ni écrire et qu'il demeure à des dizaines de kilomètres de là, et évidemment que la télévision n'existe pas encore.

Le fondateur de Mohan Brothers était un dénommé Parmanand Mehra, décédé le 9 mai 1943. Et c'est l'Esprit de ce dernier qui devint celui de Parmod Sharma 18 mois plus tard. Il est généralement admis qu'il n'existe aucune règle concernant le délai entre deux incarnations. Tout est possible : un retour presque immédiat ou des délais de plusieurs siècles et, qui sait, de plusieurs millénaires. L'Esprit est immortel et éternel, c'est sans doute la notion la plus difficile à intégrer dans notre conscience limitée d'être humain très mortel et pas éternel pour un sou !

Parmod est un enfant de quatre ans et Parmanand est donc l'adulte qu'il prétend avoir été dans une vie antérieure, tout juste avant sa propre naissance. Lors d'une grande noce, Parmanand se serait gavé de curd, sa friandise préférée, et comme on l'a vu, Parmod la craint comme la peste. Parmanand aurait ensuite souffert d'un problème gastrique chronique qui se serait transformé en appendicite et en péritonite, inflammations qui finiront par l'emporter. Deux ou trois mois avant sa mort, il avait insisté, contre l'avis de sa famille, pour reprendre du curd craignant de ne plus avoir l'occasion d'en manger. Alors qu'il se faisait soigner pour son appendice, on lui fit prendre des bains thérapeutiques. C'est dans les minutes qui suivirent l'un de ces bains qu'il est mort, d'où la phobie de Parmod. Parmanand laissait dans le deuil son épouse, ses quatre garçons et sa fille.

C'est finalement au cours de l'été 1949, alors que Parmod n'a pas encore tout à fait cinq ans, que la rencontre des deux familles a lieu. À la gare de Morâdâbâd se trouvent quelques personnes, dont Sri Karam, un cousin de Parmanand. Sri était très proche de ce dernier. Dès qu'il descend du train, le petit Parmod se jette dans ses bras en pleurant, l'appelant « vieux frère », comme Parmanand le faisait autrefois. Après les effusions, Parmod, comme cela était convenu, donne des instructions au chauffeur de la calèche pour se rendre à l'atelier des Mohan Brothers. C'est donc l'enfant qui, n'ayant jamais mis les pieds dans cette ville, guide le calé-chier rue par rue jusqu'à leur destination.

En Inde, le propriétaire d'un commerce a toujours un *gaddi* à sa porte, une sorte de siège rembourré et confortable où il prend place pour accueil-lir ses clients. En arrivant sur place, Parmod fait la réflexion que son *gaddi* n'est pas au même endroit que d'habitude. Les gens de l'atelier reconnaissent qu'ils l'ont changé de place après le décès de Parmanand. Parmod vient à peine d'entrer dans l'atelier qu'il cherche à savoir qui s'occupe de l'eau gazeuse et de la pâtisserie, ce qui était la responsabilité de Parmanand. Il avait été demandé aux employés de Mohan Brothers de dérégler, dans le plus grand secret, la machine la plus complexe de l'entreprise afin de tester la réaction de Parmod. Dès que celui-ci constate qu'elle ne fonctionne pas, il se dirige à l'arrière de la machine, montre un tuyau en particulier parmi de nombreux autres et donne l'ordre qu'on le fixe à un endroit précis pour que la machine puisse fonctionner de nouveau. Ce qui est fait, à l'ébahissement de tous. Lorsque le petit groupe se rend à la résidence de Parmanand, l'enfant se dirige aussitôt vers « sa » chambre, constatant sur-le-champ les changements qui ont été apportés, dont une moustiquaire qui n'existait pas en son temps. Il montre une petite commode, puis une table relativement basse en expliquant qu'il l'utilisait très souvent pour prendre ses repas, ici dans sa chambre plutôt que dans la salle commune. Lorsque la vieille mère de Parmanand entre dans la pièce, il la reconnaît aussitôt et l'appelle *Mother*, avant que personne n'ait eu le temps de dire quoi que ce soit. Il en est de même avec l'épouse. Jamais tant de détails précis n'auraient pu être « enseignés » à l'enfant pour monter un canular.

Devant la veuve de Parmanand, Parmod affiche une mine embarrassée, réalisant qu'il a cinq ans et que cette femme a été la sienne. On imagine facilement ce qu'un désir sexuel devient lorsqu'il est tamisé dans l'esprit d'un petit enfant qui ne connaît et ne ressent rien de ces choses. Un enfant de cet âge ne peut « jouer » ce type de réaction !

Lorsqu'ils se retrouvent seuls tous les deux, Parmod, cet enfant étranger, lui fait une remarque à propos de son *bindi*[57], qui n'est pas approprié compte tenu de sa situation. Il fait aussi allusion au fait qu'elle porte un sari blanc, celui des veuves, et non le sari de couleur, celui des femmes

---

57. Le point au milieu du front qui indique le statut matrimonial de la femme.

mariées. Parmod, un petit bonhomme de cinq ans, reproche donc à «sa femme» de ne pas être consciente qu'il est Parmanand, son époux, mort depuis déjà quelques années. On peut imaginer la réaction de cette dernière.

Ensuite, Parmod reconnaît «sa fille» et l'un de «ses fils». Lorsqu'un autre de ses fils fait son entrée, il l'appelle par son nom : Gordhan. Tout en discutant avec lui, le jeune Parmod n'autorise pas Gordhan à le tutoyer ou à l'appeler par son prénom, insistant pour qu'il utilise le mot *father*, prétextant qu'il est vraiment son père, mais... en plus petit. Il en est ainsi durant toute la journée. L'enfant reconnaît, sans aucune hésitation, tous les membres de la famille Mehra qui se présentent sur place, des gens qu'il n'a jamais vus de sa vie... présente.

Mais pour le docteur Stevenson, cela ne suffit pas. Il fait faire à Parmod le tour du Victory Hotel appartenant à la famille Mehra. Parmod émet alors des commentaires précis sur les nouveaux cabanons construits sur la propriété et qui n'étaient pas là de son vivant. La famille Mehra confirme aussitôt qu'ils ont été ajoutés après le décès de Parmanand. En entrant dans l'hôtel, Parmod pointe du doigt des commodes et dit : «Ce sont les *almirahs* que j'ai fait fabriquer pour la Churchill House.» Ce nom est celui du second hôtel détenu par la famille Mehra à Saharanpur, une ville située à 160 kilomètres au nord de Morâdâbâd. Il est alors confirmé que Parmanand avait fait fabriquer ces commodes pour la Churchill House. Après son décès, la famille a décidé de les déplacer au Victory Hotel.

Au cours de l'automne suivant, Parmod effectue une visite à Saharanpur et reconnaît aussitôt un médecin très connu de la ville : «C'est un grand ami à moi.» Il fait de même avec un homme du nom de Yasmin, tout en lui rappelant qu'il lui doit de l'argent, à lui, Parmanand. Yasmin nie, mais lorsque la famille Mehra lui jure qu'elle ne réclamera aucune somme s'il dit la vérité, il admet avoir une dette envers Parmanand.

Le professeur Ian Stevenson a effectué des enquêtes sur près de 3000 cas, mais n'en a publié que très peu comme celui de Parmod Sharma.

À titre d'exemple, il éliminait tout dossier dans lequel la famille de la seconde personnalité tirait profit de quelque manière que ce soit de la situation. Cela ne signifiait pas nécessairement tromperie ou canular, mais, à ses yeux, cela enlevait à l'enquête toute sa rigueur et donc, en partie, sa crédibilité. Dans ce cas-ci, il importait que Parmod et sa famille ne bénéficient d'aucun avantage financier après la rencontre avec celle de Parmanand. Il rejetait également les cas où les deux familles étaient liées par une personne qui, par inadvertance, aurait pu transmettre des informations à l'une d'elles.

Tout scientifique ou journaliste voulant éclairer le sentier tortueux de la réincarnation avec les lumières de la raison et qui n'étudierait pas les travaux de Ian Stevenson passerait à côté de l'essentiel. Ces travaux sont d'une importance capitale dans l'esprit collectif de la science. Un dernier point. Le fait que Parmod éprouve une phobie des bains et que Parmanand est mort quelques instants après en avoir pris un démontre qu'il ne peut aucunement s'agir d'un transfert mnémonique par les chromosomes de l'ADN. Mortes, ces cellules ne peuvent aucunement transférer... ce qu'elles n'ont pas vécu !

Un scientifique reconnu et estimé

En 1977, le distingué *Journal of Nervous and Mental Disease* consacrait un numéro presque entier aux recherches de Ian Stevenson. Dans un éditorial destiné à reconnaître la crédibilité de celui-ci, le docteur Eugene Brody écrivait : « En raison de notre décision de publier ce matériel, nous reconnaissons la crédibilité scientifique et personnelle des auteurs, la légitimité de leurs méthodes de recherche et la conformité de leur raisonnement qui repose sur les principes fondamentaux de la pensée rationnelle. » Deux ans plus tôt, lors d'un examen du premier volume de *Cases of the Reincarnation Type*, dans le *Journal of the American Medical Association*, le Dr Lester S. King était arrivé à la conclusion que « le docteur Stevenson avait recueilli, laborieusement et avec détachement, de très nombreux détails sur des cas en Inde et que la réincarnation ne pouvait difficilement ne pas être invoquée[58]». Rien, depuis, n'est venu modifier cette perception.

Le docteur Jim B. Tucker

Ce psychiatre de la même université que Ian Stevenson a pris la relève de ce dernier. Collègue du disparu, il a écrit en 2005 un ouvrage[59] sur cette thématique et dont Ian Stevenson a rédigé la préface. Sans reprendre mot à mot les travaux de ce dernier, il dresse un tableau de ce qui a été accompli dans ce domaine pendant près de quarante ans de recherches. Le docteur Tucker provoque une réflexion importante sur la conscience de l'homme et pose la question fondamentale du véritable rôle du cerveau. Il propose de séparer les deux, la conscience d'une part, le cerveau de l'autre. L'équation pour déterminer la valeur de x a de grandes chances de donner un résultat cette fois. C'est un peu ce que proposait le docteur Lanza. En fait, Jim Tucker dit à sa manière: «Esprit d'abord, humain ensuite!»

Au nom du cerveau, de la cervelle et du cervelet, amen!

Dès l'instant où on reconnaît l'existence de la donnée spirituelle, le phénomène de la réincarnation s'illumine et fait disparaître l'obscurité engendrée par l'irraison de détracteurs obstinés. Ces derniers se moquent des données spirituelles, mais leur vénération pour le cerveau rappelle le fanatisme religieux. À leur tour, les médecins, et les scientifiques en général, considèrent la réincarnation comme une fantaisie religieuse parce que leur formation universitaire est un moule unique et un passage

---

58. Fait à noter: aucun éditeur européen ou québécois n'a jugé bon de traduire les travaux du docteur Stevenson, ce qui explique le fait qu'ils ne soient pas plus connus que cela. Il en va de même de plusieurs grands ouvrages classiques de l'ufologie qui n'ont jamais été traduits.

59. *Life Before Life: A Scientific Investigation of Children's Memories of Previous Lives*. L'ouvrage a été analysé par le *Journal of Parapsychology*, le *Journal of Scientific Exploration*, *Philosophical Practice* et *PsycCRITIQUES*.

obligé, s'ils veulent être admis au sein de leur confrérie. Cela peut sembler très simpliste comme explication, mais à mon grand regret, c'est aussi banal que cela. Plusieurs filtres se superposent dans ce moule qu'est l'enseignement uniforme de haut niveau qu'ils reçoivent. Ces filtres ont pour objectif d'éliminer les scories de la fantaisie, de la fiction et de l'hérésie, et cela inclut tout ce qui n'a pas encore été démontré ou ce qui est inconnaissable, comme l'Esprit, Dieu, etc.

Ne vous méprenez pas, personne ici ne leur demande de revenir aux anciennes pratiques chamaniques, ne soyons pas extrémistes, mais l'écart entre le physique et la métaphysique est beaucoup plus prononcé au sein de ces disciplines qu'au sein de celles qui nagent dans les eaux aventureuses de la mécanique quantique, par exemple. Et cela est doublement étonnant. Ce que ces étudiants en sciences du vivant ont appris pour devenir ceux qu'ils sont devenus est strictement basé sur cette prémisse fort simple : le cerveau est le seul maître à bord, pas même après Dieu, qui *a priori* n'existe pas. Toute leur rhétorique tire son origine de là, et les plus rétifs vont jusqu'à prétendre que les grandes émotions humaines ne sont que le résultat d'échanges électrochimiques. Pour eux, l'amour n'est qu'un court-circuit dans le substrat organique de la cervelle. On a presque envie de les plaindre, mais ils ne changeront jamais. Ils ont été formés ainsi dans l'incandescence d'une forge unique et martelés sur l'enclume de la raison à de trop nombreuses reprises pour qu'on puisse espérer une souplesse quelconque. Si, par malheur, nous ne pensons pas comme eux, si nous sommes dans le camp métaphysique ou spiritualiste, alors c'est que nous n'avons pas eu le privilège d'être ces oiselets sortis du nid de leurs facultés de sciences ou de médecine. Nous sommes naïfs et ignorants des grands principes qui régissent la mécanique de notre corps. Ils n'ont jamais supporté d'être contredits, même au Moyen Âge, avant Jean Wier[60], alors qu'ils brûlaient les fous ! Au bûcher, l'hystérique, l'halluciné, et que ça saute ! Les quelques rares qui criaient d'indigna-

---

60. 1516-1588. Premier médecin à s'opposer aux bûchers comme... traitement.

tion n'étaient alors que des ignares! Du coup, toute discussion est stérile et il est même préférable de ne pas l'entamer, car très rapidement elle mène à l'affrontement, et un mépris mutuel s'installe entre les deux belligérants, car tel est bien le terme qui convient.

En tant que médecin, Jim Tucker a eu l'honnêteté d'analyser toutes les explications possibles. Il admet qu'aucun cas n'est parfait, mais cela va dans le sens de la réincarnation comme dans celui des autres possibilités. Personne ne peut affirmer de manière définitive que la réincarnation existe ou qu'elle est un mythe. Par contre, les docteurs Wambach, Whitton, Newton, Tucker, Stevenson et bien d'autres montrent tous par leurs travaux, leurs expériences et leurs analyses mis en commun que la réincarnation, par quelque chose qui, séparé du corps humain à la mort, y survit pour renaître dans un autre corps est à ce jour l'explication la plus recevable. On ne peut que leur donner raison puisque toutes les autres explications reposent sur un seul aspect: le cerveau humain. Or, il n'a jamais été prouvé que ce dernier était le seul et unique responsable des images fortes et précises, des souvenirs tangibles et des émotions criantes absolument incroyables qui se dégagent des récits d'enfants ou même de ceux des adultes.

«Après tout, affirme Jim Tucker, s'il est vrai que le concept même de plusieurs vies est troublant et dérangeant, voire très déstabilisant pour certains[61], il en va de même de plusieurs avancées scientifiques depuis des siècles qui, lorsque formulées la première fois, ont créé de grandes perturbations.» Ne perdons pas de vue que la science a longtemps rejeté l'existence des météorites. «Le ciel étant vide, il ne peut pas nous envoyer des pierres sur la tête; c'est ridicule et offensant d'accorder son attention à ces fadaises», clamaient rageusement les scientifiques[62]!

---

61. Ce qui, ne l'oublions pas, est parfois suffisant pour inventer n'importe quelle explication.

62. Les chutes de météorites n'ont véritablement été expliquées qu'après le 26 avril 1803 par le physicien Jean-Baptiste Biot. La communauté scientifique et l'Académie des sciences ont alors enfin accepté l'idée que des pierres pouvaient tomber du ciel.

Le petit Cameron Macaulay

Cet enfant de Glasgow, en Écosse, a six ans la première fois qu'il fait allusion à son ancienne famille et à la petite maison blanche dans laquelle il vivait sur l'île de Barra, à 300 km de chez lui. À Glasgow, Norma Macaulay, 42 ans, est la mère de Cameron, qu'elle élève seule. Son fils raconte une vie antérieure. Il parle de son père, de comment il est mort, de ses frères et de ses sœurs et se demande s'ils se sont ennuyés de lui après son décès. La maîtresse d'école de Cameron confirme qu'il parle constamment de cette île de Barra. La situation empire quand Cameron se met à pleurer d'ennui, à rappeler à sa mère qu'autrefois il y avait trois toilettes dans sa maison, que son ancien père s'appelait Shane Robertson et qu'il est mort après avoir été happé par un véhicule. Cameron s'ennuie de ne plus voir les avions se poser sur la plage par la fenêtre de sa chambre.

C'est alors que des gens informés de cette situation entrent en communication avec Norma pour lui dire qu'une maison de production cherche des gens qui ont un souvenir de leur vie antérieure. À ce mot, Norma se rebiffe. Elle ne veut pas rendre publiques les histoires de son garçon. Mais comme le petit Cameron ne cesse de la harceler, elle cède.

Le docteur Jim Tucker est du voyage. Nous sommes en février 2005. À l'arrivée, l'avion se pose sur la plage, et Cameron ne peut s'empêcher de lancer : «Je vous l'avais dit que les avions se posaient sur la plage !» Il se met alors à décrire son ancienne mère, avec de longs cheveux jusqu'à la taille avant qu'elle les coupe, et à affirmer que ses deux mères adoreraient se rencontrer. Bien que Norma ne soit pas pratiquante, ni même religieuse, elle comprend que l'ancienne famille de Cameron devait l'être, puisqu'il parle constamment d'un gros livre sur Dieu et Jésus qu'il devait lire. Les gens de la production se mettent en contact avec le Heritage Centre afin de savoir si une famille répondant au nom de Robertson a déjà vécu ou vit encore sur l'île, dans une maison blanche.

La réponse est négative, ce qui déçoit grandement Cameron, mais les membres du groupe décident tout de même de faire le tour de l'île en tenant compte du fait que l'enfant voyait les avions de sa chambre. En chemin, ils reçoivent un appel de leur hôtel. Quelqu'un s'est souvenu que des Robertson demeuraient dans une maison blanche sur la Cockleshell Bay. À la demande de Norma, on n'en informe pas Cameron. Quand ils arrivent sur les lieux, l'enfant reconnaît aussitôt « sa maison ».

Mais elle est vide, ses occupants étant décédés. Le responsable les autorise toutefois à y pénétrer, et Cameron les guide de pièce en pièce, retrouve les trois salles de bains et sa chambre avec vue sur la plage, ainsi qu'une entrée secrète dans le jardin permettant d'atteindre le sous-sol sans être vu. Plus convaincue que jamais, l'équipe de recherchistes se met à pied d'œuvre pour retrouver la trace des Robertson.

Cameron assure que son père avait une voiture noire et aussi qu'ils avaient un chien, noir et blanc. Une photo sortie des cartons d'un lointain parent montre exactement cela, à la grande satisfaction de l'enfant. Mais Cameron n'est déjà plus le même. Il a visité l'île de sa vie antérieure et cela semble l'avoir grandement calmé, d'autant plus qu'il sent que sa mère le croit ainsi que son entourage. Il affirme qu'il s'appelait Cameron dans son autre vie et qu'un jour il est tombé et s'est retrouvé dans le ventre de sa mère actuelle[63].

La docteure Helen Wambach

Le professeur Ian Stevenson n'a pas été le premier à consacrer sa vie à ce phénomène. C'est à Helen Wambach que nous devons les toutes premières recherches scientifiques sur les renaissances diffusées au grand public[64]. Son parcours est fascinant. Au départ, au milieu des années 60,

---

63. Reference : « *The Boy Who Lived Before* » http://www.thesun.co.uk/article/0,,200129 0023-2006410683,,00.html et http://www.youtube.com/watch?v = HPHWSOfWf7o.

64. Elle a écrit *Reliving Past Lives* et *Life Before Life*, parus en 1978 chez Bantam. Le premier ouvrage fut repris et revu en 1984. Puis chez Chet Snow, elle publia en 1993 *Mass Dreams of the Future*. Elle décéda peu après.

elle s'était donné le mandat très clair d'en finir avec «ces sottises, ces mensonges et ces inventions». Elle entama donc des recherches, qui durèrent pendant plus de dix ans. Elle effectua des régressions hypnotiques auprès de 1088 sujets. La docteure Wambach croyait qu'elle «coincerait» ses témoins en les interrogeant avec minutie sur des détails de leur vie antérieure : « Que mangiez-vous ? Décrivez vos ustensiles. Comment étiez-vous habillé ? Décrivez votre demeure. Parlez-moi des meubles. Quel était votre revenu ? En quelle monnaie ? » Sachant fort bien que tout détail incongru rendrait l'expérience caduque, elle se promettait de dénoncer le mythe de la réincarnation. Une fois la régression terminée, elle approfondissait ses recherches auprès d'historiens afin de vérifier si les détails en question étaient réels, crédibles ou simplement imaginés. Un jour, publiquement, elle a dû reconnaître que «les fantasmes, les mensonges ou même les éléments d'une mémoire génétique quelconque ne peuvent absolument pas expliquer l'exactitude des réponses». À l'exception de 11 sujets sur 1088, toutes les descriptions obtenues étaient conformes à l'époque indiquée. C'est là un pourcentage d'exactitude de 99 % absolument remarquable.

Les recherches d'Helen Wambach vont plus loin. Elles montrent que 50,6 % des vies antérieures étaient masculines et 49,4 % féminines, ce qui dénote un équilibre certain. La représentation des classes sociales est exactement dans la même proportion que les historiens l'estiment pour les époques mentionnées. Il y a donc beaucoup plus de pauvres (de 55 à 70 %) que de riches (10 %) et de gens de la classe moyenne (de 20 et 35 %). Cela dément aussi la rumeur voulant que tout le monde se prenne pour Napoléon ou Cléopâtre dans ce genre de régressions. Cela ne s'est jamais produit sur les 1088 cas ; aucun sujet n'a prétendu avoir vécu l'existence d'un personnage historique, même obscur[65].

Dans de nombreux cas, les descriptions effectuées par les sujets ont même obligé les experts et les historiens à pousser leurs propres re-

---

65. Cela vaut pour tous les spécialistes connus dans ce domaine.

cherches pour confirmer certains faits. Un des sujets en régression, dont la vie antérieure se déroule en Égypte, environ 1000 ans avant Jésus-Christ, décrit différents types de vêtements portés par les classes supérieures et inférieures. Ce ne sont pas des détails courants; le port d'un pantalon très particulier, enroulé d'une manière pour le moins étrange autour de la taille, et d'une couleur précise a été évoqué. Il a fallu du temps, mais il a été finalement démontré que ce vêtement et la manière de le porter étaient authentiques[66].

Toutes les races existantes sont rapportées: blanche, asiatique, amérindienne, noire, sémite. Seulement 20 % des sujets ont rapporté avoir été de race blanche 4000 ans auparavant. Ils disaient avoir vécu dispersés au Moyen-Orient, autour de la Méditerranée, en Europe et dans les steppes de l'Asie centrale. Cinq sujets ont rapporté avoir vécu à cette même époque sous des tentes en Asie centrale. Ils disaient avoir eu la peau blanche et les cheveux blonds. Ça a été une surprise un peu déconcertante pour la docteure Wambach, mais de nouvelles découvertes ont montré que le long de la célèbre route des épices, notamment dans les montagnes de l'Iran, de l'Afghanistan et du Pakistan, vivaient des communautés éparses d'hommes au visage très pâle et aux cheveux blonds[67].

Les habitudes alimentaires évoquées ont toujours été exactes et conformes. Fait intéressant, la grande majorité des sujets ont déploré le goût terne des aliments de leur époque, sauf ceux qui évoquaient une vie antérieure en Chine. Soixante-deux pour cent des sujets sont morts de vieillesse ou de maladie, 18 % de mort violente (guerre ou catastrophe naturelle) et 20 % des suites d'un accident. Compte tenu de l'échantillonnage, cela représente un tableau tout à fait réaliste. De nombreuses vies ont été perdues au cours des deux dernières guerres, ainsi qu'au

---

66. Un de mes sujets a évoqué une flûte égyptienne et il m'a fallu effectuer des recherches assez pointues pour la retrouver.
67. Probablement le peuple Kalash. Certains croient que ce dernier vient des descendants de l'armée considérable d'Alexandre le Grand qui s'est éparpillée dans le monde entier il y a environ 2300 ans.

cours des guerres civiles survenues en Asie, d'où le fait que certains se sont incarnés assez rapidement. Soixante-neuf pour cent des sujets de la docteure Wambach décédés durant les années 1850 sont blancs, alors que durant la période de 1900 à 1945, seulement 40 % le sont. On se demande si les morts très nombreux au Japon et en Chine durant cette période ne seraient pas à l'origine de cette situation. Une de mes amies, blanche, a revécu des épisodes précis de sa dernière vie, quand elle était un enseignant japonais !

Qu'est-il advenu du scepticisme de la docteure Wambach ? Plus aucune trace. « Je ne crois pas que la réincarnation est vraie... Je sais qu'elle est vraie ! » a-t-elle ponctué en entrevue. Elle est allée plus loin que le docteur Stevenson, comme d'ailleurs le docteur Michael Newton[68] dont j'ai longuement traité dans mon dernier ouvrage. Au cours de 750 régressions, elle a exploré la période d'attente ou d'errance, comme l'appelle Allan Kardec[69], entre la mort d'un sujet et son incarnation en insistant particulièrement sur le traumatisme de la naissance. Nous avons dit qu'un écart de quelques jours ou de quelques siècles était possible, mais voyons ce qu'il en est de ces découvertes. « Les gens font des choix dans leur vie présente et lorsqu'ils se retrouvent sans corps et veulent revenir, ils le font alors que le corps est sur le point de naître. L'âme destinée à occuper le fœtus entre alors en contact avec l'âme de la mère et si avortement il y a, l'âme est prévenue et sait qu'elle ne pourra y demeurer. Elle tentera de la convaincre de ne pas avorter. Quatre-vingt-neuf pour cent des sujets disent ne pas s'être incarnés avant les six premiers mois de gestation. Un grand nombre reconnaissent ne pas habiter le corps avant le processus de la naissance. Un bon nombre aussi affirment qu'ils ne séjournent pas constamment dans le corps du bébé naissant et effectuent de nombreuses sorties. » Souvenons-nous des mots du petit Cameron : « Je suis tombé dans ton ventre. »

---

68. *Un autre corps pour mon âme.*
69. *Le livre des Esprits.*

« Tous reconnaissent que la naissance, avec ce que cela implique sur le corps, est extrêmement déplaisante à un point difficile à imaginer. L'âme[70] a le sentiment de se noyer par des sensations physiques beaucoup trop intenses, très désagréables, déstabilisantes et offensantes. Le sentiment d'abandon, de solitude, de désarroi est absolu, et cela survient à chaque naissance. L'âme, dès les premiers instants du contact avec l'extérieur de la matrice, ressent une solitude immense, une détresse profonde et se sent diminuée, handicapée, voire infirme. » Il lui manque quelque chose d'essentiel . C'est ce que j'ai voulu exprimer dans le prologue de cet ouvrage.

Victor James Zammit, avocat de l'Esprit

Avocat australien, Victor James Zammit n'est pas un scientifique, pas plus d'ailleurs que je ne le suis, et a aussi une formation de journaliste. Dans ses livres[71], il parle de preuves scientifiques pour confirmer l'après-vie. Il se fait donc harceler par une cohorte de sceptiques de tout acabit qui, bien évidemment, ne tolèrent pas que les termes « preuves scientifiques » soient accolés à ces « fadaises ». Qu'il confonde preuve scientifique et preuve juridique est la petite maladresse inévitable d'un avocat qui s'enthousiasme pour la science. Cela dit, l'ensemble de faits qu'il a colligés dans son dossier, tout comme s'il avait l'intention de le présenter à la cour, déborde de preuves fracassantes de l'existence de la réincarnation. En cela, Victor Zammit est très performant et nous devons lui en être reconnaissants.

Comme les docteurs Wambach, Tucker, Stevenson et John E. Mack l'ont fait pour l'ufologie, il faut reconnaître qu'il n'y a pas de preuves scientifiques au sens exact du terme. Mais Victor Zammit s'en moque

---

70. Je préfère nettement le mot Esprit. Le mot âme a une connotation beaucoup trop religieuse, voire chrétienne, et nous savons que selon cette religion, l'âme est prêtée à l'homme ; il peut la perdre et se doit de la sauver en adhérant aux croyances de son Église.

71. *Afterlife : A lawyer presents the evidence for the afterlife.*

bien. Ses preuves sont juridiques, c'est-à-dire basées sur des témoignages, et sa définition de la preuve n'est pas la même que celle d'un biochimiste. Il nous invite à découvrir qu'à partir de 1950 la régression vers une vie passée est davantage acceptée, et ce, malgré l'épisode Bridey Murphy. Le psychiatre Alexander Cannon (1896-1963), qui s'est très rapidement heurté à la réincarnation dans son métier et a fait de nombreux voyages en Asie, au Népal et au Tibet, déclare dans *The Power of Karma in Relation to Destiny*, 1936:

> Pendant des années, la théorie de la réincarnation fut un cauchemar pour moi et je fis de mon mieux pour la désapprouver... Mais les années passant, un sujet après l'autre me racontait la même histoire en dépit de croyances conscientes différentes et variées. Maintenant, nettement plus de mille cas ont été étudiés et je dois admettre qu'il existe une telle chose que la réincarnation.

Malgré les apparences, le silence tabou et les récriminations religieuses de la triade infernale, de plus en plus de psychiatres du monde entier[72] considèrent que la réincarnation est l'explication la plus réaliste et la plus rationnelle. La très réputée psychologue clinicienne, la D^re Edith Fiore, écrit pour sa part dans *Les Esprits possessifs*, 2013:

> Si la phobie de quelqu'un est éliminée instantanément et indéfiniment par le souvenir d'un évènement d'une vie passée, il est logique que l'évènement se soit bel et bien produit.

Qu'un traumatisme soit guéri après qu'un patient a revécu une existence, qu'il dit antérieure à la sienne, est effectivement un indice très troublant, une sorte de corrélation dont on doit tenir compte. Mais personne ne peut entrer dans la tête du patient et voir ce qui s'y passe vraiment. En psychologie, tout comme en psychiatrie, la preuve n'existe jamais. Certaines maladies mentales du XXIe siècle seront peut-être les manifestations incontrôlées d'une forme de mutation dans vingt ans, tout comme ces mêmes maladies mentales d'aujourd'hui étaient autrefois le

---

72. Sauf au Québec, où nous accusons, comme en ufologie et en parapsychologie, un retard de plusieurs décennies.

fait d'une possession diabolique. Certains spécialistes, rares cependant, croient que la schizophrénie et l'autisme sont les manifestations d'une sorte de mutation psychique mal comprise et pour laquelle nos sociétés sont totalement inadaptées.

Le Dr Morris Netherton[73], qui a été élevé en méthodiste fondamentaliste, a utilisé avec succès la méthode de régression hypnotique sur 8 000 patients. Tout comme Helen Wambach, il était initialement sceptique, on peut s'en douter compte tenu de son héritage religieux, mais ses expériences l'ont convaincu de la réalité de l'incarnation. Ses patients, qui étaient à la fois des prêtres et des médecins, étaient presque toujours sceptiques en premier lieu. Il explique :

> Beaucoup de personnes s'en retournent en croyant à la réincarnation comme résultat de leur expérience. Quelle est la réponse logique ? Qu'elle a effectivement eu lieu, tout simplement.

Le Dr Arthur Guirdham, un psychiatre anglais, confie qu'il a très longtemps été sceptique, mais une expérience de quarante-quatre ans à effectuer des régressions hypnotiques a tout changé :

> Si je ne croyais pas en la réincarnation avec les preuves que je détiens, je serais mentalement déficient[74].

Le Dr Peter Ramster

Avant d'aller plus loin, je tiens à préciser que si je fais appel à l'excellent travail de Victor Zammit, citant des experts du monde entier, c'est qu'au Québec la récolte est nulle. Aucun psychiatre, aucun psychologue membre de l'Ordre n'a jamais affiché un quelconque intérêt pour la réincarnation !

---

73. http://www.pastlifetherapycenter.com/StrangersinLandofConfusion.html.
74. *We are One Another* n'est qu'un de ses ouvrages parmi une liste impressionnante sur le thème de la réincarnation.

Victor Zammit nous présente Peter Ramster de Sydney, en Australie. L'information suivante est tirée de l'ouvrage[75] de celui-ci et d'une conférence qu'il a prononcée à la neuvième réunion des hypnothérapeutes australiens à l'hôtel Sheraton Wentworth, à Sydney, le 27 mars 1994. Dans un documentaire télévisé de son cru, nous découvrons Gwen Mac Donald, une fervente sceptique avant sa régression. Australienne n'ayant jamais quitté son pays, elle se souvient de plusieurs faits d'une vie dans le Somerset[76] entre 1765 et 1782. La grande majorité de ces faits ne sont pas de ceux qu'on trouve dans un livre[77]. Ils ont été confirmés devant témoins quand elle est allée sur place avec une équipe de production.

Les yeux bandés, elle est dans un endroit du Somerset qu'elle reconnaît parfaitement. Elle indique correctement trois directions où se trouvaient trois villages. Elle dirige l'équipe de production dans certains endroits mieux que le ferait une carte, et retrouve l'emplacement d'une cascade et d'un escalier de pierre. Les habitants de l'endroit confirment que l'escalier a été enlevé plusieurs années plus tôt. Puis elle indique une intersection où elle prétend qu'il y avait cinq maisons. Des recherches prouvent que les maisons ont été détruites trente ans plus tôt et qu'une d'elles était une fabrique de cidre, comme elle l'avait mentionné au cours de sa régression.

Elle connaît le nom que portaient les villages deux cents ans auparavant, malgré leur absence sur les cartes ou le fait que leur nom a changé. Les gens qu'elle dit connaître ont vraiment existé. L'un d'eux figurait sur la liste du régiment auquel elle avait dit qu'il appartenait. Elle connaît en détail des légendes locales, qui sont confirmées par des historiens du Somerset. Elle utilise des mots obscurs et désuets de l'ouest du

---

75. *In Search of Lives Past*, 1990.
76. Comté du sud-ouest de l'Angleterre.
77. Comme nous l'avons vu, la cryptomnésie a ses limites. Se souvenir d'un fait précis sans se rappeler qu'on l'a vu ou lu quelque part est une chose, mais il est absurde de penser qu'une vie entière puisse entrer dans cette catégorie.

pays qui ne sont plus en usage et ne figurent plus dans les dictionnaires. Des mots comme *tallet*, signifiant grenier. Elle sait que les gens appelaient l'abbaye de Glastonbury *St. Michael*, un fait retrouvé dans un obscur livre d'histoire, introuvable en Australie. Elle décrit correctement la manière dont un groupe de druides gravissaient la colline de Glastonbury, en une file indienne spiralée, à l'occasion de leur rituel du printemps, un fait inconnu de la plupart des historiens universitaires. Elle sait qu'il y avait deux pyramides dans le sol de l'abbaye de Glastonbury qui ont disparu et elle décrit correctement des excavations découvertes dans une vieille maison à six mètres d'un ruisseau, au milieu de cinq maisons situées à environ deux kilomètres de l'abbaye. Elle fait ces dessins alors qu'elle est encore à Sydney. Elle trace en détail l'intérieur de sa maison de Glastonbury, ce qui se révèle totalement exact sur place. Elle décrit une auberge qui se trouvait sur le chemin de sa maison et qu'elle réussit à retrouver.

Cynthia Henderson, un autre sujet de Peter Ramster, se souvient d'une vie pendant la Révolution française. Sous hypnose, elle parle en français sans aucune trace d'accent, comprend les questions posées dans cette langue et y répond en utilisant le langage de cette époque. Elle connaît le nom de rues qui ont changé et qui ne peuvent être découvertes que sur de très anciennes cartes.

Selon Victor Zammit, le docteur Peter Ramster a beaucoup d'autres cas documentés de régressions qui, en termes très clairs, constituent des évidences ou de très solides pièces à conviction, pour emprunter le langage de l'avocat qu'il est. La quantité époustouflante de cas bien documentés écarte totalement l'anecdote, l'incident de parcours, la coïncidence ou l'erreur. Nous sommes maintenant à mille lieues de tout cela.

Des penseurs notables

Voilà que des chercheurs en physique quantique nous révèlent que certains aspects de leurs recherches et celles du monde paranormal ont des points en commun, comme l'avait déjà fait le docteur Robert Lanza. Ainsi, le professeur Fred Alan Wolf[78] écrit :

> Je crois que les découvertes de la physique quantique appuient de plus en plus Platon qui enseigna qu'il y a un royaume plus parfait et non matériel de l'existence. Il y a des preuves suggérant l'existence d'un univers non matériel, non physique qui a une réalité, même s'il n'est peut-être pas encore clairement perceptible par nos sens et par l'instrumentation scientifique. Quand on considère les décorporations ou séjours hors du corps, les voyages chamaniques et les états de rêve lucide, bien qu'ils ne puissent être « répliqués » dans le sens scientifique du terme, ils mettent l'accent eux aussi sur l'existence de dimensions non matérielles de la réalité[79].

Le scientifique britannique Ron Pearson[80] argue que la vie après la mort s'accorde de manière tout à fait naturelle avec la physique et que les efforts pour en discréditer la preuve sont insensés. Il écrit :

> Puisque la survie peut être considérée comme une partie essentielle et intégrante de la physique, on doit espérer que les efforts pour en discréditer toute preuve auront bientôt une fin.

Victor Zammit nous présente aussi Peter Wadhams, professeur de physique des océans à l'Université de Cambridge, qui, en 2001, à la radio American Radio Shows, a reconnu la valeur de l'ensemble des travaux effectués dans ce domaine. Victor Zammit ajoute que depuis plus de cent ans, de nombreux physiciens ont été à la pointe de la recherche psychique. Ils n'ont pas vu d'incompatibilité entre la science et l'existence du paranormal et de l'après-vie. Sir Oliver Lodge (1851-1940), un des plus grands physiciens de tous les temps, accepte le principe d'une vie après la mort. Dans son ouvrage[81], il écrit :

---

78. Né aux États-Unis en 1934, il est l'un des plus célèbres physiciens quantiques du siècle. Son livre *Taking the Quantum Leap* a connu un succès mondial. Et qui ne connaît pas son célèbre *What the Bleep*?

79. *The Spiritual Universe : One Physicist's Vision of Spirit, Soul, Matter, and Self*, 1996, Simon & Schuster (Moment Point Press ; ED Éditions, 1998).

80. Né en 1948. http://www.cfpf.org.uk/recommended/books/rdpbooks.html. Cité à la BBC, le 7 juin 2007.

81. *Linking Life After Death To Subatomic Physics*.

Si, donc, nous pouvons présenter une quelconque preuve que la vie ou l'activité mentale existe dans l'espace, et seulement sporadiquement se rend évidente par quelque activité matérielle, l'état de notre connaissance actuelle en physique rend notre acceptation du fait entièrement harmonieuse. Nous n'avons pas à violenter nos conceptions physiques si l'on admet le fait de la survie. La vie et l'Esprit n'ont jamais été des fonctions du corps matériel, ils se manifestent par les moyens de l'organisme matériel.

Ce sont des gens comme lui qui découvriront la valeur de x !

Victor Zammit propose ainsi plusieurs penseurs qui étudient la survie ou les phénomènes psychiques, dont le Dr Harold Puthoff, les professeurs Russel Targ et Ernst Senkowski. Le Dr Puthoff est un physicien et l'actuel directeur de l'Institut pour études avancées à Austin, au Texas. Sa contribution à l'établissement empirique de la validité du psi, particulièrement dans le domaine de la vision à distance, est significative, comme le rappelle Victor Zammit. Le professeur Russell Targ est physicien pionnier dans le développement du laser. Il est aussi le cofondateur de l'Institut de recherches de Sanford dans l'investigation des capacités psychiques, dans les années 1970 et 1980. Il est l'auteur de nombreux livres montrant que l'Esprit lui-même atteint les extrémités de l'univers et que c'est cette qualité non locale, plus que tout mécanisme particulier, qui rend compte des remarquables données de la parapsychologie.

Le docteur Ernst Senkowski est professeur de physique et d'électronique. Il a effectué de nombreuses recherches intensives sur le paranormal et l'après-vie, et cela, pendant plus de vingt ans. Il a obtenu de manière répétée des résultats positifs prouvant la validité du paranormal et de l'après-vie. Cela dit, plusieurs physiciens ont récemment publié des livres soutenant que la science matérialiste est incomplète et, de ce fait, incapable de rendre compte adéquatement de la preuve de la réalité du paranormal. C'était aussi le propos du docteur Mack concernant le phénomène des enlèvements extraterrestres. Comme lui, ces physiciens réclament la reconnaissance d'un nouveau paradigme ou d'une vue globale qui inclurait les phénomènes psychiques et l'existence de multiples univers, dont celui de la vie après la mort. La question n'est pas de prétendre que ces hommes de science ont raison et que les autres ont tort, mais que la science n'en sait rien, compte tenu de ces divisions considérables. En d'autres termes, je n'affirme pas que les scientifiques qui appuient la recherche paranormale ont raison uniquement parce qu'ils ont écrit un livre pour l'affirmer, je dis que l'argument voulant que ceux qui croient en la réincarnation ne soient que de doux illuminés ne tient plus !

Le Dr Amit Goswami, ancien professeur de physique de l'Institut des Sciences théoriques de l'Université d'Oregon et actuellement chercheur principal à l'Institut des sciences noétiques, définit[82] la conscience comme la première réalité, non matérielle. Le professeur John Bokris[83] discute de la preuve du paranormal. Il conclut que des théories sur la conscience et l'interconnectivité doivent être intégrées dans la science pour permettre une compréhension supérieure de la réalité. Voici ce qu'il dit :

> Nous vivons dans un « univers synchronisé », dont nous voyons une couche avec laquelle nous interagissons et avec laquelle nous sommes synchronisés. C'est ce que l'on identifie comme l'univers réel. Il existe d'autres univers à côté de celui-ci, qui sont tout aussi réels que le nôtre, ce qui offre une possibilité de comprendre comment l'âme, le centre de la conscience humaine, peut exister sous une forme permanente survivant à la mort humaine. C'est un début vers une compréhension plus profonde de l'univers et de nous-mêmes.

Un autre physicien, le Dr Claude Swanson, qui sort du Massachusetts Institute of Technology et de Princeton, a recueilli les meilleures preuves illustrant l'inadéquation de notre paradigme scientifique actuel. Il affirme[84] qu'il existe un besoin pour une nouvelle et véritable théorie de champs unifiés qui puisse expliquer et comprendre à la fois la science et la conscience.

---

82. Dans l'ouvrage *Physics of the Soul—The Quantum Book of Living, Dying, Reincarnation and Immortality.*
83. Dans *The New Paradigm—A Confrontation Between Physics and the Paranormal Phenomena*, 2005.
84. Dans *The Synchronised Universe.*

Les scientifiques qui nient la réincarnation de façon péremptoire sans l'avoir étudiée sont-ils au courant que tant de leurs confrères ont une position contraire? Ou préfèrent-ils l'ignorer? Dans son nouveau livre[85], le Dr Dean Radin soutient que ceux qui croient que la science n'a pas de place dans le paranormal ne savent pas de quoi ils parlent. Il écrit:

> Les nouvelles découvertes en science font évoluer les idées relatives sur qui nous sommes, et ceux qui sont les plus hostiles à ce thème savent peu de chose ou rien sur la preuve.

Beaucoup de scientifiques aux qualifications impressionnantes font indépendamment des découvertes dans des domaines tels que l'homéopathie, la bioélectrographie, la vision à distance et la guérison par la prière. Ce sont tous des domaines qui défient la pensée scientifique traditionnelle et réductrice. Leurs découvertes confortent la nouvelle vision d'un monde dans lequel tout est interconnecté dans un champ énergétique pulsatif. Plutôt que d'être de la matière inerte, les particules subatomiques se révèlent comme ayant une conscience.

Des électrons qui se parlent entre eux?

Les scientifiques sont des créatures paradoxales. Ils déchirent leur sarrau lorsqu'on parle de réincarnation, mais retrouvent toute leur dignité et prêtent une oreille très attentive lorsqu'ils observent de la matière inanimée se comporter comme un être vivant. L'expérience des physiciens français de l'Institut d'optique théorique et appliquée Alain Aspect, Jean Dalibard et Gérard Roger, en 1982, est sans doute l'une des plus importantes expériences scientifiques du XXe siècle. Ils ont découvert que, dans certaines circonstances, les particules subatomiques, comme les électrons, sont capables de communiquer instantanément ensemble, quelle que soit la distance qui les sépare[86]. Cette expérience a donc montré que deux électrons roulant à pleine vitesse sur l'autoroute ont un équipement radio

---

85. *Entangled Minds*, 2006.
86. Encore de nos jours, les hypothèses les plus affolantes persistent. La plus récente: ces particules voyagent dans le temps.

qui leur permet de se parler à distance pour harmoniser leurs mouvements et qu'ils s'en servent fort bien[87].

Le physicien David Bohm, de l'Université de Londres, croit que «les découvertes de l'équipe d'Alain Aspect impliquent que la réalité objective n'existe pas et qu'en dépit de son apparente solidité, l'univers est fondamentalement un fantasme, un gigantesque hologramme splendidement détaillé». J'ai presque envie d'ajouter «une pensée dans l'Esprit de la Divine Mère»! Certains parlent même de particules voyageant dans le temps. On croit rêver. Beaucoup d'autres physiciens avancent que l'univers est essentiellement conscience plutôt que matière inerte et énergie. Le professeur Jacob D. Bekenstein[88] affirme:

> Un siècle de développements en physique nous a appris que l'information est un acteur crucial dans les systèmes et les processus physiques. En effet, une tendance actuelle, initiée par John A. Wheeler de l'Université de Princeton, consiste à regarder le monde physique comme fait d'information, l'énergie et la matière étant des incidences.

Quand je relis cette dernière phrase, je me demande s'il s'agit du commentaire d'un physicien ou d'un métaphysicien, d'un scientifique ou d'un philosophe. La matière et l'énergie seraient les effets d'une cause appelée information? C'est dire que le physique, le matériel et les énergies sont la volonté de l'Esprit!

La science du physique crée un accès fabuleux au métaphysique

Au cours du XIXe siècle, il était généralement admis que les atomes étaient des particules de substance solide ne pouvant être réduites en plus petites unités. La science en était là. Mais alors que j'étudiais cette composition atomique classique durant mes cours de physique, Murray Gell-Mann

---

87. La plupart des textes que l'on trouve en tapant le nom des scientifiques sur le Net ou «Expérience Aspect, 1982» sont malheureusement très pointus et non vulgarisés.

88. *Information in the Holographic Universe. Scientific American*, vol. 289, n° 2, août 2003.

recevait le prix Nobel de physique pour la découverte des quarks, qu'on n'enseignait pas encore[89]. La physique quantique actuelle est en train de montrer que ce qu'on croit solide n'est que de l'espace vide ou de l'énergie. La matière est, pour utiliser un terme d'Einstein, de «l'énergie gelée» et nous vivons dans un univers qui est essentiellement conscience. J'ai souvent exposé, en conférence, que l'inversion de l'équation bien connue d'Einstein sur la nature de l'énergie n'est autre qu'une masse ralentie à la vitesse de la lumière au carré, gelée en effet puisque l'inversion d'une équation ne modifie aucunement les données qui la constituent[90].

La professeure Jessica Utts, le lauréat du prix Nobel, et le docteur Brian Josephson déclarent, en 1996, que la science a besoin de s'adapter pour tenir compte de l'évidence. Ils écrivent :

> Que signifie pour la science le fait que le fonctionnement psychique paraisse être un effet réel ? Ces phénomènes semblent mystérieux, mais pas plus mystérieux peut-être que les étranges phénomènes du passé que la science a maintenant heureusement incorporés dans ses compétences.

Ce n'est pas la première fois qu'on le dit, la science d'aujourd'hui n'est que la correction de celle d'hier. Encore récemment, sur le plan astronomique, on croyait qu'après la découverte de trois ou quatre exoplanètes, la récolte serait terminée. On dépasse le millier[91] ! Le quark a fait éclater l'atome ! La science ne fait que corriger ses erreurs et c'est de cette manière qu'elle évolue, ce qui signifie qu'elle est toujours un peu la pseudoscience qu'elle méprise dans son parcours [92] !

---

89. Les quarks sont plus petits encore que les protons, les électrons et les neutrons. Ils sont, depuis 1969, les plus petites choses existantes sur cette planète. Pour le moment !

90. Si $E = MC^2$, l'inversion est donc $M = E/C^2$.

91. En novembre 2013, le nombre était de 1038. Une étude publiée dans les *Proceedings of the National Academy of Sciences* montre que le nombre de «Terre» dans notre galaxie serait de 8,8 milliards.

92. Après tout, l'ensemble de la communauté scientifique a reconnu l'existence du fameux rayon N de Blondot, en 1903, ce qui a été considéré l'année suivante comme l'une des plus grandes erreurs expérimentales de l'histoire des sciences.

Qui sait, un jour, elle enseignera aux étudiants dans les universités le mécanisme par lequel l'Esprit s'incarne dans un corps humain et survit à la cessation organique de ce dernier. Elle n'en est tout simplement pas encore là. La méthodologie rigoureuse des scientifiques nécessite un arsenal de preuves empiriques qu'ils n'ont pas encore les moyens, technologiques et autres, d'établir. Les faits sont tout simplement en avance sur leur capacité de les analyser, donc de les comprendre. En bref, la science n'est jamais rien d'autre que la somme des erreurs du passé corrigées dans le présent. Il en sera de même dans le futur quand les erreurs du présent seront corrigées et que la science sera en mesure (probablement grâce à la mécanique quantique) de prouver l'existence d'êtres venant d'autres milieux de vie dans l'univers, d'un autre espace-temps et d'une vie pleine et entière après la mort du corps physique.

« Les portails de l'âme, monsieur Casault ? »

Un jeune garçon m'a posé cette question lorsqu'il a lu mon article portant sur la découverte du professeur Jack Scudder, de l'Université de l'Iowa. Subventionné par la NASA, Jack Scudder a publié, en 2012, les résultats de sa réflexion concernant l'existence éventuelle de portails dans l'espace. Il affirme qu'ils sont situés à quelques dizaines de milliers de kilomètres de la Terre. Ils créent un chemin ininterrompu qui mène de notre propre planète à l'atmosphère du Soleil, à environ 150 000 000 km. Les rêves d'un jeune ufologue, écrasé par une science lourde et dense, sont en train de se réaliser ! Cette même science qui le reléguait au rang de doux rêveur inoffensif, en 1970, parle maintenant de neuf milliards de planètes Terre dans notre galaxie seulement, de nouvelles dimensions, de portails qui s'ouvrent et se ferment dans l'espace et de particules qui communiquent entre elles ! Déjà en 2011, le physicien quantique Michio Kaku bousculait le conservatisme du monde scientifique en publiant un ouvrage[93] dans lequel il expliquait que bon nombre de technologies de

---

93. *Physics of the Impossible.*

la série *Star Trek* sont tout à fait concevables, mais qu'il ne s'agit que d'une question de temps, d'argent et de volonté politique pour y parvenir. Or, actuellement, l'effort en technologie est pratiquement entièrement concentré sur l'informatique et les sciences du numérique et sur l'armement sophistiqué[94].

Qu'apprendront demain les scientifiques que nous ne savons déjà aujourd'hui? Et puis, quelles autres surprises gigantesques nous réserve notre univers? C'est vraiment la grande question que les scientifiques doivent se poser. Est-il possible qu'un jour la science puisse démontrer l'existence de la réincarnation, des pouvoirs psychiques de l'Esprit, de la présence d'Intelligences supérieures sur la Terre? La NASA vient-elle de fournir la réponse en parlant des portails de Scudder? «C'est un raccourci qui vaut tous les vortex de la sci-fi, sauf que cette fois ils sont vrais, et avec ces nouvelles découvertes nous savons comment les trouver», a déclaré le docteur Tony Phillips[95]. Est-ce que nous réalisons vraiment que tout cela signifie que la réalité dépasse tout simplement les connaissances de la science actuelle?

James, le pilote abattu !

Chris Cuomo, du réseau américain ABC, diffusait un reportage étonnant le 15 avril 2004: l'histoire de James Huston Jr., pilote de 21 ans dont l'avion fut abattu par les forces impériales japonaises dans le Pacifique durant la Seconde Guerre mondiale. Il ne fut pas le seul pilote descendu en flammes, et le monde n'aurait sans doute jamais rien su de James Huston Jr. sans James Leininger. Car l'Esprit du pilote s'est incarné dans le corps de James Leininger.

Dans son enfance, les seuls jouets qui intéressent le petit Leininger sont les avions. Quand il a deux ans, ces mêmes avions se retrouvent dans

---

94. Il faut toutefois mentionner la station spatiale internationale et le Grand collisionneur de hadrons, qui sont les deux projets scientifiques les plus coûteux de toute l'histoire de l'humanité.

95. Il est l'éditeur du site Science@Nasa, le site officiel de la NASA sur le Net.

ses cauchemars. Il crie la nuit et quand ses parents lui demandent ce qu'il y a, il répond que «l'avion s'écrase en flammes et le petit homme ne peut sortir».

C'est la grand-mère de l'enfant qui est la première à penser qu'il doit se rappeler une vie antérieure, parce qu'il n'est jamais question de guerre à la maison et que le petit garçon n'écoute que des émissions de son âge. Avec le temps, Andrea, sa mère, se dit qu'elle a peut-être raison. James est filmé à trois ans en train de faire des vérifications pré-vol dans un avion qu'il imagine. Un jour, on lui offre un modèle sophistiqué avec de multiples détails. Sa mère, toute fière, lui dit qu'en plus il y a une bombe sous le fuselage. James, qui n'a toujours que trois ans, la corrige immédiatement. Ce n'est pas une bombe, mais un réservoir d'essence éjectable. Puis les cauchemars d'avions qui s'écrasent en flammes deviennent de plus en plus fréquents. C'est alors qu'Andrea entend parler de Carol Bowman. La famille fait sa rencontre. Dans un premier temps, Carol encourage James à raconter tout ce qu'il veut, car elle sait que des éléments importants finiront par ressurgir.

J'avais posé des questions à ce sujet à Carol avant sa conférence à Ottawa.

— Carol, est-ce que tous les enfants de cet âge ont un souvenir précis de leurs vies antérieures?

— Il est difficile de le savoir tant qu'ils n'en parlent pas, mais il est normal que ce soit à cet âge. Ils viennent tout juste d'arriver d'une certaine manière, mais, surtout, ils n'ont pas encore reçu une éducation qui contrarie ce qu'ils ressentent.

— Et j'imagine que bien des parents, sans le vouloir, ont tout gâché en se moquant d'eux ou en les ignorant quand ils racontaient leur histoire!

— En fait, le plus souvent, les parents ne songent pas un instant que les propos de leurs enfants pourraient être liés à une vie antérieure. Ils croient qu'ils s'amusent à jouer un rôle tout simplement. Si les enfants insistent, ils seront le plus souvent rabroués, parce que ces mêmes parents ont été éduqués à ne pas trop encourager les lubies des enfants. Toi et moi avons peut-être eu de ces souvenirs très jeunes, et nos parents nous ont peut-être dit de cesser de raconter des sottises, qui sait?

— C'est tout à fait exact maintenant que tu en parles. C'est diablement vrai. Alors, quelle attitude les parents devraient-ils adopter?

— Les écouter, les prendre au sérieux, mais sans trop montrer d'intérêt...

— C'est contradictoire, non?

— As-tu des enfants?

— Oui.

— Ils peuvent avoir de véritables souvenirs, mais aussi fabuler. Si on se met à entretenir cette fabulation, ça ne s'arrête plus, alors il faut faire la différence. C'est tout à fait possible. Le meilleur indice est le ton de leur voix. Ils deviennent plus sérieux, plus solennels, moins enjoués ou rieurs, moins bébés en somme, tu comprends? On voit qu'ils ne sont pas en train de jouer ou d'imiter. Il faut être très attentif, surtout quand ils jouent et qu'ils sont vraiment dans leur bulle[96].

Après les rencontres avec Carol, les cauchemars de James s'espacent puis cessent complètement. Le petit garçon se met alors à parler plus distinctement et Andrea note aussi qu'il parle de «ces choses» plus sérieusement que de tout le reste. Après tout, c'est l'Esprit qui a vécu une vie antérieure, pas l'enfant!

Le père de James, Bruce Leininger, n'a pas laissé sa femme se débrouiller seule avec cette situation. Pendant qu'elle s'occupe directement de l'enfant, il effectue des recoupements avec les détails constituant ses récits, tout en s'assurant que rien dans la maison ne peut les alimenter.

---

96. La conversation s'est poursuivie en insistant sur la différence entre un simple jeu, une fantaisie et un véritable souvenir. La ligne peut être parfois très mince.

Comme, à cet âge, James ne sait pas lire, mais qu'il apprend assez rapidement, il est essentiel que rien de suggestif n'entre à la maison.

Andrea découvre assez rapidement que c'est à l'heure du coucher, quand il commence à s'endormir, que le petit est le plus loquace. Elle applique la méthode de Carol. Intéressée, mais détachée. « Ah oui ? Ah ? Ils faisaient ça souvent, ces gens-là ? Ah bon ? Hum. » Ça ne doit pas devenir une entrevue journalistique et encore moins un interrogatoire de police, ces méthodes intrusives ayant chez les enfants l'effet contraire de celui recherché. Quand il n'en parle pas, on ne dit rien non plus. Carol explique : « Il ne faut jamais insister et il est préférable de passer à autre chose, de sorte que son récit d'une vie antérieure puisse s'intégrer à sa vie présente sans que cela semble une anomalie ou un fait d'exception aux yeux de papa et maman. Il se sentira alors à l'aise d'y revenir par lui-même plus tard. »

Voici quelques faits particulièrement intéressants que le père de l'enfant a pu confirmer après des recherches exhaustives. Le pilote de combat de la vie antérieure de James a été abattu par l'artillerie japonaise alors qu'il pilotait un *Corsair*. « Son problème à cet avion, c'était les pneus, ils crevaient tout le temps », lui dit le petit bonhomme. Bruce Leininger obtient la confirmation que l'atterrissage du *Corsair*, plus que pour les autres modèles, était très exigeant pour les pneus et qu'il fallait souvent les réparer ou les remplacer. Il reçoit cette information comme un coup de poing à l'estomac. Mais quand James lui apprend que son avion décollait du *Natoma* et qu'il était souvent avec son ami Jack Larson, Bruce Leininger est sous le choc ! Il croit alors que tout va s'effondrer et que, de toute évidence, ces noms sont inventés. Secrètement, il ne sait pas s'il doit s'en réjouir ou s'en désoler. Mais après de longues recherches, il apprend que le *Natoma Bay* était effectivement un petit porte-avions dans le Pacifique à bord duquel se trouvait Jack Larson, pilote de *Corsair* ! « Vous auriez pu me sortir le cerveau par les oreilles tellement j'étais bouleversé », dit Bruce Leininger au reporter américain Chris Cuomo. Mettons-nous à sa place, nous comprendrons l'énormité de la situation : un enfant de six ans fait découvrir à son père l'existence d'un bâtiment de guerre, datant des années 40, à bord duquel se trouve un certain Jack Larson, que l'enfant dit avoir connu alors qu'il était lui-même pilote, avant que son *Corsair* soit atteint au bloc-moteur et s'écrase en flammes dans le Pacifique, au cours de la campagne d'Iwo Jima. Bruce Leininger sait maintenant comment confirmer les dires de son fils et fonce.

Il se plonge dans les archives militaires et parvient à rencontrer plusieurs vétérans ayant servi à bord du *Natoma Bay*. Sachant par son fils que l'avion a été abattu à Iwo Jima et que son moteur a été atteint de plein fouet, il dirige le faisceau de ses recherches dans cette direction. C'est à ce moment-là que l'enfant signe ses dessins *«James III»*. Le père apprend que le pilote de l'escadron qui fut abattu au-dessus de Iwo Jima était un certain James Huston Jr. et que Ralph Clarbour, un artilleur qui était à l'arrière d'un avion de chasse tout près de James Huston, a clairement vu le *Corsair* se faire toucher au moteur et s'écraser en flammes. C'était le 3 mars 1945. Anne Barron, 87 ans, la sœur du pilote, rencontre l'enfant et se dit profondément bouleversée par les révélations qu'il fait. «Il m'a dit des choses qui sont impossibles à connaître, à moins de s'appeler James Huston Jr.» Un avis partagé par Robert Huston, 74 ans, son cousin.

En grandissant, James Leininger a perdu ce genre de souvenirs, ce qui est tout à fait normal selon Carol Bowman et de nombreux autres chercheurs. Ce récit, comme tous les autres dans cet ouvrage, n'est qu'un résumé succinct, mais on peut consulter la source[97].

«Oui, Omar, j'y étais à cette bataille, j'y étais!»

Cette réplique va rappeler des souvenirs à ceux qui ont aimé le film sur la vie du général George Patton, interprété par George C. Scott. On voit

97. *Could a Little Boy Be Proof of Reincarnation?* http://more.abcnews.go.com/sections/primetime/us/reincarnation_040415.html et *Soul Survivor: The Reincarnation of a World War II Fighter Pilot* par Bruce et Andrea Leininger.

le général Patton avec son grand ami le général Omar Bradley circuler en jeep en Tunisie. Ils s'arrêtent brusquement et le général Patton descend du véhicule. «Les Carthaginois ont défendu leur ville contre trois légions romaines, Omar. C'étaient des braves, mais ils ont été massacrés. Oui, Omar, j'y étais à cette bataille, j'y étais!» George Patton croyait en la réincarnation et pour un homme de sa situation, de son rang social et de sa religion, particulièrement durant ces années de conservatisme, c'était très inusité. Victor Zammit nous apprend qu'il a écrit sans aucune retenue avoir vécu à Carthage, s'être battu contre les Romains et avoir été, sous Napoléon, le maréchal Ney, né le 10 janvier 1769 à Sarrelouis, en Lorraine, duc d'Elchingen, prince de la Moskova. Il fut fusillé le 7 décembre 1815 à Paris. L'Esprit ayant un objectif très précis à atteindre, il faut s'attendre à ce qu'il effectue ses choix de vie en fonction de la réalisation de cet objectif et qu'il y ait donc des similarités d'une vie à l'autre. L'Esprit de George Patton peut vouloir atteindre des cibles spécifiques dans un environnement militaire. L'incarnation est, entre autres, une résolution de problèmes générés dans des vies antérieures. L'Esprit tend à la perfection puisqu'il est issu de la matrice de la Divine Mère, elle-même source première et parfaite en tout. J'ai constaté moi-même, sans en avoir une vision aussi précise, que mes vies antérieures ont très souvent été axées sur de grands débats concernant la religion, la spiritualité et la philosophie[98]. Permettez-moi de dire plus simplement qu'on ne se réincarne pas... pour des prunes.

---

98. Il en sera largement question au chapitre sur Goav.

CHAPITRE QUATRE

Le déisme
de la gnose méconnue

Ne pas être théiste n'est pas être athée !

«J'ai parcouru votre texte sur l'Église catholique. Votre mépris envers cette institution ne démontre rien d'autre qu'un athéisme évident qui n'est pas sans conséquence pour le salut de votre âme !» Je reçois ce genre de courriel au moins dix fois par année. Ils témoignent de l'exclusivisme dont font preuve les religionnaires théistes. J'ai beau leur expliquer : «Je ne suis pas athée, je suis déiste, à défaut d'être théiste.» Rien n'y fait, ils sont aveuglés par leur fureur ! Pour eux, ne pas être catholique ou chrétien signifie que nous ne sommes que des suppôts de Satan, ou à tout le moins des athées, des gens sans foi ni loi voués aux tourments éternels. Ce temps-là est fini désormais.

J'ai traité du courant gnostique à maintes reprises dans mes écrits et mes conférences[99], mais tellement de gens confondent ce terme avec son

---

99. *Les coulisses de l'infini* et *La prophétie de l'homme nouveau*, Ambre Éditions. Le gnostique entretient une fervente relation avec Dieu en le reconnaissant de l'intérieur et non par le biais de religions extérieures.

opposé plus connu qu'est l'agnosticisme[100] que j'ai fini par y renoncer. De toute manière, la gnose est l'ornithorynque du zoo des religions. Les gens n'ont aucune idée de ce que c'est et n'ont que faire d'un terme pareil. J'ai donc privilégié son équivalent littéraire beaucoup plus accessible : le déisme. Je suis déiste et les chances que vous le soyez aussi sont très élevées.

Le déisme se caractérise dans sa différence avec le théisme en ce qu'il ne s'appuie sur aucune religion, aucun artifice ni aucun intermédiaire. Entre l'homme et le sacré ou le divin ou, comme c'est le cas ici, entre l'humain et l'Esprit, il n'existe rien. En termes plus simples, le déiste croit en Dieu et n'a besoin de rien ni personne pour entretenir sa relation avec lui, qu'importe la perception qu'il en a.

Un déiste prie-t-il ?

Le véritable déiste découvre très rapidement l'énorme différence qui existe entre sa prière et celle du théiste ! La prière du déiste est tellement différente qu'en vérité elle n'existe pas et porte un autre nom. C'est un dialogue avec soi, avec son supérieur immédiat si on veut, ou avec la Divine Mère, qu'importe le nom qu'on lui donne. Mais cet échange s'effectue avec un « *être* » qui représente à nos yeux ce qu'il y a de plus beau, de plus noble et de plus vrai dans toute la création.

Tout comme nous le faisons entre humains, nous sommes assis et nous réclamons toute son attention. Nous exposons notre situation avec une totale franchise, toutes les cartes ouvertes bien à plat sur la table, calmement, sans fioritures, sans effet de toge, posément. Zen et tout. Nous lui faisons part, dans le même état d'esprit, de nos attentes et de notre compréhension de ces dernières. Nous ne prions personne, nous

---

100. L'agnostique, contrairement à l'athée, n'a pas d'opinion tranchée sur la non-existence de Dieu. Il estime que Dieu est inconnaissable, que ce soit de l'intérieur ou de l'extérieur. Dieu, en somme, est une inaccessible réalité à ses yeux en admettant qu'il existe.

demandons gracieusement si *elle*[101] ne pourrait pas faire ceci ou cela ou ne plus faire ceci ou cela. La discussion est franche, absolue, vraie, sans détour. Cela s'appelle un dialogue. Ce n'est pas de la «négociation», qui n'a rien à voir avec ce type de conversation, et il n'y a pas non plus de donnant-donnant. Ce n'est pas non plus ce genre «d'aplaventrisme» immonde du style «Je ne suis qu'un pauvre pécheur, pardonne-moi, Seigneur» qui n'est rien d'autre que de l'humiliation et certainement pas de l'humilité.

Que se passe-t-il lorsqu'on entame ce dialogue? Parce que vous l'avez bien lu, il s'agit d'un dialogue et non d'un monologue. Comme le sacré ou le divin ne répond pas davantage au déiste qu'au théiste, ce dialogue se fait sur une autre base de communication. En général, le dialogue de l'humain est intérieur, mais qu'en est-il de l'Esprit?

La synchronicité : le langage de l'Esprit

J'ai expliqué tout cela dans mon dernier ouvrage. Je n'en rappellerai donc que l'essentiel: le langage de l'Esprit, c'est la synchronicité. Permettez-moi de vous donner un petit exemple.

À ce moment-là, je me questionnais beaucoup. J'ai atteint un âge qui commande ce genre de réflexions et il m'arrive assez régulièrement d'avoir un dialogue avec mon Esprit sur les tenants et les aboutissants de l'humain que je suis, ici et maintenant. C'est peu approfondi comme processus; habituellement, je choisis un lieu ou une circonstance. Cet après-midi-là, j'avais décidé de sortir et de profiter d'un redoux salvateur dans ce long hiver de 2014 en marchant dans mon quartier.

Il faisait à peine un petit degré, il n'y avait pas trop de vent et, même si le ciel était couvert, c'était parfait. Pendant que mon cerveau s'activait à faire en sorte que je ne me casse pas la figure en dérapant sur les

---

101. L'auteur reconnaît ouvertement que sa perception personnelle de Dieu est la Divine Mère, comme c'était d'ailleurs le cas pour l'humanité des premiers temps. Voir *Esprit d'abord, humain ensuite*, Éditions Québec-Livres.

plaques de glace noire, blanche et grise parsemées ici et là, sur un véritable parcours du combattant, ma conscience s'activait à se faire entendre par ma divine oreille quelque part en dehors de cette dimension.

Comme je l'ai dit plus haut, il ne s'agit pas de négociations. Je mets sur la table ce que je suis, ce que je veux, ce que je demande et pourquoi, dans le cadre de ma double mission ici, sur Terre[102]. C'est clair, simple et limpide. Mais l'expérience du déiste n'est pas nécessairement plus riche en réponses que celle du théiste. Le divin n'est pas au service de l'humain comme le serait un majordome, n'est-ce pas? Donc, très souvent, mes dialogues tombent à plat, tout comme les prières théistes la plupart du temps.

Mais j'ai découvert quelque chose avec les années. Le dialogue du déiste doit être extrêmement limpide. On ne doit en aucune manière essayer de négocier ou de «se la jouer»: la franchise envers soi-même est essentielle, la mise à nu doit être totale et absolue. Ce jour-là, j'ai réussi et j'étais très content de moi parce que ce n'est pas si facile que cela. Je savais que j'avais été entendu, et c'est alors que j'ai levé les yeux. Devant moi, tout près, un homme est sorti de sa voiture. Il s'est aussitôt retourné, comme s'il m'attendait, et m'a souri d'une façon magnifique. Le sourire de cet homme restera à jamais dans ma mémoire. Il avait une belle barbe, assez longue, bien taillée, très fournie et blanche, avec une superbe moustache et des cheveux d'un blanc éclatant, une sorte de père Noël en habit de ville. Il était très beau, d'autant plus que le soleil est sorti des nuages à ce moment-là pour l'éclairer de plein fouet. Après une demi-seconde, il s'est retourné et a emprunté le chemin de son entrée. Je n'ai même pas eu le temps de le saluer.

C'est la réponse claire et nette du divin. «Je t'ai entendu, tout est beau, tu n'as pas à t'inquiéter», voilà ce que ce sourire voulait dire. Pas plus, pas moins, et c'est nettement suffisant. Je n'ai pas vu un Esprit, un

---

102. L'auteur affirme que nous avons une double mission: ontologique envers soi et cosmologique envers les autres.

fantôme ou un ovni, ce n'est pas un miracle, je n'ai pas entendu de harpe avec des voix angéliques comme dans les films, c'était simplement le sourire le plus radieux qu'il m'ait été donné de voir depuis longtemps et c'est tout. D'ailleurs, si ce monsieur devait lire ce texte, il pourrait dire : « Oh non, vous vous méprenez, j'ai cru que vous étiez quelqu'un d'autre, etc. » Et cela ne changerait rien. La magie de la synchronicité réside dans sa manifestation et non dans la nature de son objet.

Le déisme est l'adhésion profonde et bien réelle à l'idée d'une divinité absolue. Le déiste s'adresse à cette divinité, Dieu, Divine Mère, Seigneur, avec ses propres mots et ne s'oblige à aucun rituel dans un lieu donné et à un moment précis. Le déiste ne fait bénir ou sanctifier par un tiers aucun des évènements de sa vie : mariage, naissance de ses enfants, décès de ses proches, etc. Le déiste parle à Dieu de la manière qui lui convient, au moment qui lui convient et pour les raisons qui lui conviennent. Il le fait pour la simple et excellente raison qu'il est un Esprit d'abord et un humain ensuite. C'est par l'intermédiaire de l'Esprit qui l'habite qu'il s'adresse à Dieu avec fortitude, et non par l'intermédiaire d'un tiers qui aurait été choisi pour parler à Dieu en son nom, sous prétexte que lui, pauvre pécheur, n'en est pas digne. La *Torah*, la *Bible*, le *Coran*, les *Évangiles* et autres écrits dits « saints » sont à ses yeux de très beaux ouvrages, mais rédigés par des hommes. Ces auteurs, dont il ne reconnaît pas non plus la « sainteté » en ce qu'elle favorise une position fondamentalement théiste, ont sans doute été inspirés par leur grande dévotion, tout comme les auteurs des plus beaux écrits de la *Tradition*[103]. Ce sont des textes soumis à l'interprétation humaine parce que d'origine humaine et rien d'autre.

Au déisme s'oppose donc avec véhémence le théisme qui, à l'inverse, s'appuie sur des textes sacrés et des structures religieuses hiérarchisées et complexes dont le théiste n'est que le fidèle et le pénitent, confondant

---

103. La *Tradition* est l'ensemble des textes immémoriaux dits ésotériques et de toutes provenances.

humilité avec humiliation. Les théistes voient les ouvrages qui constituent la base de leurs religions comme de saints écrits révélés directement aux hommes par Dieu, qu'ils honorent par de nombreux rituels précis et récurrents (assemblée de prières, messes, offices, etc.). Toute personne se référant à une religion, qu'elle soit monothéiste ou polythéiste, adhère au théisme et non au déisme. Ce qui est très intéressant à noter dans l'attitude de nombreux théistes est qu'ils perçoivent le déisme comme non existant. À leurs yeux, un non-théiste est par voie de conséquence un a-théiste. Si vous n'adhérez à aucune religion, vous n'avez donc pas la Foi, vous êtes un non-croyant, donc un athée. Ils ignorent complètement la notion même de déisme !

Le déisme : un face à face avec le divin

Pour un déiste, la seule idée de confier à quelqu'un d'autre la tâche de s'adresser à Dieu en son nom et de recevoir en retour admonestations, contraintes, dogmes et diktats, tout en se prosternant, en honorant avec révérence prêtre, imam ou rabbin, est une hérésie pure et simple. Si le déiste a une envie folle de rire ou de pleurer ou d'être sérieux *comme un pape* quand il s'adresse à la Divine Mère, à Dieu le Père, au doux Jésus ou à Allah, cela ne concerne que lui et il n'a de comptes à rendre à personne. Tout se passe entre la déité suprême du nom qu'il préfère et sa conscience. Il est déiste. S'il préfère s'asseoir plutôt que de se mettre à genoux ou s'étendre sur un lit pour lui parler, cela ne concerne que lui. Au bout du compte, nous sommes chacun un Esprit libre de choisir, libre de penser, libre de croire, mais surtout un Esprit libre qui ne répond qu'à la Divine Mère, à Dieu, et ces rapports sont privés et secrets. Vous n'entendrez jamais un déiste prétendre que pour parler avec Dieu, vous devez faire comme lui, ceci, cela, de cette manière, à tel moment, méditer, vous coller à un arbre, fixer une chandelle, vous frotter avec un cristal ou croquer dans une grosse pomme ! Jamais ! S'il est une chose qu'un déiste, Esprit libre, honore de façon inconditionnelle, c'est bien la liberté et l'autonomie absolues de l'Esprit des autres, y compris pour les théistes celle de s'humilier ouvertement ! Car nous sommes tous un dans le tout et le tout est un.

On a la religion de notre code postal !

Nous sommes, au Québec, nés catholiques romains pour la plupart d'entre nous. Évidemment, nous sommes presque tous devenus catholiques par la force des choses. Si nous avions vu le jour à Casablanca, au Maroc, nous serions fort probablement musulmans et si nous étions nés à Calcutta, nous serions hindouistes. En gros, c'est bien de cela qu'il s'agit : nous avons la religion de l'endroit où nous vivons, de notre code postal.

Quand j'étais petit, sans savoir que j'étais devenu gnostique ou déiste, je parlais à Dieu tous les jours comme on parle à un ami et je me sentais très bien ainsi. Comme il est préférable que Dieu ne nous réponde pas si on ne veut pas se faire enfermer, c'était plutôt de tendres moments d'une affection sincère lorsque je concluais mon petit laïus et que je me retournais pour dormir en lui souhaitant bonne nuit, *l'âme* en paix ! J'ignorais qu'en tant qu'Esprit, je venais tout simplement de me brancher sur ma réalité, mais aussi que je venais de rendre ma Divine Mère très heureuse.

Quand j'ai raconté cela à certains amis prêtres de mes parents, j'ai eu droit à plusieurs avis correctifs qui tous ensemble devenaient carrément coercitifs. À leurs yeux, mon petit manège était mignon, mais nettement insuffisant pour sauver mon âme. Je devais confesser mes péchés à l'un d'eux, aux yeux remplis d'une très agaçante commisération, et communier presque à jeun tous les dimanches, sans parler du reste, pour que mon lien avec Dieu soit réel, *car seul le prêtre ouvre la voie vers le Seigneur.* Sans cette médiation, point de salut[104]. Et ils ne badinaient pas !

---

104. Ce qui était irritant, c'est qu'ils ne cessaient de dire que Jésus était mort sur la croix pour nous sauver, alors quelle était l'urgence de sauver notre âme puisque le travail était déjà fait ? Je pensais cela à 13 ans !

Un jour, j'ai su !

Les lecteurs qui suivent mes écrits depuis quelques années savent comment j'ai été initié aux mystères de l'infini[105], aussi vais-je être bref. Au cours de l'hiver 1966, je me suis éveillé en plein milieu de la nuit. Après être allé à la salle de bain, je me suis recouché et j'ai vu très distinctement, au-dessus de moi, à 60 centimètres tout au plus, un anneau jaunâtre faiblement lumineux. J'étais plus fasciné qu'effrayé. Après quelques secondes, il est descendu vers ma tête et des bandes latérales de même couleur et de même intensité lumineuse sont venues s'attacher sur son pourtour. Puis les bandes latérales ont repris leur place à l'intérieur du cercle et ce dernier s'est effacé. Cela a duré de 25 à 30 secondes. Mais, dans les faits, la lumière du jour filtrait derrière les rideaux et il n'était plus 3 h 30, mais 6 h 30 du matin. Trois heures manquantes. Ça a été l'évènement le plus conséquent de ma vie parce que, dans les jours et les semaines qui ont suivi, l'impossible est devenu une étonnante réalité[106]. Le canard est devenu un cygne[107]. Le jeune étudiant sans ambition et sans envergure que j'étais, n'ayant aucun intérêt pour quoi que ce soit, est subitement devenu, littéralement par science infuse, un spécialiste des ovnis. Deux ou trois mois plus tard, je donnais des conférences un peu partout et répondais aux questions les plus pointues, parfois venant de scientifiques et d'universitaires. Le reste est connu et je poursuis mon exploration de l'infini depuis ce temps !

C'est ma mission dans cette vie-ci, de là l'importance pour moi d'être autodidacte, libre-penseur et déiste. Mon animal-guide est l'ours. Il m'est apparu souvent et, récemment, il est venu dormir avec moi, ce qui prend

---

105.   *Ce dont je n'ai jamais parlé*, Éditions Québecor.

106.   J'ai plusieurs cas similaires dans mes dossiers, mais habituellement on me parle surtout de guérisons physiques ou de l'acquisition de pouvoirs psychiques.

107.   « Tiens, tiens, on dirait bien que le cygne s'est envolé de la mare aux canards », m'a effectivement dit un jour une voyante de foire en examinant les lignes de ma main.

quand même beaucoup de place. Si je pouvais hiberner comme il le fait, je n'en serais pas malheureux, croyez-moi[108] !

J'ai aussi relaté pour mes lecteurs ma rencontre avec celui qui allait devenir mon mentor, le docteur Paul Labrie, dès 1967. Un jour, il me remit quelques feuillets. Je les reproduis intégralement pour la première fois[109]. Je vous invite à les lire, et à les relire, très attentivement en prenant votre temps parce qu'y repose le ferment d'un déisme gnostique qui va bien au-delà des mots !

Ne sais-tu pas que tu es Dieu en tes plus ultimes profondeurs ?

Ne sais-tu pas, Ô disciple, que tu es Dieu en tes plus ultimes profondeurs ? Toi qui t'attardes encore dans les sombres vallées de la Terre, il y a des sommets où brille la plus belle et la plus intarissable des lumières : des sommets si purs où l'air de l'Esprit revivifie tous ceux dont les poumons spirituels ont été viciés par les grandes cités de la Terre. Il est des sommets spirituels qui se tiennent en arrière de ta petite conscience de surface et il te faudra défaire, fil par fil, maille par maille, le voile épais qui s'interpose entre toi-même et la présence de Dieu. Il attend que tu le reconnaisses au plus intime de ton être spirituel. Il demeure encore caché, mais connaît le moyen de te rappeler qu'Il existe et que tu dois abandonner ton « moi » de surface pour t'identifier à lui, au lieu de t'identifier à des désirs, à des pensées, à des sentiments dont le moins qu'on puisse dire est qu'ils sont les expressions d'un état d'ignorance et de servitude.

Tu n'es pas libre dans ta conscience de surface puisqu'elle n'est que la conséquence des fausses identifications que provoquent les errements d'un

---

108. L'auteur écrit ces lignes en avril au Québec, au cours de l'hiver 2014, l'un des plus longs enregistrés depuis 30 ans.

109. Il a servi de base au roman de l'auteur, *La prophétie de l'Homme nouveau*, Ambre Éditions.

mental qui n'est plus en contact avec la vérité de ton être et avec la vérité du monde, lesquelles sont une seule et unique vérité : Dieu.

L'amour de Dieu est un abîme où doit se dissoudre ce « moi » de surface qui t'est encore cher, puisque tu ne peux t'en libérer immédiatement comme on se libère d'une entrave quelconque. Tu es encore égoïste et orgueilleux tant que tu crois être une entité isolée et séparée de Dieu, de l'univers et de la vie réelle, qui n'est pas celle que tes sens perçoivent. Les phénomènes sont comme des vagues qui surgissent et disparaissent sans arrêt sur l'océan. Ils n'ont pas de réalité en eux-mêmes, ils n'ont que l'apparence de la réalité, qui les fait connaître et disparaître constamment sans que cette naissance et cette mort soient des réalités en soi et qui sont toutes deux des balancements opposés d'un rythme unique, intraduisible en langage humain, qui sont comme les pulsations du cœur éternel de la vie véritable que seul connaît celui qui s'est libéré du « moi » et de ses créations mentales illusoires et néfastes.

Le monde des phénomènes est celui du rêve que fait le mental emprisonné dans un corps physique qui l'isole et le limite dans le temps et l'espace. Et le temps et l'espace n'ont aucune réalité pour celui qui s'est libéré de l'emprise des surimpressions du mental qui se produisent lorsque ce dernier se retire du foyer divin qui lui a donné naissance.

Le mental ainsi isolé en lui-même est le destructeur du réel ; il détruit ou annihile toute possibilité de contact avec le réel divin et éternel. Certes, temps et espace existent relativement à la conscience actuelle de l'homme. Ils sont liés à une échelle d'observation particulière à la conscience et à ses facultés de cognition et de compréhension. Mais pour celui qui vit dans le Cœur et la réalité divine, ce temps et cet espace sont comme s'ils n'existaient pas : ils ne sont plus qu'un éternel maintenant, un ici unique où tout se fond sans pourtant se confondre, dans une unité incommunicable à l'esprit humain encore trop étroitement limité.

Ne crois pas que ce soit là un jeu de la pensée ou la fantaisie délirante d'un mystique enivré de ses propres créations mentales ou imaginatives. C'est au contraire l'expression verbalisée d'un état d'être que tu peux éprouver dans le cœur à cœur d'un silence total – dans la méditation – où l'esprit im-

mobilisé se concentre dans la seconde qui passe sur une réalité insaisissable et fulgurante, tel un éclair gigantesque qui sillonne l'univers dans sa totalité.

Sache, Ô disciple, que cet éclair éternel est cela qui se rit des naissances et des morts ; qu'il est la fusée divine qui attend dans ses mouvements que tu y adhères et que tu exprimes sa présence dans la moindre de tes actions quotidiennes ! Elle est cette fusée divine, le support intraduisible de tout ce qui est manifesté.

Elle est aussi le manifesté lui-même ; elle est en elle-même ce qui crée et ce qui est créé. En elle, il ne saurait exister de dualité, de contradiction, d'opposition. Elle est l'unité impensable de l'univers de la vie et de la mort, de l'être et du non-être, de la forme et du sans forme.

Elle est aussi les Formes et ce qui les crée et ce qui les détruit. Elle est dans les plus ultimes profondeurs de son être. Elle est aussi dans l'atome comme dans la galaxie. Elle contient tout parce qu'elle est la totalité de tout ce qui est, de tout ce qui fut et de tout ce qui sera. Et pourtant elle est aussi au-delà de tout, car elle est cela qui est dehors de tout avenir, de toute création éphémère. Elle est le cœur sacré du Christ des chrétiens, elle est le Graal des initiés germaniques, elle est le tabernacle des Juifs, elle est dans les symboles et pourtant elle n'est d'aucun symbole. Elle est la réalité immuable et changeante, immuable dans son essence, changeante dans ses apparences.

Ne sais-tu pas, Ô disciple, que la route de feu qui sillonne les univers est une route qui part de ton cœur pour aller jusqu'à celui de Dieu ? Ne sais-tu pas, Ô toi qui questionnes et qui doutes, que tu es toi-même cette route de feu, que tu la crées toi-même par ton désir de vérité, de beauté et de lumière ; car n'es-tu pas Dieu en tes profondeurs secrètes et cachées à la conscience de surface ? N'es-tu pas le Créateur lui-même volontairement enfoui dans la matière pour la féconder de son esprit vivant et en faire jaillir des formes splendides de beauté et d'harmonie ?

Ne sais-tu pas que tout est en toi, oui toute la sagesse humaine et divine ? Ne sais-tu pas que le moment le plus beau et le plus exaltant, le plus sublime dans la vie d'un homme est lorsqu'il a créé de ses mains un chef-d'œuvre de beauté et d'harmonie ? C'est là le signe évident de sa nature divine, de sa divine conscience qu'il nomme dans son langage d'ignorant : l'inconscient.

L'inconscient est certes plus conscient que tu peux l'être toi-même dans ton « moi » étriqué, borné, mesquin et rempli de grotesques prétentions. C'est toi en tant que « moi » qui, en vérité, es inconscient de tes possibilités immenses et infinies : inconscient de la place réelle que tu occupes dans la nature des choses ; inconscient de tout ce que recèle de sagesse la moindre de tes pensées, le plus rapide des frémissements de ton émotion. Tu dois vivre en ton cœur ces vérités dites en langage humain, et non plus dans ton mental qui pourrait se briser à vouloir résoudre cette énigme qu'est Dieu pour toi.

Tu as lu, mais as-tu vraiment compris, et surtout vis-tu ce que tu as lu et peut-être intellectuellement compris ou peut-être encore senti résonner en toi comme une vérité profonde ? C'est cela l'important et le reste n'est plus alors que mots privés de toutes substances vitales et créatrices. « Le mot n'est pas la chose », a dit Krishnamurti, et c'est bien vrai. Le mot n'est que mot lorsqu'on le répète sans compréhension, lorsqu'on le prend pour abri commode pour son égoïsme. Mais le mot devient alors singulièrement actif, puissant créateur et riche d'une vie rayonnante quand il adhère totalement à une vérité spirituelle. C'est là un secret qu'il t'appartient de découvrir au cours de tes méditations. N'oublie pas que tu es cela qui est et devient en attendant d'être tout simplement l'homme de la vérité et de l'amour.

Aime et tu comprendras. Aime et tu découvriras. Aime et tu réaliseras. Aime et tu seras une bénédiction pour le monde.

J'ignore qui est l'auteur de ce texte. Paul Labrie ne me l'a jamais appris. Au cours des années qui ont suivi, j'y suis revenu à de multiples reprises, mais un jour, sans doute au milieu des années 70, j'ai perdu pied sur un passage. Mon ego devait me l'avoir fait ignorer ou simplement mettre de côté pour « analyse ultérieure », ce qui constitue souvent sa « botte de Nevers » pour nous pourfendre. Ce passage devait heurter mes convictions, mais j'étais prêt à l'intégrer dans ma conscience.

Ne sais-tu pas, Ô disciple, que la route de feu qui sillonne les univers est une route qui part de ton cœur pour aller jusqu'à celui de Dieu ? Ne sais-tu pas, Ô toi qui questionnes et qui doutes, que tu es toi-même cette route de feu, que tu la crées toi-même par ton désir de vérité, de beauté et de lumière ; car n'es-tu pas Dieu en tes profondeurs secrètes et cachées à la conscience de surface ? N'es-tu pas le Créateur lui-même volontairement enfoui dans la matière pour la féconder de son esprit vivant et en faire jaillir des formes splendides de beauté et d'harmonie ?

Nous serions tous une partie de Dieu ? Nous serions *le Créateur lui-même volontairement enfoui dans la matière* ? Ça a été un premier contact « métal sur métal » avec l'Esprit, une sorte de Grand Dérangement[110], alors que toutes mes conceptions antérieures du monde me quittaient pour une Terre où j'allais complètement les oublier. Sans doute mon Esprit venait-il de crier sa joie d'être enfin reconnu. Depuis cette sorte d'épiphanie, la vie avait enfin un sens. Tout un cheminement intense et continu allait me conduire d'aventure en aventure à devenir l'humain dont mon Esprit avait besoin pour sa mission dans cette vie, sur cette planète.

La vie quotidienne, bien lourde, parfois cruelle, souvent très dure, allait rapidement me ramener sur Terre. On a beau être Dieu, la réalité égratigne le plus coriace d'entre nous quand on finit par rester humain. C'est alors que j'ai compris qu'aucune religion, révélée ou pas, aucune philosophie, aucune croyance, aucun mystère, ne parviendrait à faire mieux pour moi que cette révélation. Comment pouvais-je être à la fois Dieu « en mes profondeurs secrètes et cachées à la conscience de surface » et cet humain, faible, revanchard, souvent pathétique, égoïste et perpétuellement insatisfait ? Cette question ne me posait plus aucun problème ! Je savais qui j'étais et pourquoi j'étais ici.

---

110. L'auteur fait allusion ici, sans aucune méchanceté, à la déportation des Acadiens par les Anglais à partir de 1750.

CHAPITRE CINQ

On ne se réincarne pas pour des prunes

Au fait, pourquoi parler... de prunes ?

Cette expression date du XIIe siècle. En 1150, les croisés, qui se rendaient en Terre sainte pour libérer Jérusalem des Maures impies, découvrirent à Damas ce fruit délicieux dont ils se régalaient constamment. Leur enthousiasme pour la prune était tel qu'ils décidèrent de rapporter des pruniers pour les replanter en France. Cela dit, leur campagne militaire fut un échec, et lorsqu'ils revinrent, défaits et piteux, mais très fiers de leurs pruniers, le roi Louis VII, furieux, leur lança : « Vous n'êtes tout de même pas en train de me dire que vous êtes allés là-bas, très chèrement, pour des prunes ? » L'expression est restée.

Né de la Gouve cosmique

Dès l'instant sacré où l'Esprit s'incarne, l'humain qu'il devient est mortel, éphémère, fragile, vulnérable, issu du monde animal dont il a conservé de nombreux traits physiques et certains des comportements (proie ou prédateur). L'humain est encore à des kilomètres de gravir le premier échelon de l'évolution, si on considère sa destinée. C'est une toute jeune espèce ! Ses agissements, les plus souvent grossiers ou burlesques, n'amusent plus personne. Il est encore servi par la présence dans son crâne d'un cerveau primitif datant de l'époque où son espèce appartenait aux reptiles.

Certes, il a évolué depuis sa condition d'homme cavernicole, mais faisons le tour de sa planète sans nous illusionner : son intelligence croissante, fruit de la présence en lui de l'Esprit[111], n'aura souvent servi que de tremplin pour exterminer prestement ses ennemis, fort nombreux d'ailleurs. La guerre est, à ce jour, dans l'histoire de l'humanité, l'activité la plus ancienne[112] et la plus répandue, en dehors de celles liées à la survie. L'être humain est fondamentalement égoïste, et après une escalade de comportements déviants, il ira même jusqu'à tuer pour obtenir ce qu'il veut. C'est sa signature, sa véritable « faute originelle ».

Par contre, sur le plan physique, l'humain est en avance de plusieurs longueurs sur tout ce qui se meut. Il n'a de véritable et performante spécialité que ses mains, fabuleux outils d'une polyvalence éprouvée parce qu'adaptées à tous ses besoins, qu'ils soient artistiques ou liés à la construction d'objets immenses ou extrêmement petits et d'une précision folle. Il peut mettre en marche des appareils et des machines qui lui permettent de se déplacer plus rapidement sur Terre, dans les airs, sur et sous les eaux, à des vitesses jamais atteintes par le monde animal. Il peut même se rendre dans l'espace, y séjourner et y revenir. Il compense les limites de ses sens par des technologies qui en augmentent la sensitivité comme jamais un animal n'y parviendra. L'humain est un animal sophistiqué, exotique et très avancé. Son intelligence l'autorise à maîtriser les plus grands problèmes mathématiques, les nuances du langage et des mots pour l'exprimer, et le monde des arts. Il chante, il danse et peut s'exécuter avec grande finesse et élégance. Il peint, sculpte, compose, écrit, provoquant de fortes émotions. L'humain est un animal et un artiste qui a développé un système de plus en plus raffiné pour partager et communiquer ses œuvres. Enfin, l'humain est un animal social et donc le maître

---

111. J'ai toujours été profondément ému par la présentation visuelle d'un concept similaire dans l'introduction du film de Stanley Kubrick, *2001, l'Odyssée de l'Espace*, datant de 1968.

112. Un site découvert en 1964 par l'archéologue Fred Wendorf porte les traces du massacre d'une population entière, il y a un peu plus de 10 000 ans.

absolu de son règne. Il domine sa planète, étant au sommet de la chaîne alimentaire.

Malgré tout cela, c'est un animal dangereux et un bien piètre régent puisqu'il salit sa paillasse, pille et gaspille les ressources de son propre milieu comme si l'avenir n'existait pas. Il n'a jamais été en mesure de montrer une vision multigénérationnelle, seule la sienne et peut-être celle de ses enfants comptent. Cette planète, il la dévore, la consume et la détruit lentement, et plus rapidement depuis les 150 dernières années que durant les milliers qui ont précédé son ère industrielle. Rien n'indique qu'il a compris la situation dans laquelle il se plonge lui-même. Je ne fais pas là un discours écologiste, c'est un simple constat. Et l'humain s'en moque ou fait des effets de toge, prétendant que tout cela n'est que mythes et légendes. C'est un menteur, un fraudeur, un voleur, et très souvent un agresseur, capable de se déguiser en séducteur avec une facilité déconcertante. En général, quand il veut quelque chose, il le prend. Mais pis encore, c'est un tueur et pas seulement pour se défendre. Non, il attaque ! Il ira jusqu'à tuer de manière ignoble dans les rues. Il tue aussi pour le simple plaisir de tuer et chasse inutilement un gibier dont il n'a plus besoin pour se nourrir. Plus son intelligence se raffine, plus il invente des façons de tuer massivement et efficacement. En août 1945, il a montré à l'univers visible et invisible qu'il avait atteint le summum de son art. Si Tamerlan[113] ou les Ottomans[114] avaient pu bénéficier de cette arme de destruction massive en leur temps, la race humaine n'aurait pas survécu.

L'humain est un tyran qui dort[115] ! Quand il pose son regard sur un lieu qu'il convoite et qu'il a les ressources nécessaires pour s'en emparer

---

113. Guerrier turco-mongol (1336-1405) considéré comme l'auteur des plus grands massacres d'êtres humains.

114. Empire turc de 1299 à 1923. Plus de 600 ans de massacres considérables. Napoléon disait que si la terre avait été une seule et unique nation, Istanbul en eût été la capitale.

115. Sur ce point, ce sont surtout les Blancs qui, après les Mongols, ont pris la relève dans l'histoire.

au détriment de ceux qui y vivent, il peut en un rien de temps devenir un conquérant qui impose tout aux autres. Particulièrement l'homme blanc ; nous verrons pourquoi.

Si l'humain est toujours de ce monde, en croissance et en évolution, cela n'a plus rien à voir avec sa condition animale. Il a en lui une gemme qui le distingue de tous les animaux existants sur cette planète : il est le seul à être habité par un Esprit unique et personnalisé ! Il est celui qui, malgré tout ce qui vient d'être dit, aura le plus évolué depuis son apparition dans ce monde.

Les animaux, même évolués et à l'intelligence fine, n'ont pas d'Esprit unique, ce Je Suis grandiose et d'origine divine qui caractérise l'humain, puisque l'objectif de ce dernier est plus exigeant et axé sur l'avenir des univers. L'humain est donc le seul animal spirituel doué de libre arbitre, par l'intelligence qu'il a de discerner le bien du mal et la capacité de choisir l'un ou l'autre de façon innée ! Cela dit, la Divine Mère n'a pas créé le monde, elle est devenue le monde. Tout ce qui est constitue la fibre énergétique de Sa Personne. Tout est elle, mais l'humain est l'animal qui a été choisi pour en être conscient. Chez les animaux, les mammifères surtout ont une capacité innée de ressentir qu'ils sont habités par l'Esprit, non pas sous la forme d'une conscience unique, mais par le simple fait que tout est un. Ils ressentent cela particulièrement au contact de l'humain, mais encore faut-il que ce contact se fasse d'Esprit à Esprit. Les premiers habitants de cette planète savaient cela. Mais il existe encore des gens aujourd'hui qui consacrent leur vie à maîtriser cet art ancestral d'entrer en communication avec cette portion spirituelle enfouie au cœur même des bêtes les plus sauvages[116]. Rappelons toutefois que l'animal ne dispose pas d'un Esprit unique et personnalisé.

Pressentant l'Esprit très tôt dans son cheminement et son histoire, l'humain a honoré sa présence par de nombreux rituels visant à le sa-

---

116.   On leur donne souvent le nom de « chuchoteurs », comme Buck Brannaman avec les chevaux et Anna Breytenbach avec les grands félins. www.animalspirit.org.

luer et à le respecter. Mais l'ego a tôt fait de récupérer cette vénération en la redirigeant vers lui, en la transformant en une arme de contrôle des masses et des individus, et en créant, bien avant la politique, un ensemble de structures plus ou moins organisées, puis de plus en plus complexes, du chamanisme animiste aux rituels religieux à dieux multiples, puis à la triade infernale extrêmement efficace des religions révélées de type monothéiste[117]. Les seules religions qui seront épargnées par ce système gangréné sont les applications individuelles de certains aspects du bouddhisme, du taoïsme et de l'hindouisme méconnu[118].

L'humain, par son Esprit, est le porteur d'un grand espoir dans l'univers, celui d'évoluer infiniment, avec l'éternité comme compagne de vie, jusqu'à rallier toutes ces autres Intelligences supérieures qui depuis des éons ont également parcouru ce chemin avec succès. Du singe velu à la plus pure forme d'énergie consciente, tel est notre destin.

Ces Intelligences supérieures (IS) sont ici, avec nous, sur notre planète[119], invisibles et parfois non, jour après jour, intervenant très discrètement à l'abri des sens, mais conservant un regard permanent sur nous. Il en est vraiment ainsi, n'en déplaise à ceux qui méprisent les sources spirites, «canalisées» ou de vive voix.

Les plus grands mensonges de tous les temps

L'Esprit que nous sommes est éternel. Il est né du désir de la Divine Mère de s'accomplir dans sa propre création, de se redécouvrir par elle-même

---

117. Révélées signifie que le ou les fondateurs de la dite religion affirment s'être fait révéler leur religion par une source divine. Par opposition, Rishi Hindous, Bouddha, Lao Tse, Confucius et d'autres n'ont jamais eu ces prétentions. L'hindouisme considère les Rishi comme des yogis qui, en méditation profonde, entendirent les «hymnes» du Véda émanés du Brahman. Que certains aient fait de ces êtres humains des dieux est une autre histoire.

118. De nombreux abus ont également été commis au nom de ces religions orientales, mais rien n'est comparable avec ceux de la triade monothéiste.

119. Tout a été dit sur ces IS: extraterrestres, intraterrestres, extradimensionnelles, voire de notre propre avenir.

en elle-même. Nous sommes à la fois l'Esprit suprême créateur parfait et sa créature, parmi les plus imparfaites qui soient. Et cela est voulu ainsi. On peut se contenter de reconnaître que nous sommes et proclamer : Je Suis ! Il n'est pas aisé de contempler cette réalité supérieure, alors que notre cerveau bourdonne encore des diktats de nos grandes religions monothéistes assenant que nous n'avons qu'une seule vie, que notre âme est en péril et que seul Jésus, Yahvé ou Allah peut nous sauver. Ce sont les plus grands mensonges de tous les temps ! Pourquoi un humain chercherait-il à se sauver quand, au fond de lui, il n'est autre que Dieu lui-même ? Est-ce à dire que les pontifes de toutes ces religions ont tout à perdre de nous le révéler[120] ?

Suivons Rodolphe et... Rodolfo !

La réincarnation est la réponse à toutes les questions existentielles qu'un mental humain peut se poser dans le but de se torturer. Suivons, par exemple, l'évolution de deux hommes très distincts et voyons ce que les croyances religieuses les plus traditionnelles nous offriront comme réponses à leur dichotomie. Voici Rodolphe et Rodolfo ! Ils viennent tous deux de mourir et nous jetons un regard sur leur existence.

Puisque les religions n'évoquent jamais les raisons pour lesquelles l'un naît dans l'abondance et bien entouré et l'autre pauvre et rejeté, il doit donc s'agir de la chance ou du simple fait que les voies de Dieu sont impénétrables ! Voyons le parcours de Rodolphe. Il vit le jour à Chestnut Hills, à Philadelphie, dans l'État de Pennsylvanie, et par « chance » le fit au sein d'une vieille famille, riche, paisible et sans histoires. Il vécut les premières années de sa vie dans une ambiance chaleureuse et calme, loin des vices de la société. Il fréquenta l'Episcopal Academy à Newtown Square, pratiqua assidûment, et toute sa vie, les préceptes prônés par son Église et passa toutes ses vacances estivales à la maison d'été parentale de Lake Ariel. Il étudia à Harvard, devint *Phi Beta Kappa* et obtint

---

120. Il en sera question plus longuement dans les derniers chapitres.

un doctorat en chirurgie coronarienne. Sa clinique connut un immense succès et il accéda rapidement à la fortune, épousa Elizabeth, de la prestigieuse famille Johnson du Fidelity Investment Funds de Boston, eut trois beaux enfants, fit le tour du monde trois fois et s'éteignit doucement dans son lit, à l'âge de 93 ans, une vie merveilleuse derrière lui, entouré par une famille aussi nombreuse que chaleureuse, convaincue que Jésus l'accueillerait au paradis avec le sourire !

Ce n'est pas seulement l'argent qui fit de son existence une expérience paisible et confortable, mais son environnement protégé, facilitant un développement normal et stimulant. Tant d'entre nous, beaucoup plus modestes, ont également vécu ce genre de vie, parce qu'ils ont vu le jour dans un milieu équilibré. Lorsqu'un enfant naît dans un environnement sain et paisible, ses chances d'être heureux sont très élevées.

Rodolfo, lui, naquit par « malchance » dans une famille dysfonctionnelle de quatorze enfants dans la redoutable favela de Mangueirinha, à Rio, au Brésil. Il passa les premières années de sa vie, chétif, et limité intellectuellement en raison de sévères privations alimentaires. Il fut presque abandonné dès l'âge de sept ans et, pour survivre, se laissa enrôler par une bande de voyous et effectua avec eux de nombreux larcins qui finirent par le conduire en prison. Devenu un chef craint du syndicat des prisonniers, le *Primeiro comando da capital*, Rodolfo, solide gaillard, aigri et en colère, planta un couteau artisanal dans l'œil d'un gardien et devint le caïd du pénitencier, d'où il finit par s'évader, tuant quatre policiers lancés à ses trousses. Rongé par la drogue, devenu presque fou, il se fit abattre à coups de machette à 34 ans par ses propres hommes du Commando Rouge, dans une masure située non loin de l'Amazone, où on jeta son corps, comme une ordure. Son âme perdue depuis longtemps serait alors précipitée aux enfers, où Satan, guilleret, l'accueillerait avec le sourire, crurent ses meurtriers.

Ce n'est pas seulement sa pauvreté qui fit de lui ce mécréant, mais aussi son environnement, exposé à tous les dangers. Il en existe bien d'autres de ces naissances. Comment peut-on accorder le moindre crédit au concept du salut de l'âme ou de la vie unique? Pourquoi Rodolphe aurait-il eu droit à un environnement favorable et pas Rodolfo, si c'était là leur chance unique de sauver leur âme? Et quand bien même Rodolfo aurait «sauvé son âme», pourquoi cette vie en enfer?

Une seule existence ne peut suffire pour connaître et savourer le monde dans sa palette pratiquement infinie de variétés. La naissance ne peut aucunement être la conséquence du hasard ou de la chance. Les monothéistes ne soulèvent jamais cette question et, quand on la leur pose, ils répondent par des platitudes classiques et insipides que les voies du Seigneur sont impénétrables, sorte de passe-partout qui ne renvoie qu'à une chose: leur ignorance.

Les recherches scientifiques des professeurs Ian Stevenson, Helen Wambach et plusieurs autres, les expériences multiples rapportées par des milliers et des milliers de gens sous hypnose ou spontanément, mes propres expériences, les vôtres, tout soutient que la réincarnation est bien réelle. Encore faut-il prendre un minimum de temps pour s'y pencher.

Quant à ceux que le déisme trouble et inquiète en raison de l'absence d'une communauté de bonnes gens pour le soutenir, par l'individualisme outrageant qu'il semble promouvoir, je réponds que si, un jour, il cesse d'être complètement ignoré ou méprisé, nous verrons peut-être des déistes se retrouver et se regrouper pour communier entre eux, dans une magnifique ambiance et en un lieu inspirant, sans pour autant renier leur farouche indépendance et la merveilleuse autonomie de leur Esprit. Je crois que cela doit déjà exister quelque part, ici ou *ailleurs*, mais ici, sur Terre, je reste un peu méfiant[121]!

---

121. Le déiste pourrait-il envisager une ritualisation quelconque chapeautée par un officiant? Le risque de verser dans le théisme traditionnel ou le sectarisme de gurus est alors très élevé.

Personne n'y échappe

Ufologue depuis que cet anneau lumineux est venu se poser sur ma tête quand j'avais 16 ans, métaphysicien par la suite, j'ai consacré ma vie à ces deux disciplines, alternant les phases d'intériorisation ou d'*input* avec les phases d'extériorisation ou d'*output*. Cela faisait près de cinq ans que j'étais en phase *input*, quand par un beau jour de 2009, alors que j'étais étendu sur mon lit, fatigué, préoccupé, peut-être un peu affecté par le fait que je n'avais plus d'emploi à la radio[122], j'ai ressenti quelque chose de très étrange.

Au début, je n'y croyais pas. J'avais ressenti cela à deux reprises dans ma vie : au lendemain de la vision de l'anneau ambre, en 1966, et après avoir pris connaissance du phénomène viral des enlèvements extraterrestres, en 1988. D'abord doux comme une caresse, l'appel devint plus pressant, comme un appel aux armes, une sorte de mission commandée qui n'attendait plus que moi, dans le genre : « Les hélices tournent, l'avion s'apprête à décoller, qu'est-ce que tu fabriques ? » Je devais là, maintenant, sans attendre, me rendre devant mon ordinateur et me laisser transmuer. Un barrage érigé depuis des décennies s'est alors fissuré, puis est tombé comme un géant qui s'effondre. L'auteur Martin Michaud fait dire à son personnage écrivain : « Je rentre dans cette zone mystérieuse où rien d'autre n'existe et où tout se crée[123]. » Il en était ainsi pour moi avec ce qui allait devenir deux ouvrages successifs, *Certitude ou fiction ?* et *Et si la terre n'était qu'un jardin d'enfance ?*[124] J'ai su que je reprenais du service et pour de bon, cette fois. Jamais je n'avais écrit aussi rapidement depuis *La Grande Alliance*, en 1978. J'étais en mission, c'était reparti de plus belle, et pas de quartiers, pas de prisonniers ! Libéré des contraintes d'un emploi requérant une réserve constante, j'ai

---

122. On m'a remercié pour mes services à Corus, 102.1 FM, au cours de l'été 2009. Le rideau était tiré, après tout ce temps passé un peu partout au Québec depuis 1969.

123. *Sous la surface*, Éditions Goélette.

124. Deux cents autres pages ont été utilisées pour compléter celles qui allaient donner naissance à *L'École invisible* et à *Ce dont je n'ai jamais parlé*.

mis à peine quatre mois pour écrire les neuf cents pages du livre (épuré, puis scindé en deux). Je peux affirmer qu'en moins de trois semaines, l'essentiel était sur papier. J'avais écrit : « Les gens refusent d'y croire non parce qu'ils pensent que cela n'existe pas, mais parce qu'ils ne veulent pas que cela existe. » J'en étais là. Voilà pourquoi toute cette vie, voilà pourquoi toute cette expérience accumulée au fil des décennies, voilà quelle était ma mission, alors que j'atteignais mes 60 ans !

Or, chacun d'entre nous a une mission sur cette planète. Et pour chacun d'entre nous, elle se divise en deux séquences : ontologique et cosmologique. Cela signifie qu'il y a toujours un aspect de cette mission qui ne concerne que notre développement spirituel personnel et karmique, et un second qui s'attarde au rôle que nous devons jouer pour l'ensemble de la planète et de la race humaine. Ce qui est en haut est comme ce qui est en bas ! En somme, ce n'est guère différent du rôle que nous avons à la maison dans notre famille et celui que nous assumons au travail avec nos responsabilités.

Pour moi, il était clair que j'allais me battre contre des gens qui ne voulaient pas que j'existe. Ma mission était de ne pas tenir compte d'eux, jamais, et de livrer le message coûte que coûte, où que ce soit. Dès que j'énonce ce concept dans un article ou dans l'un de mes ouvrages, la réaction la plus vive est généralement formulée comme dans ce courriel. *Je ne vois pas ce que je peux faire pour la race humaine, à vendre des bagnoles dans un village perdu dans le nord. Vous écrivez des livres, vous faites des conférences, on vous voit à la télévision, on vous entend à la radio ; moi, il n'est pas question de parler de ça à mes clients et c'est tout juste si ma femme ne se sauve pas dans la cuisine quand j'en parle. On n'est pas dans la même ligue, vous et moi. Vous voyez ?*

Le fardeau des âmes

Il n'y a qu'une réponse à cela. Il est question de porter le « fardeau des âmes ». En 1998, j'écrivais le texte suivant à Winifred Barton, de l'Institut de métaphysique appliquée, en réaction à un article qu'elle venait d'écrire sur l'art de porter ce fardeau.

To carry the Burden of the Souls. *Oui, porter le fardeau des âmes. Voilà un concept avec lequel je suis très familier. Ce que nous faisons et endurons jour après jour est un fardeau sacré que l'Esprit nous invite à porter sur nos épaules, un peu à l'image du charpentier condamné à se rendre jusqu'au sommet du calvaire pour y atteindre la Lumière, une croix sur son dos. La théologie chrétienne veut que Jésus ait fait cela, seul, pour racheter nos péchés. On est loin de cela. J'ai relu dernièrement de grands pans de mythologies diverses et Prométhée fit cela, Thésée fit cela, et combien d'autres ont porté sur leurs épaules leur propre croix pour sauver les hommes. Mais au demeurant, ne sommes-nous pas tous porteurs d'un fardeau collectif dans cette matrice? N'est-ce pas notre effort singulier qui, par sa réverbération dans l'univers entier, crée une force qui se répartit entre chacun de nous? Chaque geste que nous posons, n'est-il pas une représentation de « Celui qui cueille une fleur dérange forcément une étoile », comme le dit la chanson*[125]. *C'est ainsi que survient toute masse critique, annoncée aussi bien par Redfield que par Sheldrake*[126]. *La science et la spiritualité enfin réunies! Cette compréhension m'a donné le courage de poursuivre dans ma voie et de porter des fardeaux de plus en plus lourds jusqu'à ce que le début s'élève des cendres de la fin et qu'un jour la croix devienne la couronne!*

Ce qui suit est d'une très grande importance

Tout être humain est un Esprit incarné et tout Esprit est le véritable fruit de ses entrailles. Tous sont un et un est le tout. *En To Pan*! Si j'avais à choisir le passage de ce présent ouvrage que j'aimerais voir retenu par le plus grand nombre de lecteurs, ce serait celui qui suit.

---

125.   Paroles et musique de Jean-Claude Giannada.

126.   James Redfield, auteur de *La prophétie des Andes*, et Rupert Sheldrake, auteur de nombreux ouvrages portant sur les champs morphogénétiques.

Chaque geste, aussi simple et banal qu'il soit, que pose notre vendeur de voitures a un effet de vibration sur la polarité qui le soutient. Cette vibration est soit positive et contribue à renforcer cette polarité, soit neutre, donc sans utilité aucune, soit interventionniste ou négative. Cette vibration a l'intensité du geste et surtout de l'émotion qui la propulse. En termes clairs, tout geste posé a un effet sur un aspect de l'univers et cet effet est proportionnel à l'émotion dégagée.

L'effet est en réalité un impact énergétique et il s'ajoute à tous ceux qui, similaires, viennent frapper cette polarité à laquelle il appartient. Positive, neutre, interventionniste ou négative.

Tout geste et toute pensée énergisés vont donc contribuer à renforcer la polarité concernée et, dès lors, favoriser son développement et simultanément affaiblir son opposé. Il n'y a pas de limite physique à l'impact énergétique; l'effet peut avoir des conséquences planétaires, voire galactiques. Les univers se façonnent de la sorte. Nous sommes bien au-delà des effets des champs morphogénétiques[127] ici. Il est absolument essentiel de répéter que chacun de nos petits gestes, de nos choix, chacune de nos attitudes, de nos pensées sont porteurs d'une vibration qui va se polariser ou se positionner, selon qu'elle est positive, neutre, interventionniste ou négative. Chaque larme versée, chaque rire en cascade, mais aussi chaque cri de haine ou de rage a un effet immédiat et parfois foudroyant sur l'ensemble du tissu universel de la matrice. C'est une loi universelle, et c'est la plus importante de toutes. Tout ce qu'un être humain fait, dit et pense rend possibles tous les possibles. Il est fort probable que le Nazaréen soit parmi les premiers à l'avoir enseigné lorsqu'il a dit : « Ce que vous faites au plus petit d'entre vos frères, c'est à moi que vous le faites. » Et ce moi est le Tout en Un de la *Tradition*. C'est la plus grande vérité qui soit. C'est ainsi que les mondes grandissent, par la poussée de tous les instants, de tout un chacun dans une direction ou dans une autre. Et un jour, un mur s'écroule pour le bien de tous, et plus

---

127. Selon Rupert Sheldrake.

tard des tours s'effondrent pour un mal qui se répand ! Des guerres se fomentent ou se terminent, des vies se gagnent ou se perdent, et tout cela aussi, parce que, ce matin, nous nous sommes levés heureux ou malheureux, fascinés ou dépités. Il est dit également que ceux et celles qui prennent la décision de modifier leur comportement pour qu'il soit plus conséquent accomplissent un geste d'une portée formidable dont ils n'ont pas conscience.

Ce même vendeur de voitures qui s'interroge sur son rôle cosmique a le choix d'entreprendre sa journée avec le désir intense de rendre des gens heureux ou de profiter d'eux en les lésant. Oui, à lui seul, dans son petit village au nord de tout et de rien, en tant qu'Esprit incarné, comme des milliards d'autres, il porte le fardeau des âmes de dizaines, de centaines et peut-être, tout comme la déferlante qui naît d'un continent pour s'éteindre sur un autre, de milliards d'entre ses congénères. Cette seule décision de faire plaisir aux gens ou de les léser fera toute la différence, même s'il ignore totalement la portée de sa décision. Sa seule existence déjà change le monde. Notre seule et unique présence dans l'univers fait en sorte que l'univers est ce qu'il est et il deviendra ce que nous deviendrons, car pour l'éternité et dans l'Infini, chacun de nous est Esprit créateur, et tous ensemble nous créons notre destinée commune ! La qualité du monde dans lequel nous évoluons est la résultante du désir profond des milliards d'Esprits de la Terre et du Ciel qui composent ce qu'il est convenu l'humanité !

Voilà pourquoi nous n'avons pas le droit de nous demander à quoi nous servons dans l'univers. Nous sommes les rouages vivants et essentiels plongés au cœur même du mécanisme métaphysique le plus puissant de l'univers, puisqu'il génère les énergies créatrices qui rendent possible ce même univers. Sans nous, l'espace ne serait qu'un agrégat de matière sèche, froide, sans vie et totalement inutile. Chacun de nos gestes et chacune de nos pensées, propulsés par l'intensité de nos émotions, renforcent la glorieuse ascension de notre planète vers les mondes supérieurs, en précipitent sa douloureuse débâcle ou en ralentissent l'évolution.

Nous sommes les sauveurs du monde parce que nous intervenons et nous combattons ou nous sommes les destructeurs du monde parce que nous en soutenons la fin. Il m'arrive toutefois de penser que nous sommes plutôt un frein à notre évolution collective par notre fuite en avant, notre cynisme et surtout notre indifférence. Quoi qu'il en soit, nous sommes les seuls artisans de la rédemption de notre planète, de son salut ou de sa débâcle. Et de notre race entière ! Le pari de la Divine Mère est que nous allons réussir, seuls, par nous-mêmes, à chasser l'Insidieux et à redonner à cette planète le statut des grands qui lui revient de droit cosmique. Cette tâche nous incombe et des mondes entiers ont les yeux rivés sur nous.

Ces Intelligences supérieures qui viennent sur Terre constituent en partie la réponse de nos pensées, de nos actions et de nos attitudes. Oui, nous les avons appelées et elles ont répondu parce que nous ne pouvons agir seuls. La suite des évènements sera toujours le fruit de nos pensées, de nos actions et de nos attitudes, mais nous avons besoin d'un peu d'aide. Voilà pourquoi toute prophétie et toute prédiction sont obsolètes dès l'instant où elles se formulent dans le conscient des hommes. Aujourd'hui a sans doute changé en raison d'hier et demain changera en raison d'aujourd'hui. Nous sommes les artisans de notre destin à tous et nous en modifions le tracé à chaque instant. Rappelons-nous l'histoire de ce papillon qui causa un ouragan par le battement de ses ailes[128].

Voilà que vient d'être révélée la plus grande vérité du monde métaphysique. Ceux qui croient encore que leurs faits et gestes, parce qu'ils appartiennent au monde physique, n'ont que des effets sans conséquence ont oublié qui ils sont vraiment. Ils ont aussi oublié que ce qui est en bas est comme ce qui est en haut et ce qui est en haut est comme ce qui est en bas. Ils l'ont oublié, mais maintenant ils l'apprennent de nouveau. Alors, oui, il est possible que pour certains d'entre nous le simple fait de

---

128. Selon la théorie du chaos, cette possibilité a été soulevée en 1962 par le météorologue Edward Lorentz.

sourire, de rire, de pleurer, de vivre avec courage ou pour la joie de rendre les autres heureux, dans notre petit village au nord de tout et de rien, soit notre mission très spéciale !

Ma vie n'est pas la vôtre et la vôtre n'est pas la mienne. Aucun d'entre nous ne devrait envier celle d'un autre, puisque tous ces choix sont ceux que nous avons faits bien avant notre incarnation et ils continuent d'être les nôtres. Nous sommes en mission et, un jour, nous retournerons à la maison, délivrés de ce fardeau des âmes parce que cette mission aura été accomplie.

Ce n'est pas la vraie vie ici !

Ce n'est pas la vraie vie ici sur cette planète ou même ailleurs, c'est un travail, un mandat, une mission, une expédition, une exploration, une expérience, peut-être même une espèce de punition, par moments, ou plutôt de remboursement pour les pots cassés. Lorsque nous partons en voyage d'affaires pour la première fois en Chine, nous sommes plus ou moins en mesure d'évoluer aisément dans cet environnement étranger. Nous opérons au meilleur de nos connaissances, mais nous ne sommes pas chez nous ! Nous avons parfois très hâte de revenir à la maison. Ce qui est en haut est comme ce qui en bas, et inversement. Ce n'est vraiment pas chez nous ici. Pour personne, d'ailleurs ! À bord de l'infini, l'Esprit est en éternel déplacement. La Terre n'est qu'une escale d'une toute petite heure, même s'il est vrai que dès qu'on pose le pied sur le sol, cela semble interminable. Or, notre mission est très spéciale et ses effets sur l'univers sont incalculables !

Il faut comprendre que tant que nous n'aurons pas entièrement assimilé cela, il sera puéril de parler d'ovnis et d'extraterrestres ; ce ne sera qu'un passe-temps, comme aller jouer aux quilles, entretenir un statut Facebook, effectuer une sortie pour voir les étoiles, faire des mots croisés, du sudoku ou du patin ! Voilà pourquoi j'ai écrit ce livre. Le lecteur pourra faire ce que tous les autres ont fait dans les profondeurs secrètes des temples initiatiques. Se rappeler ce qu'il sait déjà, mais qu'il a oublié dans les contraintes de l'incarnation et que, bien humblement, j'essaie de lui rappeler. Je ne fais qu'allumer les réverbères, je ne les construis pas ! Puisque la plupart de mes lecteurs sont Québécois, permettez-moi de leur rappeler ceci.

Puisse au centre de notre croix, un lys blanc entrelacé d'une rose rouge fleurir à souhait et puissions-nous retrouver Ashérah, parèdre d'El[129], occultée, oubliée, condamnée et pourtant substance même de notre essence et matrice du Code originel. Puisse l'œil des humains percevoir sa lumière de sorte qu'elle fasse naître sur leur visage le sourire de ceux qui la reconnaissent parce qu'ils en ont maintenant le souvenir.

L'incarnation est la navigation à l'aveugle dans un vaisseau de chair bousculé par des vagues d'hormones, des poussées de colère, de grands creux tapissés d'ignorance, des vents contraires le poussant vers des récifs de mensonges et des hauts fonds d'illusions. Au loin, un seul espoir si ténu, ce Code, ce phare rassurant qui de son faisceau pointe vers son port d'attache[130].

Essentielle amnésie

Durant la nuit du 25 novembre 2013, je suis allé à la rencontre d'un membre de ma famille, décédé il y a environ dix ans. Il était superbe, il avait fière allure et dégageait une incroyable confiance en soi[131]. Lorsque les Esprits s'expriment au travers des médiums et des voyants authentiques ou lors de régressions hypnotiques des sujets – plus rarement lors de séances spirites –, il se crée une sorte d'unanimité entre eux. L'amnésie fait partie intégrante du processus karmique et c'est ce qui fait de

---

129. Ces noms ne sont pas imaginés par l'auteur, ils existent vraiment, mais la littérature ésotérique abonde à ce point de noms qu'elle génère plus de confusion que de clarté. La *sophia* gnostique, notamment, vient brouiller les cartes ainsi que tous les écrits de même source provenant, entre autres, des codex de Sheneset. En choisissant El et Ashéra, l'auteur n'assume aucunement la source de ce choix plus qu'une autre, tant elles sont multiples et pourraient se valoir.

130. Extrait de *Esprit d'abord, humain ensuite*, Éditions Québec-Livres, 2013.

131. De son vivant, il était extrêmement timide, souvent prostré et très peu sûr de lui.

l'incarnation sur Terre une entreprise olympique ! L'amnésie fait partie des questions qui reviennent le plus souvent de la part de lecteurs consternés par cette caractéristique troublante de l'incarnation. Pourquoi oublie-t-on nos vies précédentes ? Voyons cela.

Comment savoir ce que j'ai à faire pour remplir ma mission ?

En tant qu'Esprits, nous sommes incarnés notamment pour résoudre des conflits, des situations qui se répètent d'une vie à l'autre, et cela en dehors de notre mission cosmologique. Nous avons donc choisi de travailler sur certains « matériaux » et de mettre les « outils » appropriés dans notre « coffre ». Souvenons-nous de cette autre analogie avec les jeux vidéo. Le héros bénéficie d'une trousse de ressources dans le bas de son écran. Or, que sont ces matériaux, ces outils et ces techniques ? Pour le savoir, il suffit de bien observer quels sont nos rapports avec tout ce qui constitue notre vie. Nos outils sont nos forces. Et nos problèmes, petits et gros, sont nos faiblesses. Nous affrontons toujours ce que nous avons besoin d'affronter et nous avons toujours les ressources pour y parvenir. Il n'y a pas d'exception, l'incarnation n'est pas improvisée. Une quantité incroyable de gens estiment que leurs outils sont inappropriés et que leurs défis sont insurmontables. Leur ego arrive toujours à cette conclusion, mais c'est faux : le processus de l'incarnation est toujours parfait ! C'est en tant qu'humains frappés d'amnésie que nous le rendons imparfait par notre attitude et nos comportements.

Notre route est parsemée de marqueurs ou de repères. Ce sont les rapports difficiles, ardus, voire malsains que nous entretenons avec nos problèmes ou nos faiblesses, qui indiquent à notre Esprit que ce sont là les *travaux* de réparation ou de rénovation à effectuer. Les éviter ne fait que rapporter l'ouverture du chantier à une date ultérieure, voire à une vie ultérieure. Parmi ces marqueurs, certains sont plus évidents que d'autres, notamment les différentes formes de dépendances, affectives et physiques, qui rendent l'individu dysfonctionnel. Lorsque nous avons l'honnêteté de reconnaître une dépendance, il n'y a plus à chercher très loin. À l'inverse, les rapports agréables, faciles et sains sont nos outils et nos matériaux pour y parvenir.

La synchronicité d'évènements, quant à elle, est le langage de notre Esprit dans la mesure où on ne la rationalise pas tout bêtement par l'usage du mot « hasard » ! Les *apports* dont nous parlerons plus loin, bien que très rares, peuvent être fort intéressants. En ce qui me concerne, la synchronicité est devenue la langue seconde que je comprends le mieux.

Est-il possible de nous souvenir de nos vies antérieures et par quels moyens ?

Oui, c'est possible. Cela peut survenir naturellement lors du sommeil, par un *rêve qui n'en est pas un*, mais instinctivement, on sait de quoi il retourne. Il est possible aussi de voir des images ou de ressentir des émotions associées à un concept lors de différentes méthodes de méditation à découvrir par soi-même, comme cette importation du bouddhisme appelée *pleine conscience*. On peut également consulter un médium dont la réputation est sans tache ou se soumettre à plusieurs sessions d'hypnose avec un praticien qualifié. Alors est-ce possible ? Oui. Cela fonctionne-t-il ? C'est une autre histoire. Si l'Esprit, en consultation avec son guide et les autres Esprits qui naviguent dans l'environnement spirituel d'une personne, estime que le maintien de l'amnésie est impératif, alors cette personne perdra son temps et son argent à tenter de ramener des images de ses vies antérieures qui, rappelons-le, sont celles de son Esprit et non celles de son ego. C'est aussi simple que cela.

Est-il souhaitable de tout faire pour se souvenir de ses vies antérieures ?

Pour les motifs évoqués plus haut, la réponse est non. S'il importe qu'une personne se souvienne de certains aspects des expériences passées, vécues par son Esprit, il en sera ainsi, qu'elle médite ou pas, qu'elle aille ou pas chez un hypnologue ou un médium[132]. L'incarnation est l'affaire de l'Esprit que nous sommes. Si c'est l'ego qui ne fait que se montrer curieux, il n'aura aucune réponse puisque les vies précédentes, ou même à venir, de l'Esprit ne le concernent pas. Des gens pleurent à l'autre bout de l'ordinateur parce qu'ils *doivent absolument savoir* qui ils étaient pour évoluer dans cette vie. Voilà de grands ego insatisfaits de leur existence actuelle et qui sont dévorés par la curiosité !

Est-il préférable de vivre notre vie actuelle au présent et de «laisser venir» ?

C'est plus que préférable, c'est la meilleure attitude à adopter. Si certains répliquent qu'après avoir tout fait pour se souvenir, ils ont réussi, c'est qu'ils devaient réussir. Chaque Esprit est différent, chaque mandat également. Il n'existe aucune règle universelle qui s'applique à l'amnésie, bien qu'au départ elle s'applique à tous et soit ensuite sujette à certains amendements, selon des circonstances qui varient à l'infini.

Est-il possible de connaître les raisons de notre venue ici dans le présent ?

C'est la vraie question si on cherche vraiment à grandir et à profiter au maximum de cette incarnation. Nous ne sommes pas ici seulement pour le plaisir de traîner des kilos de chair sous un soleil de plomb ou dans trois mètres de neige. En réalité, cette question mérite une réponse plus élaborée. Comme nous l'avons dit, en tant qu'Esprit imparfait, jeune et sans expérience, nous nous incarnons pour grandir spirituellement, c'est-à-dire pour découvrir ce que seule la venue dans un corps permet de faire, l'incarnation étant le moyen le plus efficace pour y parvenir. On ne développe pas ses muscles en regardant les images d'un magazine d'haltérophilie, n'est-ce pas ? C'est au club de gym sur un banc recouvert

---

132. J'ai une multitude de souvenirs très variés et pourtant, je n'ai consulté un hypnologue qu'une seule fois dans ma vie.

de cuirette avec des poids si lourds qu'ils nous arrachent le cœur ! Le désir de s'incarner est inné et fait partie du processus d'évolution de l'Esprit. Ce n'est ni une exigence ni une punition. Il en va de même pour apprendre à marcher, à parler, à lire et à écrire ; ce ne sont pas des exigences ou des punitions, mais le processus naturel de croissance physique et intellectuel de l'humain.

Un bébé humain ne songerait jamais à ne pas apprendre à marcher et à parler ou à cesser de grandir, pas plus qu'un jeune Esprit ne songerait à ne pas s'incarner. L'incarnation fait partie intégrante de son processus d'évolution. C'est une étape très importante dans ce qu'on pourrait appeler le « parcours du combattant » de l'Esprit.

Comme nous l'avons vu, la charge karmique de notre existence se révèle dans nos dépendances, nos faiblesses, nos peurs, nos craintes naturelles, nos refus et nos dénis. L'Esprit est à la recherche du Graal, c'est-à-dire de sa véritable nature, de ses origines profondes, puisqu'il est issu de la matrice originelle et primordiale. Il est à la recherche de la perfection. C'est donc dans ce qui lui paraît le plus imparfait que se cache la « carte du trésor » qu'il faudra suivre pour atteindre ses objectifs. Cette carte indique les faiblesses, les peurs, les situations provoquant le déni, mais aussi les dépendances physiques – à l'alcool, au tabac, aux drogues, à la nourriture, au sexe et même au sport[133] – et affectives, extrêmement nombreuses et variées. L'Esprit n'a aucune dépendance affective. Il cherche à évoluer, à grandir, il commet des erreurs, il sous-évalue ou surévalue des situations et doit pendant cent vies remettre le tout sur le métier. Vous ne vous êtes pas réincarné pour des prunes, n'est-ce pas ? Lorsqu'on se présente à un entraînement, on évalue ses forces et ses faiblesses, et ce sont ces dernières qui vont réclamer le plus d'attention si on cherche à monter sur un podium. Aucun Esprit n'aspire à tout régler dans une seule existence, il en faut des centaines, voire des milliers.

---

133.   La dépendance à l'adrénaline n'est pas un mythe. C'est l'hormone de la survie et ses effets sont remarquables. Certains vont donc se mettre en danger pour la sécréter en abondance.

Cela dit, une incarnation gaspillée ou mal gérée fait brouillon. Quand on a le courage de reconnaître une dépendance, il faut chercher à s'en défaire et, ce faisant, nous rendons la tâche plus aisée à ceux qui suivront. C'est cela porter le fardeau des âmes. Mais prendre conscience d'une dépendance et l'assumer est la partie la plus intense et souvent la plus insupportable du processus karmique. Un des indices les plus évidents d'une charge karmique réside donc dans les dépendances sous toutes leurs formes. Il est souhaitable de consacrer son énergie à s'en défaire, car le but ultime est que tout ce qui n'est pas né de l'Esprit disparaisse à tout jamais de l'aura d'un être. Nous avons l'éternité pour y parvenir.

Ayant vécu d'autres vies auparavant, notre Esprit a inévitablement fait de faux pas qui ont pu affecter sa croissance, mais surtout celle des autres. Il a perturbé la courbe évolutive de nombreuses personnes et de cette planète. Les incarnations successives ont pour but de reprendre certains sentiers afin d'éviter de commettre les mêmes erreurs. Le nombre de vies pour y parvenir ne dépend que de la détermination que l'Esprit met dans celle-ci. Il n'est pas nécessaire de se souvenir de ce qu'étaient ces erreurs, ce serait tricher. Par contre, notre vie fera en sorte que les épreuves dont nous avons vraiment besoin soient présentes. Nous aurons à faire les bons choix ; si ce n'est dans cette vie, ce sera dans la suivante ! C'est tout le contraire, notez-le bien, de la pression absolument insoutenable que mettent les religions dans l'affirmation que votre âme sera perdue si vous ne leur confiez pas votre Salut ! Cela signifie concrètement que ceux et celles qui vivent une situation difficile qui semble se répéter ont devant eux un contrat à remplir et pour lequel tous les outils ont été fournis, qu'ils y croient ou non. Ils en sont peut-être à leur énième existence pour tenter de résoudre ce conflit majeur. L'incarnation peut parfois ressembler au jour de la marmotte[134].

---

134. Allusion au célèbre film du même nom d'Harold Ramis, en 1993, mettant en vedette Bill Murray.

S'ajoute à cette portion ontologique du karma son aspect cosmologique. La Divine Mère dont nous sommes l'imparfaite manifestation sur Terre a pour but de faire grandir l'ensemble de la race humaine et de juguler les efforts d'entités hostiles et négatives qui la contrôlent. Cela signifie qu'en dehors de notre mission personnelle d'évolution, nous avons aussi cette mission très spéciale. Notre choix de vie fait en sorte que nous n'avons pas à chercher très loin : elle est là sous nos yeux ! Cette mission peut être d'une étonnante simplicité, comme nous l'avons montré plus haut. Cela n'est pas sans rappeler ces femmes qui, par centaines de milliers, ont quitté leur foyer pour aller travailler dans les usines pour soutenir l'effort de guerre, durant les premières décennies du xxᵉ siècle. Chaque manteau ou chaque gant fabriqué donnait un sens à leur vie. Elles n'avaient pas tort, loin de là.

Cette planète est en état de siège et en quarantaine. Elle est contrôlée massivement par des entités qui n'ont aucunement notre intérêt à cœur, comme nous le verrons plus loin. Nous sommes en guerre et le pacifisme ne doit en aucun cas se traduire par la couardise de celui ou de celle qui refuse de se défendre au nom d'un principe quelconque. Tout comme ce qui est en haut est en bas, il n'est pas question de laisser le mal s'étendre sans réagir, sous le spécieux prétexte d'être non violent et non agressif. Chaque polarité a ses extrêmes, et si la violence est celle exprimée par la polarité négative, la lâcheté est celle exprimée par la polarité positive. Lorsque l'Esprit s'incarne, il est à la tête de l'état-major et planifie une opération sur Terre. L'humain en sera le fantassin ! Il n'a pas à tout savoir, il n'a qu'à suivre les directives de l'Esprit. Elles sont parfaites ! L'ego déteste entendre qu'il est imparfait, mais il n'est que cela ! Inutile de se perdre en arguties, l'ego n'est rien d'autre que le reflet animal de l'être humain.

Notre existence est le fruit de nos choix avant la naissance

Partons du principe vrai qu'en tant qu'Esprit, nous avons choisi le lieu de notre future naissance, son moment et nos parents. De nombreuses situations difficiles vont se présenter dans cette vie, mais souvenons-nous de l'image du jeu vidéo. On vient à peine de commencer la session qu'on se fait tirer dessus ou qu'on tombe dans un trou sans fond. Dans la vie, ce sont ces situations qui nous rendent tristes, malheureux, en colère ou confus et qui nous poussent à réagir. Le premier à se lever «pour tout casser» est l'ego. C'est tout à fait naturel puisque l'ego n'est pas une personne ou une entité, c'est une force d'origine animale, elle est brute, sans conscience et sans morale. C'est celle qui fait rugir le tigre, qui fait fuir l'antilope, qui fait du singe un hurleur chicanier. C'est une force constante, propre aussi bien à l'humain qu'à l'animal, puisque l'humain est issu du même monde. La force de l'ego est tout à fait comparable à celle de la gravité. Personne n'y échappe; ceux et celles qui viennent rouler les épaules en affirmant avec fierté «Moi, j'ai maîtrisé mon ego» montrent que le leur a fait un sacré bon boulot de manipulation, ce qui est d'ailleurs sa force! L'ego et l'Esprit sont de force égale, c'est-à-dire que leur influence respective est répartie de façon égale en nous. Nous avons toujours le choix. Si en tant qu'humain nous chutons face première sur un sol de terre battue, c'est notre problème à nous et à nous seulement, ce que l'ego déteste entendre puisqu'il passe sa vie à chercher les responsables de ses malheurs autour de lui.

C'est nous, en tant que personnalité humaine, qui sommes responsables de nos choix. Si quelqu'un vole une paire de gants au magasin, il n'y a pas d'excuse, car celui qui le fait s'accuse. Il n'y a aucune justification égocentrique qui tienne, pas de pardon non plus. Le mal est fait dès que le geste est posé. Cette personne doit rapporter cette paire de gants ou elle en subira les conséquences, son geste ayant un «effet papillon» dans le reste de l'univers. Tous les gestes et toutes les pensées ont un «effet papillon». Par ce simple vol, l'individu contribue au ralentissement de l'évolution globale des humains sur Terre et donne raison à ceux qui nous refusent le droit divin de la conscience. Il n'y a aucune enflure verbale ou littéraire dans ce propos, c'est la stricte vérité, même si cette contribution peut paraître minime ou insignifiante. L'Esprit vise la perfection, s'incarne pour y parvenir. Si le voleur de gants pense que son larcin va passer inaperçu, il sera déçu. Il le saura un jour ou l'autre, maintenant ou... plus tard.

Il est curieux de parler d'une paire de gants volés, au lieu de crimes odieux commis par certains, non? C'est parce que l'ego humain a précisément cette malicieuse habitude de nous diriger vers sa perception du geste. « Pfft... une paire de gants, ce n'est rien. Toi au moins tu ne fraudes pas les autres à coups de millions de dollars, tu ne tues pas des gens, tu n'entres pas dans leur maison pour piller ou violer. Tu es un bon garçon, une bonne fille, c'est quoi une misérable paire de gants dans un si grand magasin, qui de toute façon nous vole constamment avec ses prix ridicules, hein? » Et l'Esprit de dire tout simplement : « Tu as pris quelque chose qui ne t'appartient pas. » Et si rien ne se passe, il ajoute : « Tu es devenu un voleur maintenant? » Puis, plus tard : « C'est du propre, juste à cause de cette paire de gants volée, tu retardes notre processus d'évolution, mais également celui de toute une planète ; c'est le caillou dans l'engrenage. Et cesse de te plaindre et de prétendre que tu te sens coupable, c'est sans issue. Rapporte cette paire de gants ou, si c'est impossible, donne-la à un organisme de charité. Fais ce qu'il faut, mais débarrasse-toi du fruit de ton larcin. Je ne suis pas un voleur et je suis toi et tu es Moi, et l'univers attend, alors agis ! »

La vie se déroule petit à petit avec ce genre d'anicroches, de problèmes à surmonter, parfois de failles à éviter, de cascades à enjamber. Évidemment, dans cet ouvrage, je ne m'adresse pas à ceux et celles qui ont une charge karmique d'une lourdeur excessive pour la simple et bonne raison que ces gens ne me lisent pas[135]. Ces cas lourds ont des vies axées sur le désir exclusif de prendre tout ce qui leur convient et, pour y parvenir, de frauder, de voler, de violer, de blesser ou de tuer. C'est à eux que nous devons le statut de race primitive qui est encore accolé aux humains vivant sur cette planète. Tant et aussi longtemps qu'ils seront

---

135. Au moment où j'écris ces lignes, le Québec est dans une période sombre avec plusieurs meurtres et suicides commis depuis le début de 2014.

dans ce genre de dispositions, ces gens-là ne s'intéresseront pas à leur Éveil. Ils en sont loin, à moins de croupir en prison et «d'implorer le Seigneur de pardonner leurs fautes». Ils ne voient que leur reflet un peu écœurant dans ce verre opaque qu'ils ont dressé devant eux, au travers duquel aucune lumière n'atteint leur conscience. Dans cette vie, c'est comme s'ils étaient morts, mais il y a d'autres Esprits qui s'occupent d'eux, compte tenu de la gravité des effets qu'ils produisent sur le tissu universel de la matrice. Je n'ai eu à commercer avec Eux qu'une seule fois et c'est bien suffisant !

Les jeunes Esprits qui viennent d'arriver ne s'intéressent pas non plus à leur Éveil, ils veulent vivre à l'extrême, dans une totale insouciance, et cela fait partie du jeu ! Pourquoi s'en faire ? Ils ont l'éternité ! Ils sont souvent bruyants, malfaisants. Nous les tenons à l'écart naturellement, par cette barrière énergétique qui nous épargne des abus et des excès de leurs dérapages. Si nécessaire, ils se font remettre à leur place, ce qui est tout à fait dans l'ordre des choses.

Ma mission n'est pas auprès d'eux.

Ma mission est d'écrire pour ceux qui sont en plein Éveil et qui commencent à réaliser qui ils sont vraiment. Ils sont à deux doigts d'y parvenir. Je leur rappelle simplement qu'ils ont raison, qu'ils sont exactement là où ils doivent être, qu'ils vivent ou non des expériences étranges et mystérieuses. J'ai aussi pour mandat de m'adresser à ceux qui vivent ces expériences hors du commun. Ils sont inquiets le plus souvent, voire terrorisés, et veulent être rassurés ou comprendre. J'essaie, en d'autres termes, d'allumer leur réverbère ou le phare dans la brume, de sonner la corne et de leur dire : «C'est par ici, avancez, vous êtes tout près, voilà... c'est fait ! »

On ne s'incarne pas pour demeurer un Esprit vivant dans l'infini et l'éternité, sans quoi nous n'aurions qu'à demeurer là où nous sommes, dans l'espace infini, éternel, visitant les mondes, explorant les univers de toutes les densités. La «chute» causée par l'incarnation est colossale pour l'Esprit et les conséquences sont hallucinantes. Une entité éternelle parcourant l'infini et qui s'incarne accomplit un effort ultime et terrible à la fois, même s'il lui est naturel en raison de son essence. Ce n'est pas un week-end ou une permission, c'est une expédition très souvent à long terme, qui se compte en années humaines, au cours de laquelle l'Esprit infini ressent l'espace limité, son poids, ses imperfections et surtout le temps. L'Esprit ne s'incarne pas pour des prunes, l'exercice est beaucoup trop exigeant, conséquent et ardu. Mais cela, vous le saviez, n'est-ce pas ? Vous n'avez fait que l'oublier !

En tant qu'*Esprits d'abord*, nous devons assumer ! Si un drame survient, c'est qu'il fait partie intégrante de la mission, de l'objectif, du destin, choisissons le terme qui nous convient, mais laissons le hasard, les coïncidences ou « c'est la faute des autres ». Le hasard et les coïncidences sont un mythe, de pathétiques inventions d'humains incapables de traiter avec l'invisible. Nous sommes Esprits d'abord et l'Esprit affronte l'adversité avec une prestance que l'humain a du mal à imiter.

Les plus fins secrets de l'ésotérisme

L'ésotérisme n'est pas ce qu'une très grande majorité de gens croient. Au départ, c'était un enseignement exotérique prodigué presque ouvertement par les grands maîtres de la philosophie, tant chez les Grecs que chez les Égyptiens et les Romains, à des étudiants choisis[136]. Mais ces enseignements furent graduellement taxés d'hérésie et de paganisme. Les Hébreux ont commencé le travail en confondant les dieux païens avec leurs propres mythes infernaux, voyant le diable partout et massacrant hommes, femmes et enfants[137].

Puis ce fut le tour de la grande Église universelle (catholique), sainte et apostolique, qui régna dès 325 apr. J.-C. et, bien sûr, vinrent assez tôt

---

136. Ils devaient d'abord manifester un vif intérêt et subir une initiation très exigeante, mais tous savaient que ces enseignements existaient.
137. Voir mon livre *La prophétie de l'homme nouveau*, Ambre Éditions.

dans l'histoire les enseignements du Prophète par les Hadiths et le Coran. Cette triade monothéiste infernale a brûlé des livres et des parchemins par millions, détruit des temples et des sanctuaires et tué et massacré par millions ceux et celles qui n'adhéraient pas à leur système de croyances respectif. Il reste encore des traces sévères de fanatisme chez les évangélistes et plus encore chez les islamistes depuis 2001.

L'ésotérisme est né du besoin impératif de sauver sa peau tout en continuant d'enseigner dans le plus grand secret ces choses défendues par les monothéistes. Il fallait alors opérer uniquement auprès de candidats éprouvés, dont le silence était garanti par leur condition. Ils étaient ensuite initiés aux secrets des Mystères. L'ésotérisme n'existe plus, tout a été dit, tout a été révélé. Merci aux grands maîtres du XVIIIe siècle et surtout à ceux des XIXe et XXe siècles qui sont retournés aux sources et ont déterré les vieux secrets pour les offrir au monde après des siècles de silence et d'obscurité, cela au grand dam d'une Église bouleversée par cet afflux soudain «d'hérésies». Depuis le début du XXe siècle, il est possible de tout apprendre, de redécouvrir cette magie des temps anciens. J'ai eu le bonheur d'être guidé par le docteur Paul Labrie, mon mentor, et par mon Esprit, qui a su me diriger exactement là où je devais me trouver, afin que je puisse accomplir ma mission.

Un bel exemple de démocratisation d'un ésotérisme ancien se trouve dans la plupart des ouvrages publiés depuis la fin du XIXe siècle, notamment dans les livres de James Redfield, de Paulo Coelho, mais surtout, à mon sens, de Richard Bach[138] avec son sublime *Messie récalcitrant* qui rappelle que les plus grands mystères, les plus grandes traditions et les plus grands secrets qui régissent l'univers ne sont plus enfermés, codés, indéchiffrables, mais là sous nos yeux et depuis toujours. Nous les connaissons tous parce que nous sommes Esprits d'abord, mais nous les oublions tous parce que nous sommes humains ensuite. Mais on s'incarne précisément pour que l'humain, sa force brute et son énergie animale

---

138. Il est plus connu comme l'auteur de *Jonathan Livingston le goéland*.

fusionnent à celles de l'Esprit, pour qu'il grandisse de son côté et que l'espèce humaine emboîte le pas. Les écrits de Spalding, de Redfield, de Steiner, de Barton, de Bach, mais également ceux des auteurs des XVIIIe et XIXe siècles comme Blavatsky ou Kardec s'inspirent des mêmes sources et en livrent une perception qui varie d'un auteur à l'autre. Nous avons une mission, personnelle et collective, nous avons des choses à réparer, des dettes à rembourser, mais nous avons aussi des choses à enseigner aux autres et à comprendre réellement qu'il n'y a pas de hasard et que personne ne peut clamer comme un adolescent rebelle : «Je n'ai pas demandé à vivre, moi.» Nous sommes peut-être complètement fous et parfois vraiment stupides, mais nous sommes Esprits d'abord !

Le contact initiatique

Tout comme chez de nombreux peuples anciens, les Wiradjuri, ces nomades aborigènes d'Australie vivant nus, sans aucune ressource, ni aucun outil, ni même aucun abri permanent, font du passage à la vie adulte une procédure cruciale en trois étapes, qui traduisent essentiellement celles que l'on trouve dans presque toutes les formes d'initiations chamaniques, c'est-à-dire la douleur, la rencontre avec les Esprits et la virilité. Plus évasifs, certains chamans parlent de la souffrance, de la mort et de la résurrection, mais ce ne sont que des mots. Essentiellement, l'initiation chamanique se déroule en dehors de la zone de confort de l'individu. Certains gestes sont posés par les chamans qui induisent une douleur physique réelle, souvent liée à des scarifications, puis c'est la mort qui n'est en somme qu'un sommeil mystique parsemé de visions parfois dantesques rendant le sujet conscient de l'invisible dans tout ce qui existe. L'usage de champignons ou de plantes hallucinogènes est essentiel pour cette phase ; la fumée de sauge peut aussi être utilisée au cours d'une méditation profonde. La résurrection, quant à elle, consiste très souvent à «ramener sur terre» le sujet par un accouplement érotique effréné, une véritable valse tantrique où l'extase mystique s'entremêle à l'extase des sens, les deux ne faisant plus qu'un. Cela n'est pas sans rappeler les rites anciens exécutés dans les temples où on pratiquait l'union sacrée des principes féminin et masculin. La notion de péché n'existait pas. C'est d'ailleurs ce que fait ressortir cet ancien rituel d'hiérogamie[139] pratiqué par le personnage de Jacques Saunière dans *Da Vinci Code*[140] et que Sophie interprète comme des gestes obscènes lorsqu'elle voit son grand-père s'y adonner.

L'érotisme des dieux : l'hiérogamie

Permettez-moi un aparté. L'érotisme des dieux est une thématique méconnue et, lorsqu'elle est discutée, vertement condamnée par l'Église, mais aussi par une grande majorité de gens qui se découvrent soudain une pudeur, largement hypocrite d'ailleurs. L'érotisme est, dans l'esprit de l'individu battu par des millénaires d'oppression religieuse, une réalité fort plaisante, mais dénuée de tout élément «spirituel». Pas question d'associer les mots spiritualité et sexualité. C'est regrettable de penser de la sorte, mais pour celui qui regarde furtivement par le trou de la serrure d'une pièce obscure de la demeure des dieux, où se conjugue avec passion le sens absolu du verbe aimer, la révélation est tonifiante[141] !

Cela dit, l'initiation chamanique répandue partout dans le monde tribal correspond très souvent aux expériences de type RR-4[142] qui se déroulent exactement de la même manière et même dans cet ordre. Il va de soi qu'ici le passage à la vie adulte est celui du passage de la vie d'humain à celle d'être spirituel. Les expériences intenses et dramatiques vécues par tous les sujets et témoins, dont moi-même, ont eu un effet décisif qui a complètement transformé, voire bouleversé, leur vie. Or, ces expériences ont un lien direct avec la mission de chacun d'entre

---

139. La hiérogamie est le mariage sacré entre un dieu et une mortelle ou entre âmes sœurs. Il exclut le rituel reconnu par les hommes, les religions et les lois en vigueur. Il peut donc être célébré secrètement. *Eyes Wide Shut*, le film de Stanley Kubrick, se veut aussi une tentative un peu maladroite de traiter cette question.

140. Dan Brown, 2003.

141. Mon initiation à la sexualité ne s'est pas faite dans cette dimension. Voir *Ce dont je n'ai jamais parlé*, Éditions Québecor.

142. Rencontres du quatrième type, appelées aussi enlèvements extraterrestres.

nous sur cette planète, mission que nous avons choisie pour notre incarnation.

Nous avons été initiés par le Feu[143] ! Le moment est maintenant venu de nous souvenir de qui nous sommes. Lors d'une conférence privée, en décembre 2013 au Québec, j'ai commencé avec le texte suivant. Je crois qu'il est pertinent de le faire ici également.

Je suis l'allumeur de réverbères

Nous sommes les Esprits du Ciel, incarnés sur la Terre. Nous sommes les témoins vivants du passé. Nous sommes initiés par le feu cosmique aux réalités du Ciel, et l'avons été dans la chair et parfois le sommeil. Notre mission est de rétablir dans la conscience des nôtres le royaume perdu, de restaurer dans la conscience de tous, sur la Terre comme au Ciel, le souvenir que cette planète appartient à ceux qui l'habitent et non à ceux qui la contrôlent du haut de leurs nuées rougeoyantes, connues ou inconnues.

Un plan divin universel a été oblitéré, une alliance divine a été rompue. Nous sommes ici pour restaurer la mémoire de chacun. Souvenez-vous de qui vous êtes, cessez de ramper, cessez de geindre et de gémir, vous êtes Esprits du Ciel. Qu'importe ce que votre humain en pense, en croit ou en dise.

Pour ceux et celles qui ont essuyé le feu, par la peur ou la terreur, par la joie ou la passion, votre humain est maintenant initié à votre existence. Dès lors, qu'il cesse de pérorer, qu'il mette un terme à ses jérémiades, qu'il se taise et qu'enfin votre Voix se fasse entendre !

Méditez sur ceci[144] :

Il est vrai, sans mensonge, et certain que ce qui est en bas est comme ce qui est en haut ; et que ce qui est en haut est comme ce qui est en bas, pour

---

143. L'auteur considère que toute personne qui a vécu avec une grande intensité un évènement paranormal, métaphysique ou de nature ufologique a reçu un contact initiatique.

144. Que la table d'Émeraude soit authentique ou pas, que Hermès Trismégiste soit authentique ou pas ne sera jamais déterminé. À mes yeux, ce débat est désormais inutile.

faire les miracles d'une seule chose. Ainsi le monde a été créé. En sortiront d'admirables adaptations. C'est pourquoi j'ai été appelé Hermès Trismégiste, ayant les trois parties de la philosophie de tout le monde.

Voilà ce que disait Hermès, le trois fois très grand. L'aviez-vous oublié ? Cela ne revêt aucune importance ; c'est à l'Esprit qu'il s'adresse et votre Esprit vient de lire ce qu'il devait lire !

Les sanglots longs des violons de l'automne blessent mon cœur d'une langueur monotone[145].

Oui, nous y étions. Nous avons toujours été de tous les grands Évènements de ce monde.

Le 10 décembre 1948, les humains adoptent la Déclaration universelle des droits de l'homme. Tout ce qui est en bas est comme ce qui est en haut. Nous appartenons à cela, c'est de là que nous venons. Nous sommes le détachement de tête, le fer de lance, et nous sommes ici maintenant. Les nôtres arriveront quand leur temps sera venu. Ils sont les maîtres des mondes et du temps.

Quand vous aurez assimilé et intégré cela dans votre conscience de surface, un processus d'activation déjà amorcé ou sur le point de l'être va s'accélérer. Il est inéluctable, inévitable et n'est ralenti ou occulté temporairement que par la peur animale, le doute animal ou humain, ce qui n'est qu'une seule et même chose. Esprits nous sommes d'abord, humains ensuite sommes devenus. Il est plus que temps de l'assumer.

Je suis ici, sur cette planète, pour une seule et unique raison : je suis l'allumeur de réverbères. Laissez-moi faire mon travail, je passe et ne me retourne jamais, je suis seul et demeure seul, mais une fois votre conscience illuminée par votre propre feu intérieur, puissiez-vous, une fois pour toutes et à jamais, vous souvenir de qui vous êtes vraiment ! Je Suis ! À votre service !

---

145. Paul Verlaine, *Chanson d'automne*.

Mon principe spirituel est celui d'un Éveilleur. Je passe, j'allume au passage et je poursuis ma route comme l'allumeur de réverbères. Je ne suis pas celui qui l'alimente ou change les mèches, je ne fais qu'allumer, après quoi je m'en vais. Alors, souvenez-vous de qui vous êtes : un grand et magnifique réverbère. Tout comme, un jour, on alluma le mien, j'allume le suivant !

Les mystères d'Éleusis

La mort n'est rien d'autre qu'un masque temporaire que porte la vie entre deux visages. L'Esprit ne craint pas la mort de son être physique. S'il avait à craindre une chose, ce serait plutôt sa naissance !

Il y a trois mille ans, le candidat à l'initiation suprême devait subir de nombreuses épreuves avant de pouvoir être admis au temple de Delphes ou de Memphis. Édouard Schuré, dans son ouvrage[146], nous fait découvrir l'étonnant parcours du mystique, qui d'un piège à l'autre risque sa vie à tout instant. S'il survit, il est alors initié. *Le candidat à l'initiation pénétrait par la chambre basse sous le temple et se retrouvait seul dans une salle semi-obscure. C'est alors qu'un homme de la garde, armé d'un sabre, s'approchait de lui avec sur ses pas un prêtre du temple. Il lui était alors expliqué sommairement que des épreuves terribles l'attendaient, qu'il aurait à les affronter en risquant sa vie, mais qu'il avait encore le temps d'y réfléchir.*

Personne n'accède aux mystères d'Éleusis aisément. Personne n'y a été initié sans en payer le prix fort. Le candidat ne devait dire mot, ni même porter son regard sur le prêtre du temple, sans quoi cette lame agirait sans tarder sur la chair tendre de son cou. Mais il avait le choix. *Se lever, le regard bas, quitter les lieux sans même un regard en arrière ou simplement faire un signe d'acquiescement. On lui indiquait une porte, lui rappelant qu'une fois celle-ci franchie, il devait aller jusqu'au bout et qu'il n'y avait aucun retour possible. On raconte que certains sont tombés dans*

---

146. *Les Grands Initiés*, 1889.

les abysses d'un feu éternel, alors que d'autres sont devenus fous. L'initiation aux mystères d'Éleusis n'a jamais été une plaisanterie, et ce, de tout temps. Même de nos jours! Elle est en tout point semblable à l'incarnation.

Toute personne ayant vécu une expérience métaphysique, paranormale ou ufologique d'une intensité dramatique par ses émotions ou des répercussions ultérieures a bénéficié d'un Contact initiatique. Les «Esprits du Ciel» dont je parle dans *Esprit d'abord, humain ensuite* ne se sont pas incarnés pour rien. Ces Esprits ont de nombreuses vies derrière eux et maîtrisent de manière admirable de très anciennes énergies venant du fond des âges et des mondes. Bel craint ces Esprits, il maudit leur présence. L'initiation n'est pas une plaisanterie. L'Esprit agit parfois brusquement avec l'humain parce que l'humain est un enfant, un être le plus souvent irresponsable, imprévisible, guidé par un ego animal qui n'aime pas les règles. L'humain a parfois besoin de se faire secouer par son propre Esprit, ne serait-ce que pour lui rappeler ce qui a été décidé avant de s'incarner. Certaines expériences font cela[147]!

Lorsque l'Esprit quitte le corps du mourant, il emporte avec lui l'essence distillée de cette personnalité, mais très rapidement passe à autre chose. Il contemple l'éternel infini devant lui et se rend bien compte qu'il y a maintenant un choix extrême qui se présente à lui. Poursuivre son évolution dans le monde subtil qu'est sa maison ou retourner vivre dans la chair. L'Esprit finit toujours pas ressentir le besoin de grandir et de relever de nouveaux défis. Que ce soit après quelques minutes, quelques jours, quelques années ou quelques siècles, il revient toujours à la chair. Il n'est rien de plus intense et de plus gratifiant pour l'Esprit que de s'incarner. Chacune de ces expériences est le fruit d'une très minutieuse préparation. Lorsqu'il prend la décision de s'incarner dans une personne en particulier, il a déterminé avec l'aide des guides et des superviseurs

---

147. L'auteur croit que certaines expériences de type RR-4 sont de cet ordre: une convocation en haut lieu de style «briefing-debriefing» ou si vous préférez: «Tu racontes et on t'explique!»

les paramètres essentiels de sa future vie. Sont inclus dans cette vie des évènements, des situations, des passages obligés qui ne sont pas très différents de ceux que notre candidat va découvrir dans les méandres du temple des mystères d'Éleusis.

Comment parler de mort, de vie, sans apporter une réponse à la question du suicide ?

L'humain est le seul animal à vivre son infini à fleur de peau. En tant qu'Esprit incarné, les premières expériences sont renversantes et fascinantes. Habiter un corps est en soi une expérience déroutante, car dès les premiers instants, c'est l'assaut de mille et une sensations pas toutes réjouissantes, loin de là, certaines étant même atroces. La douleur, le froid, la densité, la lourdeur peuvent rapidement devenir insoutenables. Mais l'Esprit est l'auteur de ce destin et, graduellement, il s'y fait. Il voit grandir son réceptacle et se prend au jeu de la vie. Il s'oublie dans l'amère joie indicible que procure la chair, et très rapidement l'Esprit n'est plus qu'un souvenir pour l'humain épris de son image et séduit par l'ego.

Qui dit ego dit *je*, *moi*. Très rapidement, il ne dit plus que *moi*, *moi*, *moi*, au point que l'univers entier finit par se demander s'il existe quelqu'un d'autre... N'est-ce pas de là que viennent les mots égocentrique, égoïste ? N'est-ce pas le reproche le plus fréquent qu'on adresse aux autres : « Que tu es égoïste ! Tu ne penses qu'à toi ! Tu crois que tu es la seule personne à vivre sur la Terre ? Tu penses vraiment que tout tourne autour de toi ? »

C'est un peu naturel d'être égoïste parce que dans le mot *naturel* se glisse le mot *nature*, et notre côté humain n'est que cela ! C'est pour cette raison que l'Esprit s'incarne. L'apprentissage de la vie sous toutes ses facettes, avec la conscience d'être un *je*, libre de choix, et en mesure de distinguer la vérité du mensonge, le bon du mauvais, ne peut mieux se réaliser qu'en devenant humain. Il est donc effectivement la seule créature ayant l'infini à fleur de peau et à être, comme le disait le penseur allemand Nicolas Krebs, un « infini contracté ». Mais il y a un tribut à payer pour cette conscience.

Il est très élevé. Toujours en raison de conditions particulières qui ont prévalu sur cette planète et dont il sera question plus tard, l'être humain est une formidable créature adoubée par l'univers et simultanément précipitée au cachot et oubliée là, depuis des millénaires. Tout comme le roi dont personne ne voulait, nous portons un masque de fer et sommes enchaînés à jamais dans les oubliettes du château de notre humaine condition !

Cela signifie que traités comme une limace, nous ressentons dans chacune des fibres de notre âme que nous sommes pourtant plus que cela. Nous le sentons et parfois même nous le savons, mais incorrigibles, nous le manifestons très rarement avec la grandeur, la dignité et la prestance de l'Esprit que nous sommes. Nous devenons impatients, irascibles, intraitables, cruels, violents et tyranniques ou alors confus, obsédés, déprimés, abattus et dévorés par une inextinguible soif, faisant de nous d'éternels insatisfaits. Nous perdons nos repères, notre capacité de jugement, et très rapidement nous nous enlevons graduellement la vue, et la vie, en ingérant des substances qui nous permettent de nous faire oublier qui nous semblons être, quand chaque fois que nous croisons un miroir nous ne voyons qu'une masse de chair au lieu de cet Esprit glorieux que nous savons être.

Et c'est alors que nous devenons laids !

Et c'est alors qu'en dépit de la passion dévorante que notre jeune Esprit a manifestée pour cette arrivée dans la chair, nous abdiquons et revendiquons le droit à la mort du corps pour en libérer l'Esprit. Nous mettons donc un terme à notre contrat avec le reste de l'univers de façon unilatérale. Heureusement, l'infini à fleur de peau ne se manifeste pas toujours de cette façon dramatique. En réalité, l'être humain ne cesse de vouloir atteindre les limites de l'infini, malgré son mental humain encore incapable d'en comprendre le sens. Il crée des objets qui, notons-le, nous rapprochent toujours plus de l'intangible et de l'invisible. Mais il est vrai que nombreux sont malheureux, insatisfaits, incompris et abandonnés parce qu'ils ont oublié qui ils sont. Les Esprits du Ciel sont très fragiles sur ce point.

L'humain semble ne pas comprendre que lorsque son ego lui jacasse qu'il sera heureux quand tout s'arrangera n'est qu'un mensonge digne de son insignifiance. C'est l'Esprit qui dit vrai quand il murmure que c'est en étant heureux que tout s'arrangera. Un étudiant m'a déjà répondu assez abruptement que cela revient à demander à quelqu'un de sauter d'un avion en riant, sans parachute, et que «c'est con»... J'ai simplement répondu que son analogie était excellente. Il n'a pas apprécié ! Ces gens qui tombent sous l'effet impitoyable de l'alcool ou des drogues et qui en meurent ou qui se suicident se sont révélés incapables de négocier avec l'infini qu'ils ressentent. Ils se sont écrasés avec l'avion. Ils sont parfois trop jeunes et trop exigeants pour eux-mêmes. Ils vont apprendre, ils ont l'éternité pour ça. Ils reviendront. La mort n'est après tout que le masque temporaire que porte la vie entre deux visages. Rien d'autre.

Dans mon roman *L'Esprit de Thomas*[148], Arthon était l'Esprit qui occupait mon personnage principal. À l'époque, je n'étais pas à l'aise pour tout raconter sur la véritable identité d'Arthon ! Maintenant, je le suis !

---

148. Cet ouvrage repris par la maison Ambre, à Genève, porte maintenant le titre *Les coulisses de l'infini*.

CHAPITRE SIX

Goav

L'Esprit de Jean et non plus celui de Thomas

À l'aube de l'an 2000, j'ai rédigé *L'Esprit de Thomas* parce que j'étais envahi par une série de visions avec lesquelles je ne parvenais pas à composer tant elles étaient nombreuses, explicites et cohérentes. Elles se déroulaient sur mon écran mental comme un scénario de film en plein «vol de nuit». Whitley Strieber a écrit *Wolfen*[149] parce qu'il ne réalisait pas encore qui étaient vraiment les «êtres» qui hantaient sa demeure. Pour ma part, c'était plutôt une série de «rêves éveillés», de nuit comme de jour, d'une intensité telle que je ne pouvais faire autrement que de les mettre sur papier.

Une fois les trente premières pages achevées, j'ai constaté que se tissait là une histoire incroyable qui allait bien au-delà de la création littéraire traditionnelle. Je suis essayiste, je ne suis pas romancier; c'est un talent qui requiert une plume entièrement différente de la mienne. *L'Esprit de Thomas* a été présenté comme un roman[150], mais je savais très bien que j'avais écrit sur une partie de ma vie secrète, de mon autre réalité! Les années se sont écoulées ainsi que des vols de nuit, au cours desquels le nom de mon Esprit m'a été révélé. Ce fut une expérience à

---

149. Célèbre expérienceur de RR-4 américain, *Wolfen* a été publié en 1978.
150. C'était à une époque de ma vie où l'éditeur était beaucoup moins ouvert à mes «délires métaphysiques» que le précédent.

nulle autre pareille et j'ai choisi de donner dans ce livre la signification de notre autre vie.

Je pourrais vous dire: «Oui, je suis Goav, de la cinquième dimension, et je suis en mission sur la Terre pour vous prodiguer mon enseignement.» Puis, un jour, au cours d'une entrevue radiophonique avec Mario Tremblay[151], quelqu'un me lancera au visage que je ne suis qu'un petit guru de secte de village qui se prend pour le Christ. Je ne l'aurai pas volé! J'ai de la difficulté avec ces gens qui brusquement changent de nom, se donnent un titre ronflant et bizarre aux échos exotiques et lointains, lèvent les yeux vers le ciel, tendent les mains, portent un costume de théâtre et murmurent des onomatopées bidonnantes devant un groupe de gens bigarrés, qui les regardent comme s'ils étaient des entités extraterrestres ou supradivines. Ça m'agresse. Cela dit, je persiste et signe: nous sommes Esprits d'abord, humains ensuite, ce qui signifie que l'Esprit a sa propre identité éternelle, son propre *je*, totalement différente de son identité terrestre, humaine et ô combien temporaire. Mon Esprit a forcément un nom qui n'est pas... le mien. Suis-je Goav d'abord, Jean Casault ensuite? J'ai tendance à le penser, mais je peux me tromper. Si mon *Esprit d'abord* a un nom qui n'est pas le mien, mon *humain ensuite* a un nom qui n'est pas le sien. Bien honnêtement, je suis Esprit d'abord, mais ici incarné sur cette planète et, jusqu'à ce que ce corps s'éteigne, je suis Jean Casault. C'est sous ce nom que je me suis incarné et, tant que je serai incarné, ce sera sous ce nom que je vais opérer.

Cela dit, voici ce qui m'est apparu comme faisant partie intégrante du corpus spirituel de ma réalité non terrestre.

---

151. Mario Tremblay est animateur d'une émission de soirée intitulée le *Show Tard* et diffusée sur les ondes de Radio X, à Québec. L'auteur y est régulièrement invité pendant plus de deux heures.

Un groupe d'Esprits[152]

« Au-delà des dimensions denses de la matière se déroulait un rituel mystérieux. Nous formions un groupe très serré d'Esprits ayant en commun un nombre imposant d'existences vécues selon des paramètres très spécifiques. À plusieurs reprises, nous servions l'un pour l'autre de parents, d'amis ou même, dans certains cas, d'ennemis. Nous avions créé pour la circonstance un environnement très particulier, afin d'honorer le retour d'Ariel, l'un des nôtres. Nous nous tenions en cercle autour d'un magnifique bougainvillier. Près de nous, une plage au sable blanc et fin comme de la farine sur laquelle venaient mourir les petites vagues d'une mer incendiée par le coucher d'un astre immense, comme il en existe peu dans cette galaxie. Nous adoptions la forme d'une de nos incarnations précédentes. Nous aimions nous retrouver ainsi de temps à autre, plus fréquemment lorsque nous transitions entre deux incarnations. Nous étions là, à nous entretenir les uns et les autres de nos existences respectives, anciennes et actuelles, nous amusant à nous rappeler les souvenirs de mauvais coups et nous riions ensemble comme des gamins. Entre nous n'existait aucune rivalité pas plus que d'amitié. Nous étions à la fois différents, mais un, formant un groupe d'Esprits profondément amoureux les uns des autres, et notre complicité éternelle ne connaissait aucune limite. Nous attendions l'arrivée de plusieurs des nôtres.

Je suis Goav et je suis fier d'appartenir à ce groupe merveilleux. »

* * *

Lors d'une session que Winifred Barton donnait aux enseignants de l'Institut de métaphysique appliquée, elle disait : « L'humilité spirituelle ne consiste pas à tomber à genoux devant l'Esprit parce que vous êtes

---

152. Ce chapitre est donc la nouvelle version de quelques extraits de *L'Esprit de Thomas* ou des *Coulisses de l'infini* sans fausse pudeur, et sans appel au romanesque et à l'imaginaire.

humains, mais, bien au contraire, à contempler qui vous êtes. Souvenez-vous de qui vous êtes et cessez d'agir en humain, soyez qui vous êtes et cessez de le nier, affirmez qui vous êtes et cessez de vous cacher ! »

C'était trop m'en demander à cette époque. L'histoire de mon Esprit devint donc celle d'un personnage de roman. Arthon et Jean devinrent Thomas, à qui je prêtai une vie, romanesque et intéressante sans plus, mais chaque fois qu'Arthon revenait en force, une vive lumière inondait mon univers et tout devenait iridescent. C'était alors un torrent absolument fabuleux qui se déchaînait et je ne m'arrêtais que trente ou quarante pages plus tard, écrivant avec une aisance déconcertante ! Je poursuis donc ce court extrait modifié, afin, cette fois, de vous présenter le véritable Goav, puisque dans une expérience nocturne absolument incroyable, j'appris que c'était là le véritable nom de celui que j'avais théâtralement baptisé Arthon.

* * *

« Ils étaient heureux d'être avec moi et je l'étais d'être avec eux. J'étais le guide-conseil de leur groupe. Michée, l'un des plus anciens du groupe, s'illumina à son tour et me fit face.

— Dis-moi, Goav ! Où est passé Ariel ? Il a été merveilleux. C'est un exemple pour nous tous. Mais où se trouve-t-il donc ? Nous pensions qu'il viendrait directement ici nous rejoindre, non ?

— Ariel redécouvre son essence avec l'aide de son guide Nasha. Je vous en dirai plus long, mais, dis-moi, Michée, n'es-tu pas revenu plus tôt que prévu ?

Michée vibra davantage et passa du blanc jaunâtre au blanc le plus pur. Tous l'imitèrent et devinrent lumière dans un monde d'énergie pure. L'environnement s'estompa et fit place à des courants ondulants de lumière vermeille.

— Oui, c'est assez inusité. La course linéaire de cette existence fut interrompue de manière beaucoup plus abrupte que je ne l'aurais cru.

Mon conseiller supérieur m'a fait comprendre que certains évènements ont modifié mes prévisions. Je n'en suis pas malheureux, au contraire, et je compte retourner sous peu terminer mon travail, mais, cette fois, rien ne sera plus pareil.

Il fit face au groupe alors que d'autres Esprits se joignaient à nous, dont Veil, Urtha et Shan. Nous nous saluâmes. Michée poursuivit :

— Croyez-moi, cette prochaine vie ne sera pas facile non plus, mais c'est mon choix. J'en ai assez de constamment procrastiner d'une existence à l'autre. Cette fois, je dois et je vais y parvenir.

— Certains d'entre nous aiment étirer les processus d'apprentissage, mais je crois, pour ma part, qu'il vaut mieux une série de vies très concentrées, intenses, que d'interminables existences échevelées, reprit Isméal.

— Je suis venu vous informer d'une nouvelle extraordinaire. Ma présente incarnation pourrait bien être la dernière chez les humains.

— La dernière ? lancèrent-ils en chœur.

— Chez les humains de cette planète, oui. Comme vous le savez, j'habite la personnalité d'un garçon de 16 ans d'âge terrestre et mon histoire de vie va éventuellement s'articuler autour d'une mission d'enseignement sur des évènements très précis.

— Qui t'assistera, demanda Isméal, sommes-nous parmi eux ?

— Plusieurs d'entre vous affichent de superbes dispositions pour m'assister. Oui, j'aurai besoin de certains d'entre vous. Vous constituez un groupe merveilleux.

J'agissais dans ce groupe à titre de conseiller-guide. Chacune de nos incarnations fait l'objet d'une première rencontre avec moi, afin de déterminer les objectifs et les besoins de l'Esprit concerné pour une existence à venir, après quoi nous passons à l'autre étape et il en existe plusieurs

avant que l'incarnation se réalise. Pas très différent d'une mission orga-
nisée par des militaires, des aventuriers ou des explorateurs et qui sont
à la recherche d'un objectif précis dans un temps déterminé.

«Les parents actuels de Jean ont un autre objectif, comme c'est souvent le cas, mais l'environnement se forme, tout se place, même si en
tant qu'humain cela le rend profondément triste et mélancolique. Il est
d'une sensibilité extrême, il me ressent comme aucune de mes incarnations précédentes, mais simultanément il se réfugie au plus profond de
sa chair comme pour m'éviter.

— De toute façon, on oublie tout dès qu'on pénètre la matière, alors...,
ajouta Dermon.

— Oui, mais je suis persuadé que d'une certaine manière mon comportement en sera modifié. Sa très forte résistance couplée à sa sensibilité aura éventuellement des effets marquants.

— Nous sommes avec toi, Goav, conclut Isméal au nom du groupe.

Puis se matérialisa une nouvelle forme. C'était Monak.»

* * *

Le «roman» s'écrivait par lui-même. C'est comme si je voyais un
film dans ma tête et que je ne faisais que décrire les images au fur et à
mesure qu'elles défilaient. Ce Monak, je l'ai vu avec une précision ahu-
rissante. Il s'agit du docteur Paul Labrie, dont j'ai déjà parlé, un homme
qui très tôt dans ma vie a été mon mentor, mon protecteur et mon guide
dans les méandres de l'ésotérisme. Son véritable nom était Paul Monarch
Labrie.

* * *

«Bonjour à tous.»

Il avait sur la tête une coiffure étrange. Il tenait un bâton de pèlerin
avec, à son extrémité, une pierre précieuse, ressemblant à une amé-
thyste. Une très longue barbe ornait son visage. À ses pieds grouillait un

animal tenant à la fois du lézard et du chien. La curieuse bête poussa un grognement. «C'est ma gargouille, elle me suit partout. Je vois bien que personne ne me connaît ici, dit-il en fronçant les sourcils. Je suis L'Esprit des Lettres. Je veille à ce qu'on écrive sans fautes sur cette planète de scribouilleurs», ajouta-t-il en ponctuant le tout d'un grand éclat de rire. Sur un geste de sa main, nous nous sommes tous retrouvés aux portes d'un immense château médiéval, certains en armures et d'autres vêtus comme les gens de la forêt.

— Mais je n'ai jamais vécu dans cette époque, lança Dierthon d'une drôle de voix.

— Moi si, mais pas en chevalier, j'étais une nonne! lança Dermon à son tour.

Monak éclata de rire à nouveau. «J'ai dû me tromper, moi j'étais Merlin, le plus grand magicien de tous les temps, celui-là même qui savait se dissimuler à tous et se rendre invisible!»

Un éclat de rire général accompagna cette réplique, mais Isméal enchaîna:

— Monak, chacun sait très bien que Merlin n'a jamais existé que dans l'imaginaire d'une mythologie littéraire.

— Vous voyez? Ça a marché! ponctua-t-il en y ajoutant une nouvelle cascade de rires francs. Ce qu'on s'amuse ici!

Puis il ajouta, plus sérieux:

— C'est toi que je suis venu voir, Goav. Tu auras bien besoin de moi d'ici peu, alors allons-y.

Sur ce, il disparut et chacun reprit la forme qui lui convenait.

J'accompagnai Monak, laissant mon groupe derrière moi.

Beaucoup restait à accomplir. Cette existence allait constituer l'une des plus importantes pour moi. Mon expérience sur Terre se comptait par dizaines de milliers d'années, depuis les premiers peuples d'une planète éloignée jusqu'à ma dernière incarnation. Je comptais également plusieurs autres incarnations dans des mondes au-delà de la galaxie de la Voie lactée, comme on la connaît sur Terre. J'avais habité le corps d'hommes, de femmes, j'avais éprouvé les morts les plus brutales, les plus douces, exploré les connaissances les plus poussées de chacune des époques et plus particulièrement par le discours religieux, philosophique et spirituel. Je ne me suis jamais révélé un Esprit de la caste des scientifiques, mais des philosophes. Cependant, je conservais à mon actif de brillantes performances en tant que guerrier.

Plonger dans la matière, dans le fœtus d'un enfant, après une sélection extrêmement complexe, opérée en général par des superviseurs dont c'est l'unique fonction, était toujours une aventure absolument incroyable et d'une intensité sans égale dans l'univers. Bien que chaque mission soit exaltante, l'amnésie provoquée par l'incarnation demeure le plus grand et le plus terrifiant des défis, le plus appréhendé aussi. En toute transparence, je reconnais détester cet aspect pourtant inévitable de la grande majorité de nos incarnations chez l'humain.

L'Esprit, lorsqu'il est appelé « âme » par les hommes, se perçoit comme une force divine, mais dénuée de personnalité, alors que précisément l'Esprit se révèle UNE personnalité pleine et entière. Je suis Goav. Je ne suis pas une force ou une énergie perdue dans un océan divin. Je suis une personne ! J'ai de multiples histoires de vies, je suis unique et je suis éternel ! Tout comme vous tous, d'ailleurs.

Ce qui crée la conscience spirituelle chez l'homme par rapport à l'animal est l'union qui s'effectue entre la conscience animale ou l'ego et la conscience supérieure de l'Esprit. J'appréhende chaque fois cette amnésie et souhaite un jour ne plus m'incarner chez les humains. J'en ai clairement exprimé le vœu à mon conseiller, Uvéal, qui a considéré le tout avec un grand respect. Ma plus grande surprise fut d'apprendre qu'un nouveau conseiller allait m'être affecté sous peu.

Le grand moment approchait. Je me retrouvai aussitôt aux côtés de Michée et de Monak, et quelques autres Esprits s'ajoutèrent graduellement. Un Esprit du Service d'un bleu étrange et au visage doré vint se placer devant nous. Je devais retourner poursuivre ma réalité terrestre. Une longue période de temps, bien ressentie, allait s'ensuivre avant que je puisse tous les revoir. Une grande émotion se mêla à ces adieux. Les étreintes et autres marques d'affection qui existent sur Terre se révèlent de pâles copies de ce qui prévaut dans notre monde. L'Esprit peut ressentir et projeter ses émotions comme s'il s'agissait de puissantes vagues d'énergie, et les mots, voire les pensées, n'ont guère de place dans cette manifestation. C'est une vibration extatique qui pénètre, entoure, enveloppe chacun des Esprits à qui elle se destine, ce que pas un cerveau humain ne saurait comprendre ou même supporter, d'ailleurs.

Un à un, ils se présentèrent tous devant moi, tous ces Esprits qui avaient un rôle important à jouer dans mon existence actuelle et pour qui j'avais évidemment un rôle à jouer pour leur propre développement. Des vagues d'énergie évoluèrent autour de moi, créant un cercle allant en se rétrécissant de plus en plus. Puis, lentement, ils disparurent et mon nouveau conseiller, Ahsta, se présenta et me dit aussitôt :

— Le moment d'agir se présente maintenant. Le conseil des Neuf vient d'indiquer que le minutage se révèle parfait. Goav, je suis heureux de te l'annoncer. Jean peut être conscientisé. L'Éveilleur doit s'éveiller[153] !

Ahsta, mon nouveau conseiller, se tenait debout dans une grande salle parfaitement ronde. Il avait recréé l'une des immenses pièces d'un palais espagnol du XVe siècle. Il avait agi en ces lieux en tant qu'Alhambra, l'Inquisiteur du Saint-Office. Il avait une petite barbe noire et des yeux vifs qui soutenaient mon regard. Il portait la soutane noir et blanc des Dominicains.

---

153. Imaginez ma surprise lorsque j'ai entendu cette réplique dans le film *Dune*.

— Voilà donc pourquoi j'ignorais qui allait être mon conseiller. C'est vous, Ahsta. Je suis profondément honoré. Jean résiste encore, mais il n'attend que moi. Il est très sensible à ma vibration et à son autre réalité. Il me ressent ; ce ne sera pas une épreuve pour lui, mais un soulagement après toutes ces années où il a été plongé dans une profonde confusion. Puis-je en savoir plus sur les motifs qui ont fait intervenir le conseil des Neuf ?

— Certainement, Goav. Voyez vous-même. Un tremblement se produisit et l'image des Neuf apparut sur un mur. Au centre, le plus ancien s'exprimait d'une voix calme et semblait me fixer.

« Le processus de restructuration de la Terre s'amorce et nous sommes prêts. Beaucoup doit encore être accompli et nous nous employons à mettre chacun des groupes en place. La Divine Mère a parlé ! Les modifications stratégiques de chacune des cellules s'effectueront en même temps que le nouveau modèle génétique se multiplie. Les humains en ressentiront un profond malaise, mais leur degré de conscience pourra dès lors s'élever pour atteindre une résonance supérieure, afin de s'intégrer à la nouvelle dimension. Le plan nous a été dévoilé en partie et nous savons que d'importantes dispositions doivent être prises. De grandes tribulations se manifesteront pour les humains. Mais ces changements ne s'effectueront qu'avec l'aide des stimulateurs et des Éveilleurs ; ils s'activent depuis déjà quelque temps. En ouvrant la voie aux autres, ils en facilitent le passage. Veuillez informer chacun d'eux que le moment d'accélérer le processus se révèle imminent. »

Chacun des membres du conseil des Neuf, constitué des Esprits les plus anciens de cette partie de l'univers, représentait un groupe de races diverses dont ils avaient assumé tour à tour l'incarnation des plus grands guides spirituels qui puissent exister. Ahsta sourit. Il venait maintenant d'emprunter ce corps magnifique d'Orem qu'il affectionnait, une incarnation sur un monde très éloigné de la Terre. Ses longs cheveux blonds se bouclaient à la pointe. Ahsta irradiait l'aura des vénérables anciens. Nous nous trouvions tous les deux maintenant à bord d'un immense vaisseau sillonnant la galaxie. Au loin, une immense nébuleuse étirait langoureusement ses bras diaphanes, comme pour agripper plus de matière encore et former un nouveau monde.

— Quelle méthode comptez-vous utiliser? me demanda Ahsta.

— Avec le type de conscience de Jean, toute action directe se révèle complexe. Les impulsions se transforment en ce qu'il appelle des intuitions, mais il n'en tient pas compte. Pas encore. C'est durant son sommeil qu'il se livre entièrement, bien qu'au réveil il continue de percevoir ces expériences comme des rêves. Mais chaque fois, il sait, il ressent que des évènements importants se produisent. Je procéderai de nuit. Mon groupe est paré et il percevra cet Éveil comme la manifestation fort simple d'un anneau lumineux qui viendra se placer sur sa tête. Nous procéderons avec une infinie délicatesse. Il doit demeurer serein et se souvenir de cet évènement toute sa vie.

— Je crois, en effet, qu'il importe pour lui d'être conscient de notre réalité. Je vous suggère d'y mettre l'énergie suffisante. Comme vous le savez, Goav, cette mission est très importante. Jean devra se fondre en vous, et inversement, un processus accéléré si je puis dire, dans son cas et le vôtre. Nous n'aurons pas une seconde chance. Accepteriez-vous mon aide?

— Avec grand plaisir. Par où devrions-nous commencer?

— Et si nous repassions quelques-unes de vos propres expériences antérieures?

J'acceptai, conservant en moi l'essence distillée de chacune de mes incarnations avant celle de Jean.

— Comme vous le savez, elles représentent une quantité appréciable, mais, avec Uvéal, nous avons pu établir un patron directionnel très précis. J'ai alterné à plusieurs reprises entre plusieurs formes de personnalités assez extrémistes et très engagées, dès que j'eus dépassé le stade primaire de l'incarnation.

Je signifiais par là que de nombreuses vies se succèdent dans un premier temps, afin d'acclimater le tout jeune Esprit sans expérience, totalement imparfait, bien qu'éternel, à la simple condition humaine, aussi bien sur le plan de la survie que sur celui des sensations particulières que représente l'incarnation. C'est le cycle primaire. De nombreuses personnes sont réfractaires à l'idée de l'incarnation multiple d'un Esprit parce que leur bagage culturel a réussi à les convaincre que tout ce qui est spirituel est l'essence même de la pureté et de la perfection. Rien n'est plus faux. Le mot spirituel se réfère à tout ce qui concerne l'Esprit. Ce n'est pas en soi une qualité suprême ou dans l'absolu ; c'est davantage un attribut.

— Asroth fut une expérience extrêmement intéressante et surtout très intense[154].

J'en adoptai le corps. Puis j'expliquai, pour la forme, qu'Asroth, guerrier atlante, se révélait un géant hybride entre l'homme et une race en provenance d'une des planètes du système d'Orion. Ahsta contemplait devant lui cet Asroth avec sa chevelure rousse abondante reposant sur une carrure de gladiateur romain. Sa peau légèrement écailleuse et brunâtre ondulait curieusement lorsqu'il bougeait. Bien que la forme de ses yeux puisse paraître humaine, l'iris s'apparentait davantage à celui d'un reptile. Il était particulièrement doué dans les combats de poussées psychiques.

Puis je rappelai à Ahsta que ces guerriers utilisés par les prêtres atlantes pour maintenir l'ordre et exécuter les sentences évoluaient à l'époque tragique où l'humanité naissante demeurait entièrement subjuguée par la technologie psychotronique atlantéenne. Cette technologie, qu'Ahsta connaissait fort bien pour l'avoir utilisée lui-même lors d'une précédente incarnation, contrôlait, par l'utilisation de cristaux et d'une forme d'énergie latente dans tout espace physique, la pensée hu-

---

154. Le lecteur découvrira ce personnage très particulier dans *Esprit d'abord, humain ensuite.*

maine, le climat et même les ondes telluriques. Ce furent ces expériences qui emportèrent l'Atlantide. Asroth vit le jour il y a plus de 17 000 années terrestres.

— À cette époque, je n'étais pas sur Terre, mais précisément sur cette planète du système d'Orion d'où provenait la semence qui engendra ces hybrides guerriers, ajouta Ahsta.

— Asroth a connu une mort extrêmement brutale au combat lors d'une révolte des populations civiles. Il s'ensuivit pour moi une autre incarnation sur l'Atlantide, mais cette fois dans le corps de Méchine, grand prêtre atlante, de la même caste qu'Asroth.

J'adoptai aussitôt la forme de Méchine, un vieillard courbé, à l'œil vif, vêtu d'une simple toge blanche.

— En tant que Méchine, j'ai participé aux expériences génétiques, afin de priver les humains de leur connexion avec l'invisible. Vous étiez avec moi à cette époque, dis-je à Ahsta.

— Oui, nous avons travaillé ensemble longtemps sur ce projet. Nous étions sous l'influence de la rébellion d'Avernius, convaincus que les humains ne deviendraient jamais de bons sujets et qu'ils n'étaient pas dignes de ce contact privilégié avec les autres dimensions. Nous avons péri, comme tous les autres, lors du grand déluge.

— Ensuite, j'ai choisi une série d'existences plus calmes et moins exigeantes. Je travaillai davantage sur l'acquisition de valeurs plus proches de la condition de l'homme, la famille, l'éducation des enfants, un peu comme un retour au cycle primaire. C'était mon choix et il fut approuvé par Uvéal. Puis vint la série de vies en alternance entre la chair et l'Esprit, le sang et l'énergie. Je fus prêtre, moine, mercenaire, tueur, médecin, soldat et même templier auprès de Jacques de Molay. Je retiens cet évêque de Rome[155] qui consacra sa vie à prouver que l'homme se révèle un infini contracté et que l'univers entretient des myriades de formes de

---

155. Nicolas Krebs.

vie. On m'épargna le sort de Giordano Bruno[156], celui que vous avez incarné, Ahsta, et qui périt sur le bûcher pour cette même prétention. J'ai vécu également dans l'environnement ténébreux de Sepúlveda[157]. Comme vous le savez, nous alternons de glorieuses existences comblées de gloire, de pouvoir et de richesses et des conditions d'une grande précarité dans l'ombre et la soumission. C'est l'unique façon de maîtriser les forces vives de la chair en alternant la polarité des passions !

— Nous savons que juguler de telles énergies à ce point a un effet remarquable sur le tissu universel. Parlez-moi de ces autres mondes.

— Je fus sur Hion, un monde extraordinaire. J'y ai vécu comme le maître spirituel de cette planète. C'est, d'une certaine façon, à cette occasion que me fut tracé mon objectif de vie. J'étais libre des servitudes d'un corps tourmenté par une chair trompée. J'étais un roi, un très bon roi, j'étais le Râh d'Hion. C'est pour moi un souvenir précieux.

— Je connais très bien Hion. Nous avons tous eu le privilège de vivre ce lien avec la Divine Mère, mais dans une personnalité dépourvue des contraintes que l'humanité traîne malgré elle. Parlez-moi de Jean maintenant.

Je redevins énergie.

— C'est un processus très ardu. Les superviseurs ont fait un travail extraordinaire, comme toujours d'ailleurs. Jean a tout d'un être fragile, vulnérable et sans aucune ambition. Les apports génétiques, éducationnels et du milieu dans lequel il évolue le vouent à l'échec dans tout ce qu'il entreprend. Chaque fois que je réintègre son corps, je sens une immense mélancolie et une très grande solitude m'envahir. Je me sens démuni, sans moyens, oublié, abandonné même. Mais il possède une très grande qualité, laquelle a déterminé notre choix final sur lui. Il se révèle très sensible à ma présence, très amoureux d'elle. Lorsqu'il me parle,

---

156. Moine italien ayant vécu à Rome de 1548 à 1600 après Jésus-Christ.
157. Théologien espagnol du XVIe siècle.

tout son être vibre. Chacune des cellules de son corps devient une braise ardente qui étouffe sous un amas de cendres, alors je dois procéder graduellement à son Éveil, avec beaucoup de délicatesse et de prudence. Jean ne supporterait pas de contempler directement notre univers. Il ne voudrait plus jamais retourner au sien et je le perdrais sur-le-champ. Il pourrait même sombrer dans la démence. Par contre, je dois constamment le ramener à notre réalité, sans quoi il abandonnerait et je le perdrais de la même façon aux mains des humains. Il est en somme au point critique entre les forces d'inclusion et d'exclusion des planètes dans leurs circonvolutions autour de leur Soleil. Mais lorsque la Divine Mère approuvera le grand Éveil de Jean, je vivrai avec lui une allégresse infinie et ce sera une de mes grandes fiertés parmi mes incarnations terrestres, Ahsta.

— Il faudra lui insuffler la connaissance et la confiance en sa véritable nature par votre présence, mon ami. Ce sera là votre plus grand défi et vous avez entièrement raison, vous manipulez une substance qui peut tout aussi bien s'éteindre entre vos mains que vous exploser au visage, pour reprendre ces vieilles expressions terrestres.

Ahsta faisait allusion au principe de l'équilibre des forces entre l'ego humain, originaire de l'animal, et l'Esprit, originaire de la Source. L'incarnation permet à l'Esprit de vivre la création et non de l'observer. L'Esprit doit contribuer à l'évolution de cette dernière, dans un équilibre parfait. Ahsta savait très bien quel Esprit je représentais par ma longue expérience. Simultanément, la personnalité humaine ne bénéficie par elle-même d'aucune expérience. Elle possède un bagage génétique et baigne dans un environnement très défini. Le défi pour moi ne devenait donc plus d'habiter une personnalité forte, conditionnée par un apport génétique puissant, évoluant dans un milieu favorisant son éclosion, comme ce fut souvent le cas par le passé. Jean réunissait toutes les conditions nécessaires pour se fixer dans la peur, l'ignorance et l'oubli. Par contre, son extrême sensibilité et sa nature docile lui permettaient de ressentir ma présence. Cette fine ligne entre l'abandon pur et simple de Jean face à la vie et son désir d'évoluer laissait très peu de marge de manœuvre, mais ouvrait toutes les portes.

— Nous pouvons commencer maintenant, dis-je à Ahsta, et nous disparûmes tous les deux.

Cette nuit-là, Jean se leva pour aller aux toilettes et, à son retour, vit un anneau de couleur ambre lumineux au-dessus de sa tête...»

* * *

Alors que j'étais l'invité de Jean Lavergne pour son émission de radio Ovni-show et que nous discutions de mon livre *Esprit d'abord, humain ensuite*, il s'exclama: «Alors ça veut dire qu'il peut y avoir toute une différence entre l'Esprit et l'humain, que ton Esprit peut avoir une série d'expériences incroyables, même si ton humain est insignifiant?»

En quelque sorte, oui, dans le sens où l'emploi du temps, le sexe, la condition sociale, la race d'un être humain ne sont aucunement les indicateurs de la nature d'un Esprit. Fondamentalement, l'Esprit qui s'est incarné sur Terre pour devenir l'avatar d'une pensée aussi puissante que celle qui, malheureusement, fut détournée par les hommes pour devenir le christianisme morbide et perfide l'a fait dans le corps d'un humain qui, tout au cours de sa vie, ne fut rien d'autre qu'un modeste charpentier[158].

Je n'ai pas à déterminer pour moi-même l'écart exact qui existe entre Goav et ma personnalité humaine, mais il y est, il existe, je le sens dans chaque fibre de mon corps. Ma vie personnelle, de la prime enfance à l'adolescence, a été une histoire banale et médiocre, marquée par l'ennui et la bêtise, mais aussi par une profonde mélancolie dont les échos se font toujours sentir. La notion d'un avenir, comme le répétaient souvent mes professeurs et ma mère, ne provoquait aucune réaction en moi. La

---

158. L'auteur n'accorde aucun crédit aux miracles qu'on lui attribue, pas plus qu'à sa présumée résurrection, mais considère que ce personnage fut déterminant dans l'évolution de la pensée spirituelle des hommes.

vie était un curieux phénomène qu'on subit, comme ça, sans plus, avec ses tout petits hauts et ces très grands bas. La mienne s'égrenait petit à petit. Elle aurait pu s'arrêter là, en décembre 1966, et cela ne m'aurait pas affecté. Mais l'anneau lumineux qui vint couronner ma tête et m'infuser l'essence de Goav fut à mon sens le plus grand évènement qui me soit arrivé, depuis ma naissance jusqu'à ce jour.

* * *

Voici maintenant le compte rendu de mes rendez-vous mystiques avec Ashérah, la Divine Mère.

Chapitre sept

Une rencontre sublime

Quand elle s'endort et qu'elle rêve, un enfant vient au monde !

Je n'insulterai pas votre intelligence en vous disant que ces « entrevues » avec la Divine Mère, que j'appelle Ashérah, sont le fruit de véritables rencontres physiques, mais je n'insulterai pas la mienne en affirmant que ce ne sont que des inventions de mon imaginaire. Les textes qui vont suivre, et plus particulièrement le dernier, ce *rendez-vous infernal*, ne sont pas des comptes rendus journalistiques pas plus qu'ils ne sont les produits édulcorés d'une romance imaginée. Quelque chose de réel pour moi est survenu au moment de rédiger le corpus de cette série, et plus encore lors de la rédaction du dernier chapitre, comme je l'ai déjà mentionné. J'ai dû me battre pour que ces livres voient le jour !

Le plus beau radeau du monde

Je me retrouve en plein milieu d'un lac sur une espèce de quai flottant avec deux chaises massives en bois de type Adirondack. Elles étaient d'un jaune vif, un peu trop clinquant à mon goût, mais bon, quand la Divine Mère choisit des meubles pour vous accorder une entrevue, vous posez vos fesses dessus et vous laissez tomber les commentaires sur la déco. C'est plus prudent, je crois.

Autour de nous, je dois dire que c'est le pied. Des montagnes, d'une couleur mauve et violet avec des reflets blancs et rosâtres au sommet, vont jusqu'au ciel. J'ai fait les Rocheuses et les Alpes et je vous jure que ce sont des montagnettes, parce que ça, c'est autre chose. Je ne sais pas dans quel monde nous sommes, mais ce n'est pas d'ici !

Je ne vous parle pas de l'air ambiant, du souffle léger du vent qui embaume l'air, mais de quoi au juste ? C'est difficile à définir. Les parfums, ce n'est pas ma tasse de thé, mais je dirais un mélange de muscade avec un soupçon de cannelle, comme un vent de biscuits ou de beignets si cela existe quelque part. Et... là, que vois-je ?

Dieu. En tout cas, la version femme de Dieu qui est venue là, sur cette espèce de radeau complètement dingue. Ce n'est pas un vieux mec, mais une femme ! Et jeune, en plus, et belle comme cela devrait être interdit d'être belle. Et ses cheveux, je ne dis pas, c'est l'enfer, quoique ce soit un très mauvais choix de mots, mais tout de même, ses cheveux, ils sont roux... J'ai devant moi la plus belle femme de l'univers, avec des cheveux d'un rouge feu jusqu'au bas du dos, des yeux d'un vert émeraude comme ces gemmes qu'on trouve au Rio Minero, en Colombie, une eau pure absolument hallucinante, et une peau de porcelaine presque translucide. Elle est ensorcelante et ça aussi, c'est un très mauvais choix de mots, mais c'est ça qui me vient à l'esprit.

Elle porte une espèce de robe blanche. Non, pas vraiment blanche, c'est comme un nuage, une brume, vous voyez? Non, vous ne voyez pas. Vous ne pouvez pas voir. Il faut le voir en vrai pour comprendre et j'ai déjà vu ça, moi, en 1975 dans mon salon. Ça ne s'explique pas. Et je sais que pas une femme ne va me croire, mais la Divine Mère... Eh ben... elle n'a pas de pompes, la Divine Mère, c'est tout. On tourne la page!

Sa voix! J'ai fait de la radio toute ma vie et les voix m'intéressent. La sienne est plutôt grave pour une femme, mais suave, délicieuse, chaude et rassurante. Ce n'est pas une voix de mère, d'épouse ou de sœur, c'est une voix... de femme, parfaite, une voix qui serait tout cela en même temps! Mais cela dit, je sens que si, pour une raison ou pour une autre, elle devait ne pas être contente et le faire savoir, eh bien je le saurais, vous voyez ce que je veux dire?

Elle n'a pas à me dire que je peux lui parler, je le vois par la manière dont elle change de position sur sa chaise. C'est ultra subtil, mais dans le genre: «Alors, tu commences ou quoi?» D'accord, je me lance...

«Alors, vous êtes Dieu?»

C'est ma première question et je me trouve stupide comme ce n'est pas permis.

— Je pourrais tout aussi bien te répondre ceci: «Je suis la Monade, source de tous les nombres. L'absolument simple, fondement de toute grandeur et substance de toute composition; supérieur à tout accident, infini et immense. La nature est nombre nombrable, grandeur mesurable et réalité déterminable. La raison est nombre nombrant, grandeur mesurante, critère d'évaluation. Par la nature, j'influe sur la raison. La raison, par la nature, s'élève vers Dieu. C'est le principe de la monade que je vois dans l'existence de Giordano[159] que tu connais fort bien ! Mais je suis ce que Je Suis ! »

Je vois l'amorce incertaine d'un sourire moqueur, mais pas tout à fait. Je sens qu'on va être dans le subtil tout au long de l'entrevue.

— « Je suis ce que Je Suis. » Oui, j'ai lu ça dans la rencontre de Moïse sur le Sinaï... C'était vous, ça ? Les tablettes de pierre, ne pas manger de porc, le sabbat. Lui non plus n'avait plus de sandales...

— Il doit y avoir erreur sur la personne. Tu crois vraiment que cela m'indispose de vous voir manger du porc ou de travailler un samedi ou un dimanche ?

Elle hausse les épaules comme quelqu'un qui n'a pas encore vraiment compris cette histoire...

— ... Euh, non, évidemment. Moi, j'adore le porc et je me porte très bien à bosser en tout temps. Vous êtes une femme, c'est ça ?

— Je suis contente que ton sens de l'observation soit toujours intact !

Cette fois, son sourire est vraiment moqueur.

— Touché ! En fait, je voulais dire que, bon, quand la plupart des gens parlent de Dieu, ils voient un homme. Dieu le Père, le Tout-Puissant. Et chez les musulmans, c'est Allah et, en général, vu la façon dont ils voient les femmes, j'ai l'impression qu'ils ne vous voient pas en femme... d'autant que vous n'êtes pas voilée, et en plus, pourquoi se voiler devant soi quand on est soi... enfin je me comprends, mais bref, non, le monde en-

---

159. Giordano Bruno, moine et philosophe italien mort sur le bûcher en 1600. Accusé formellement d'athéisme et d'hérésie par l'Inquisition pour ses écrits jugés blasphématoires, notamment pour sa proclamation que Jésus-Christ n'est pas Dieu, mais un simple « mage habile », que le Saint-Esprit est l'âme de ce monde et que Satan sera finalement sauvé (apocatastase), et son intérêt pour la magie. Il est condamné au bûcher après huit années de procès. Avant de le brûler, on lui clouera la langue pour l'empêcher de parler.

tier voit Dieu comme un mec, un dur, un vieux, avec une barbe de trois mètres et des yeux très en colère comme Anthony Hopkins, quand il joue Odin et que Thor a fait du tort. Vous avez vu ce film ? Thor ? Bon... question stupide... Alors c'est ça, pour nous, les humains, Dieu est un vieux bouc, chrétien, juif ou musulman, et il a le «courroux» facile !

Comme elle semble m'écouter avec un grand intérêt, je vais déballer mon sac. J'attends cet instant depuis un million d'années, c'est le moment !

«Yahvé, au début, massacrait tout ce qui n'était pas juif, et le Déluge, c'est lui ! Faut quand même le faire, créer une humanité complète et la noyer comme certains abrutis le font avec des bébés chats quand ils n'en veulent plus. Il aurait pu voyager dans le temps et recommencer, il aurait su faire ça, non ? Mais non. Dieu le Père, lui, le nôtre, enfin celui des chrétiens, massacrait tout ce qui n'était pas chrétien, particulièrement les femmes. Gros problème avec les femmes, celui-là, et ça a duré des siècles, son obsession. Et ces temps-ci, on a Allah sur les bras. Lui, c'est tout ce qui n'est pas musulman et particulièrement les femmes. À bien y penser, le Yahvé des Hébreux non plus n'était pas tendre avec les femmes, une vraie brute. Ils ont été fabriqués dans le même moule, ces trois-là, hein ? On dirait presque une machine à fabriquer des dieux sexistes et un peu psychopathes. Attendez qu'ils apprennent avec qui je cause ! Ça va barder parce que c'est du genre «crois ou meurs», ces bougres-là ! »

— Je peux être cela aussi, me dit-elle avec un sourire absolument affolant, puis elle ajoute : Mais c'est quand je veux me faire du cinéma !

— Avez-vous vraiment créé le monde ou ça s'est fait tout seul ? Gros débat encore de nos jours.

— Ah, la création ! Une fois bien pensée, elle se fait toute seule ! dit-elle en s'étirant comme au septième jour, j'imagine...

— Ah oui ? Moi qui croyais que vous étiez le créateur, enfin la créatrice du Ciel et de la Terre ? C'est un peu décevant.

— Non, ça se fait tout seul ou presque, et cela continue. C'est un processus à la fois infini et éternel, me dit-elle avec un petit geste de la main vers l'infini et l'éternel.

— J'ai un ami qui est infographe. Il m'expliquait que tout ce qu'il devait faire pour créer une image qui s'anime à l'écran, c'est donner ses directives à l'ordi et placer ses pions là où ils doivent être placés. Et paf, durant la nuit, ça se fait tout seul! C'est ce que vous voulez dire?

— Que le monde est une pensée qui se matérialise graduellement? C'est un peu cela, en effet, me répond-elle toujours en souriant.

— En fait, on parle souvent de Dame Nature, alors c'est comme si elle était votre ordinateur et vous, le programmeur! Ou c'est votre projecteur et vous êtes la réalisatrice?

— Je réfléchis à ce que je veux, je le conçois en Esprit et, une fois que j'ai bien pensé à mes univers, des plus denses aux plus subtils, je veux simplement qu'il en soit ainsi et graduellement, sous la surveillance de milliards d'entités, il en est ainsi pour des centaines de milliards d'années. Ça ne date pas d'hier tout cela, tu l'as très bien compris, et cela ne se fait pas tout seul non plus.

— Ces milliards d'entités sont comme des mini-vous?

— Tout comme vous tous. Je suis tout en tout, Jean, me dit-elle en saluant le tout d'un petit sourire.

— Oui, je me souviens de ça, «I Am All in All»! Mais vous dites petit à petit?

— Tu as écrit dans ton livre que «la Divine Mère ne crée pas de canards en claquant des doigts». Les humains me font sourire très souvent, Jean, avec leurs images! Mais c'est exact. Petit à petit, je ne suis pas pressée, tu dois bien t'en douter. Je ne suis jamais pressée! C'est tellement plus agréable de voir toutes ces énergies s'étendre langoureusement, s'enrouler les unes sur les autres, s'amalgamer, se défaire et se refaire. C'est comme vous, les humains, quand vous faites la cuisine, il faut surveiller tout ça, il faut constamment brasser la soupe, modifier la température, touiller ici et touiller là, faire de petits ajustements, ajouter de cela et un peu de ceci. Tu as déjà vu une nébuleuse ?

— Ben oui... en photo, en film même. C'est absolument magnifique, c'est au-delà de toute description.

— Eh bien, quand elles sont d'un beau rose tirant sur l'orange, ça, c'est ma crème tomate, tu vois ?

— (rire) C'est sûr que, vu sous cet angle, ça... enfin, oui, c'est clair... c'est comme si... bon pas tout à fait, mais je dirais que... une crème tomate, hein ? Mais dans un autre domaine...

— Tu veux savoir si tes ovnis existent, c'est ça ? Ça nous fait sortir de la cuisine, en tout cas ! Ah, les mâles ! soupire-t-elle.

— Oh, vous avez deviné ? Alors oui, effectivement, sur le plan personnel, c'est très important pour moi. C'est un peu égoïste, je le reconnais, mais voyez-vous...

— Oui, Jean, bien sûr qu'ils existent. Tu ne crois tout de même pas que je n'ai pensé qu'à ta petite planète bleue ? Tu ne croyais pas non plus que tes amis, ces gens sur ta planète (*mes amis*?), sont les plus avancés de l'ensemble de tous mes univers ? Mais non, je le sais bien, tu veux simplement que je te le confirme et, comme le disent tes amis, que je te donne ma bénédiction, c'est bien ça ?

— En quelque sorte, oui, c'est vrai. Alors d'où viennent-ils, que veulent-ils, quand vont-ils cesser de jouer au chat et à la souris et pourquoi je suis tombé dans cette marmite alors que j'étais tout petit ?

— Je ne vais pas répondre à tout cela, Jean. Ta planète est toujours en quarantaine et il y a des choses qu'il est préférable de ne pas révéler maintenant, mais cela viendra. Rassure-toi, cela viendra. Je n'ai pas la langue de bois, tu sais !

— Mais à moi seulement, je jure que je ne le répéterai pas. Vous ne pouvez pas...

— Oh, Jean ! Tu n'es pas tombé dans la marmite quand tu étais tout petit pour rien. Tu t'imagines vraiment apprendre des choses de moi sur le sort et l'avenir de ta planète, et tenir ta langue et ta plume ? Toi ?

— C'est ridicule, en effet, on oublie ça ! Ne me dites rien parce que je vais tout leur balancer, sans rater un iota. Dans ce cas, pourquoi, avec le pouvoir infini que vous avez, vous ne mettez pas un terme aux massacres, aussi bien ceux commis par les guerres de toutes sortes que ceux commis par des individus, et souvent sur des enfants et des êtres sans défense ?

— J'habite chacun des atomes de tous mes univers, Jean, et j'habite, en pleine conscience, chacune des créatures auxquelles tu fais allusion, aussi bien le bourreau, la victime que le sauveur. Je ressens l'amour et la haine, la colère et la peur. Je suis assise avec les spectateurs dans la salle, je regarde le spectacle de la vie en tant que chacun d'eux et je vois tous ses acteurs s'ébrouer avec leur liberté de choix. Mais je suis aussi sur la scène avec les acteurs et je joue chacun de leur rôle. Pourtant, ils sont tous autonomes et ont à tout instant le libre choix et l'éternité pour découvrir que chacun d'eux et chacune d'elles est moi. Je suis tout en tout et tout est en tout, Jean. Rien de ce qui existe n'est séparé du tout. Rien !

— Oui, je sais cela et je comprends le principe, mais il y a eu des horreurs absolument indescriptibles, des enfants, des femmes enceintes qui...

— Jean, tu ne sais pas ce que le mot horreur signifie. Ton monde est épargné du vrai sens de ce terme, malgré tout ce qui s'y passe et malgré son histoire. Vois les choses sous l'angle d'une créature libre. Ce mot, liberté, n'est pas vain. La liberté de choix n'est pas un concept évasif. Elle consiste à choisir de se comporter comme un être bon et chaleureux, ou indifférent, froid, distant, brutal et sanguinaire ou interventionniste. La liberté de choisir entre sauver une vie, s'en moquer ou donner la mort existe. La liberté de choisir entre libérer un peuple de la tyrannie ou de le tyranniser existe. La liberté de l'ignorer, de l'aider ou de le torturer existe aussi. Vois-tu, la liberté d'être un dieu, un homme ou un monstre se doit d'être entière, totale, absolue et sans aucune interférence divine, sans aucune limite, ni dans un sens ni dans l'autre, sans quoi elle ne peut plus s'appeler liberté! Et la liberté de ne rien être, de ne rien faire, de ne rien dire et de ne rien penser... existe aussi! Si tu crées un monde qui a la liberté absolue de choisir et que certains des choix des créatures qui y vivent te déplaisent et que tu interviens comme créateur pour changer les règles, autant ne pas créer de mondes et regarder passer les amas stellaires et les nébuleuses!

— Vous n'êtes jamais intervenue? Alors, toutes ces litanies? Ces prières? Ces larmes? Ces appels à Dieu depuis des millénaires? Tout cela fut vain?

— Rien n'est vain. Le désespoir des humains, même s'ils ont choisi en tant qu'Esprits de s'incarner en sachant fort bien qu'ils allaient être exterminés par les épées de Tamerlan ou dans un camp de la mort à Auschwitz, n'est jamais ignoré et amplifie leur conscience d'être. Un humain qui prie avec la force de son cœur est un humain qui grandit et s'intériorise vers soi. C'est cela le pouvoir de la prière, se regarder soi et enfin se parler à soi! Et s'aider soi-même en fin de compte. Prier, comme tu le dis, c'est d'abord un périple vers soi qui rapproche la conscience humaine de sa réalité divine. Il faut de nombreuses vies pour comprendre cela, mais jamais rien n'est perdu. Tout est dans le Code, tu l'as dit toi-même.

Elle rejette sa tête légèrement vers l'arrière, ferme les yeux et laisse planer un silence, comme si elle voulait, un instant fugace, prêter attention aux centaines de milliards d'elle-même qui se meuvent dans tous ces univers. Puis...

— Mais ce qui survient entre cet Esprit et moi dans chacune de ses vies ne concerne que nous deux. J'ai une relation fusionnelle avec chacun des Esprits qui existe dans tous les univers puisqu'ils sont moi. Les prières, les cris de désespoir lancés par leur contrepartie humaine, je les vis avec une profonde intensité, tous, chacun, chacune, sans aucune exception, Jean. Parfois, j'y réponds et parfois, non, mais le pourquoi de cette dualité entre l'Esprit qui anime cet humain et moi demeure un secret pour toujours, que seuls cet Esprit et moi connaissons.

Elle redresse la tête et plonge son regard dans le mien. Ses yeux sont magnifiques, oui je sais, je me répète, mais c'est ce qui arrive quand pas un mot de cette langue ou d'une autre n'est approprié.

— Tu l'ignores, Jean, mais ton Esprit et moi-même avons certains secrets bien gardés entre nous! Et tant que tu es enfermé dans cette chair, cette chair n'est que chair et ne connaît que la chair.

— Vous êtes Tout, en somme? Vous êtes le bien, le mal, la peur, la joie, vous... comment disiez-vous? *I am all in all*! Pardonnez mon insolence, mais cette chaise, c'est vous aussi? Mais dans quel but? Elle ne sait pas qu'elle est... Dieu, pas plus que l'insecte qui vole, le poisson sous nos pieds ou même le daim que j'ai vu sautiller sur le rivage tout à l'heure!

— Je suis la manifestation de toute matière et de toute énergie. Je suis à la recherche de moi-même dans tout ce qui est conscient d'être et simultanément, je suis Tout en Un. Cette chaise est énergie. La matière n'est qu'une illusion projetée sur l'écran de la conscience et je suis énergie. Tu n'es pas dans ton corps actuellement et pourtant tu la sens bien, cette chaise.

Elle frappe du pied sur le quai, le faisant tanguer, j'allais dire presque dangereusement, et une vague se soulève et va se briser avec fracas sur le rivage.

— Et cela aussi, tu l'as bien senti. C'est du solide ce quai et pourtant ce n'est que de l'énergie. Tout est énergie à différents degrés de vibration. Il est des mondes de pure énergie que tu ne pourras jamais voir avec tes yeux d'humain et ta conscience de surface, pas plus que tu ne pourrais être ici avec moi dans ton corps. Il est trop dense, trop lourd et son niveau de vibration est trop bas pour permettre à ton organe de perception de le supporter !

— Mon cerveau est donc bel et bien entièrement séparé de ma conscience... Bien des gens vont buter là-dessus !

— Oui, et tu sais pourquoi ?

— C'est parce que l'humain de cette planète n'a pas reçu cet enseignement ? Il a été élevé dans une culture opposée, surtout religieuse, parfois hideuse ?

— Les enseignements qui élèvent la conscience de l'homme auraient profité grandement à vos enfants humains s'ils avaient été prodigués par des gens de science, des penseurs et des philosophes, comme cela était autrefois et comme cela se passe dans de très nombreux mondes. Mais sur la Terre, les gens de culte ont récupéré ces enseignements pour leurs propres intérêts, et la mise en quarantaine de votre monde y a largement contribué.

— Notre cas est-il comme une espèce de maladie grave et contagieuse ?

— Contagieuse, oui, d'où votre isolement. Mais rien n'est grave, tout n'est qu'une illusion, un rêve, si tu comprends mieux. Quand je rêve, un Esprit s'incarne et un enfant vient au monde. Je rêve d'être humain et je le deviens pour un instant fugace, et toi tu es moi et moi je suis toi. C'est la manière divine de faire l'amour, Jean ! Et je fais l'amour continuellement et je ferai l'amour pour l'éternité avec chacune de mes créatures spirituelles, avec chaque cellule et chaque particule, dont la mienne !

Elle vient de faire un jeu de mots : sa particule, elle a dit «ma particule», la particule de Dieu, le fameux boson de Higgs. Je suis ébloui, la Divine Mère fait des vannes !

— Ouf... y'en a plein qui n'aimeront pas que vous utilisiez l'expression faire l'amour. Vous n'avez pas idée, en fait oui, j'imagine que vous savez ! Et pour en revenir aux ovnis, aux êtres qui vivent dans d'autres mondes, c'est le même principe ?

— «Et le Verbe s'est fait chair» est une constante dans tous les univers finis, infinis et éternels. Ce n'est que dans mes rêves que je vis l'espace réduit et le temps compté. Tu te souviens ? Esprit d'abord, humain ensuite ! Je rêve et tu nais !

— Je crois que le problème vient du fait que je ne me sens pas vous. C'est comme ça ! Je me sens très humain, très limité, très restreint, très idiot par moments. Et si j'étais tombé en bas de ce quai flottant tout à l'heure, j'aurais peut-être paniqué et eu peur de me noyer !

— Si je devais tomber à l'eau, oui, je pourrais me noyer en tant que toi et je pourrais ne pas me noyer si moi, je veux vivre encore comme toi. J'ai besoin de toi encore, pour un temps, puis un jour tu seras moi. Je vivrai alors avec une partie de toi un nouveau rôle, et ensemble ce sera absolument divin de faire l'Amour avec le plus grand A qui soit. Tu imagines cela, Jean ?

— Je n'aurais pas dû parler de ça, je suis complètement perdu. Il y a trop de toi et de moi, mais en même temps, je crois comprendre...

— Dis-le-moi en tes mots. J'aime tant quand tu me parles, Jean ! J'aime tant quand chacun de vous me parle ! Je suis si heureuse quand chacune de ces créatures que j'habite me parle dans son cœur ou à voix haute, surtout lorsqu'elles me parlent de leur quotidien, de leurs peines, de leurs joies, de leurs malheurs, de leur bonheur, des très grands moments comme des plus infimes. Elles le font sans rien demander. Elles ne sont pas à genoux, les mains soudées inutilement l'une à l'autre. Si ces gens savaient comme je les aime, s'ils savaient comme j'aime les entendre, les enfants particulièrement ! Ils font chanter mes étoiles et les font briller. Les grands enfants que vous êtes peuvent parfois atteindre une telle tendresse que je préfère ne pas trop penser à vos pôles quand cela se produit, car je crains bien qu'ils fondent en un instant. Oui, c'est à ce point l'amour que j'éprouve pour chacun d'entre vous. Vous n'en avez, comme humain, aucune idée, mais c'est préférable ainsi !

Dieu qu'elle est belle, c'est moi qui fonds...

— Vous devriez avoir une page Facebook ! D'accord, je la ferme. Tout cela me rend terriblement nerveux, je suis affreusement intimidé, je dis n'importe quoi. Bon, voyons voir si j'ai compris. Alors, je suis Dieu qui s'ignore, mais Dieu, lui, ne m'ignore pas et avec le temps, avec l'expérience de vies multiples, je finirai bien par ne plus m'ignorer, mais ce n'est pas pour demain. Mais qu'importe l'espace et le temps, je suis éternel par l'Esprit et vous m'aimerez toujours, pour l'éternité. Je vais pas un peu trop loin là ? J'aimerais l'entendre de nouveau ce bout-là, ça a un effet bœuf sur le petit humain que je suis !

Elle ne sourit pas, mais son visage exprime une douceur sans nom et ses yeux se mouillent. Je suis prêt à parier ma vie qu'elle est émue.

— Je suis infiniment amoureuse de toi, Jean, et de tous et de toutes, plus infiniment que ce mot peut avoir de sens à vos oreilles humaines. Quoi que vous fassiez, quoi que vous soyez, quoi que vous disiez, quoi que vous pensiez, je ne suis jamais en colère comme l'est votre Dieu du livre, je ne suis jamais peinée comme votre Dieu de courroux, qu'on a inventé pour vous terroriser, je ne suis jamais déçue comme ces gens de culte peuvent l'être, et que j'aime aussi, avec autant de passion, oui, tous ceux qui disent parler en mon Nom ! Je ne regrette jamais, ne fût-ce qu'une toute petite seconde de ma vie comme toi et chacun des tiens. Écris-le, Jean, et insiste et répète-le à ton tour pour que chacun et chacune comprennent bien que c'est à lui et que c'est à elle que je m'adresse, là, maintenant, sur ce lac de ton rêve. L'Amour, je prends cela très au sérieux parce qu'il n'y a que cela et rien d'autre. Après tout, regarde-moi bien, Jean, je suis une femme, non ?

Elle se lève, vient se placer derrière moi et pose ses mains sur mes épaules. Elle me chuchote à l'oreille :

— J'aime chaque instant, passé, présent et à venir. Je suis toi. Je t'aime et je t'aimerai toujours. C'est toi qui angoisses, moi jamais, mais je ressens ton angoisse. Je la vis intensément. Je ressens tes doutes, tes craintes, tes peurs, tes colères, tes envies, les sages comme les plus périlleuses, les plus dangereuses, et les plus folles. Je ressens chacune des cellules de ton corps et chacune de tes pensées, des plus admirables aux plus viles. Je sens aussi quand tu ne crois plus en moi, quand tu me crois partie, envolée, ou quand tu crois que je t'ai oublié. Je ressens ta peine immense, ta tristesse, ta haine parfois. Je sens cette cruauté qu'est la solitude de l'abandon, même si elle est illusoire. Je ressens tout cela. Je te vis avec une intensité dévorante. Cela vient de toi parce que chair tu es, chair tu vis, chair tu ressens. Je t'aime pour tout cela, car je me suis faite chair. Je me suis faite toi et j'aime tout ce que tu me fais vivre. Un jour, lorsque ton corps sera aspiré par la terre d'où il vient, ce sera toi qui ressentiras Tout ce qui vient de moi, et ce, pour l'éternité ! Dis-leur ce que je viens de te dire, Jean, parce qu'il en est ainsi pour chacun et chacune ! *Allt sem þú þarft er ást*[160] !

Les yeux embués à mon tour, j'ai le cœur qui tambourine dans ma poitrine. Je sais que si je devais tomber, là, dans l'eau, je pourrais marcher tout comme sur le sol et je n'aurais plus de question. Je dois digérer tout ça ! Et je n'ai pas compris un mot de ce qu'elle a dit à la toute fin.

Audrey Hepburn

Je me lève et aussitôt je marche dans un boisé. Tout est brûlé, comme si un incendie de forêt avait tout ravagé. C'est alors qu'au loin je vois un petit îlot de verdure avec une chaise de coiffeur et cette femme que j'ai

---

160. Il semble que ce soit une forme de langue elfique, signifiant que l'Amour est tout ce dont nous avons besoin. Pendant une seconde, j'ai cru qu'elle chantonnait *All you need is Love*, de John Lennon.

toujours admirée, l'actrice britannique Audrey Hepburn. Je rêve parce que cette dame extraordinaire nous a quittés. Elle n'a jamais été coiffeuse non plus et on ne coupe pas les cheveux des gens au milieu d'une forêt dévastée par un incendie... Mais oui, bien sûr, je sais d'où ça vient tout ça. C'est le film *Always*, de Steven Spielberg tourné en 1989. Il y a ce pilote d'hydravion spécialisé dans la lutte contre les incendies de forêt, joué par Richard Dreyfuss. Il meurt quand son avion s'écrase dans les flammes et se retrouve ici, comme moi, avec Audrey Hepburn. Je me souviens de l'émotion intense ressentie en les voyant tous les deux et à quel point je l'enviais. C'est encore pour moi une des plus belles scènes du cinéma. Mais là, je suis avec elle !

Ce n'est pas la Divine Mère et elle a des souliers. Elle me fait un petit signe de la main et je fais comme Richard Dreyfuss, je m'assois. On jase de tout et de rien. Je lui parle de la première fois que je l'ai vue au cinéma et comment je suis tombé amoureux d'elle pour la vie quand elle incarnait la petite vendeuse de fleurs. C'était évidemment *My Fair Lady*. J'avais 14 ans ! Je l'entends ricaner derrière moi, puis elle se penche et j'ai le souffle chaud de sa voix sur mes cheveux qu'elle tient relevés d'une main. Elle a des choses à me dire.

— Tu as raison, Jean, un « expérienceur[161] », comme tu dis, n'est pas seulement un témoin qui n'a d'existence que dans un rapport d'enquête pour une durée limitée, c'est une personne qui a une longue histoire de vie, parfois lourde et complexe. Ces gens doivent vivre ces expériences parce qu'elles font partie de leur destin ou karma, alors que pour d'autres, ce n'est pas utile. La musique de la création est parfaite, tu sais ? Il n'y a jamais une seule fausse note. Jamais !

Elle fait cliqueter ses ciseaux et je vois virevolter des mèches rebelles.

---

161. Le Dr John E. Mack appelait les témoins et les sujets ayant vécu une expérience de type RR-4 (enlèvements extraterrestres) des « expérienceurs ». Ce terme a été adopté par l'auteur.

— Ces autres gens qui ne croient en rien, qui n'écoutent pas un mot de ce que tu dis ou écris, qui disent que tu es perdu, ou un peu fou, ont les apparences de la vie pour eux.

Elle se penche et murmure :

— Ils trônent sur leurs certitudes, alors que toi, tu es un étranger dans leur monde. À tout instant, ils peuvent démontrer l'existence de ce qui constitue leur réalité puisqu'elle est faite de fer et d'acier, comme cette paire de ciseaux.

Elle les fait cliqueter de nouveau et se redresse.

— Alors que toi, avec tes nuages et ta vapeur d'eau, tu n'as rien à leur offrir. Entre Esprits du Ciel, vous allez vous comprendre. Ne t'occupe pas des Esprits de la Terre, ils accomplissent leur mission, comme je l'ai fait. C'était bien dans saint Luc[162], tu ne t'es pas trompé !

Je sens alors une douce main qui semble compter mes cheveux.

— Je vais faire un petit ajustement derrière les oreilles et sur le côté, amincir un peu à l'arrière et c'est tout. Tu vas être chauve si je me laisse aller, me dit-elle avec un rire qui montre qu'elle s'amuse comme une petite folle.

— Ce monde dans lequel j'évolue est aberrant...

— Oh ce monde ! dit-elle avec un soupir en tapant sa brosse sur le fauteuil. Ce monde aberrant dont tu parles et qui provisoirement est le tien est une illusion, cher ami, ou à tout le moins une réflexion pauvre de l'autre réalité[163]. Dans un de tes livres, tu as expliqué cela en utilisant l'une des plus grandes, sinon la plus grande, formules de la *Tradition* éso-

---

162. Luc (16, 1-8) parle des « Fils de ce monde plus habiles entre eux pour ces choses que sont les affaires terrestres et la gestion que les Fils de la Lumière ».

163. De plus en plus de scientifiques quantiques avancent l'idée que l'univers ne serait qu'une projection holographique d'une autre encore plus considérable, mais invisible à nos sens.

térique[164]. Tu sais aussi que les coïncidences et les hasards sont des messages. De nos jours, on dit synchronicité. Mais il n'y a pas que cela. Dis-leur à tous, ces Esprits du Ciel qui dorment encore, d'ouvrir l'œil à chaque instant. Leur Esprit peut très bien faire surgir un *apport*[165] droit devant eux. Ce sont des marqueurs, ils n'ont pas été manifestés... comment dis-tu déjà? Ah, je me souviens, dit-elle en riant : ils ne se manifestent pas pour des prunes.

Elle rit encore de bon cœur.

— Alors, qu'ils s'éveillent! Quand leur facteur livre une lettre ou un colis, ils se précipitent pour l'ouvrir. Mais ils délaissent ceux expédiés par l'Esprit comme s'ils n'avaient aucune valeur ou aucun sens. Ils sont drôles parfois les vivants, tu ne trouves pas? Elle glousse.

— Bon, ça suffit maintenant, ajoute-t-elle en voulant prendre un ton sérieux, mais sans y arriver. Alors, un peu plus de protéines animales pour les cheveux, ça aide pour la kératine. Et après les avoir lavés, utilise un conditionneur de meilleure qualité que celui que tu achètes à bas prix pour je ne sais trop quelle raison. Ce sera 17 $ pour la coupe et la mise en forme. Et j'accepte les pourboires, figure-toi!

Le docteur Paul Labrie

Je me remets à peine de cette histoire de pourboire quand, en me levant du siège de cuir, je me retrouve de nuit dans la plus magnifique pièce qu'on puisse imaginer, une sorte de hall immense, plus que princier, ancien, je dirais du XVIIe ou du XVIIIe siècle, en Europe. Je remarque alors les livres par milliers sur les étagères de marbre rose et je me souviens d'être déjà venu ici : la bibliothèque nationale d'Autriche à Vienne.

---

164. Table d'Émeraude d'Hermès Trismégiste. Nous l'avons vu plus tôt.

165. L'*apport* est un terme anglais définissant la manifestation inattendue et anormale d'un objet. Cela m'est arrivé à de nombreuses reprises, notamment pour la rédaction de *L'École invisible*, mais encore tout récemment. Plus on accorde une attention fine aux synchronicités, plus l'occasion de voir se manifester des *apports* est élevée.

« Hello, il y a quelqu'un ? » L'ambiance est un peu froide et sombre dans cette vaste pièce, à peine éclairée par une lune sépulcrale et des luminaires dissimulés avec pudeur derrière quelque paroi murale. Personne ne répond à mon appel, sinon l'écho de ma voix. Mais j'entends griffonner, comme seule une ancienne plume pouvait le faire, sur du parchemin... Oui, il y a quelqu'un là-bas. Je vois un homme, de forte corpulence, vêtu de noir et penché sur un bureau, à quelques dizaines de mètres de moi. Il lève la tête et, à ce visage orné d'une petite moustache très dépassée, je reconnais mon vieil ami, le docteur Paul Labrie, dont je me suis inspiré pour un des personnages de mon roman il y a de cela fort longtemps[166].

J'ai déjà parlé de l'impact qu'il a eu dans ma vie[167]. Là, c'est bien lui, tel qu'il était avant son grand départ en 1986. Mon mentor. Je ne peux résister à l'envie de revenir sur notre passé, mes visites hebdomadaires à son vieux bureau, nos amis communs, nos aventures dans l'inconnu. Un silence... et il se remet à griffonner.

— Dites-moi, pourquoi sommes-nous ici ? Et c'est quoi ce parchemin ? Vous n'êtes pas plus Viennois que du XVIIe siècle, que je sache !

— J'ai toujours voulu me servir d'une vraie plume sur du vrai parchemin. C'est comme un vieux rêve que je réalise... Bon d'accord, pose tes questions. J'ai choisi cet endroit parce qu'il est absolument magnifique, presque hors du temps.

Lorsqu'il était vivant, le doc ne perdait jamais de temps en frivolités avec moi. J'entre donc dans le vif du sujet.

— Nous sommes en quarantaine et un gouvernement invisible nous dirige. Il y a des forces extraterrestres hostiles et complices de cette situation, parlez-m'en !

---

166. Le docteur Shelter dans *Les coulisses de l'infini*, Ambre Éditions.
167. *Ce dont je n'ai jamais parlé*, Éditions Québecor.

— Tu as découvert qu'il existe deux polarités avec comme résultante une troisième force essentielle, que tu as qualifiée de «point de Lagrange du comportement».

— L'une de ces polarités est-elle donc vraiment hostile?

— Si on peut dire. Mais, dans les faits, elle est surtout négative par sa nature intrinsèque. Tu crois que je pourrais trouver un porto 10 ans d'âge ici? demande-t-il l'air presque suppliant. Mais devant ma mine totalement indifférente à son envie de boire, il poursuit.

— Bof, oublie ça. Où en étais-je? Oui, le point de Lagrange. Très bon exemple. Il se situe là où se trouve la Lune, exactement en équilibre entre une force qui l'attire vers la Terre pour s'y écraser et une autre qui l'éloigne pour s'en échapper. Mais tu connais la grande loi universelle qui les réunit toutes! «Ce qui est en haut est comme ce qui est en bas et...» Microcosme et macrocosme obligent à se rappeler que ce phénomène s'applique également au concept voulant que nous soyons Esprits d'abord, humains ensuite. Ce point de Lagrange est extrêmement difficile à atteindre quand nous vivons dans un monde qui cherche uniquement à nous faire nous écraser comme une mouche. Au départ, le principe veut que les forces soient égales entre l'ego animal et l'Esprit, et c'est le cas. Mais il y a eu maldonne. Il y a très longtemps. Les dés ont été pipés. Viens, on va marcher un peu. Cet endroit est absolument incroyable. Tu es déjà venu ici, n'est-ce pas?

— Oui, en 2000 avec Hélène. Vous ne l'avez pas connue, vous êtes mort trop tôt! Vienne nous a charmés. Son style gréco-romain au centre de la ville, aux abords du *Ring*, est époustouflant!

— Oui, c'est vrai, on a l'impression d'être plongés au cœur d'Athènes, en Grèce antique, jusqu'à ce qu'un tramway nous ramène vite à l'heure présente. Tu allais dire quelque chose?

— Il y a donc une polarité négative et une polarité positive, comme sur une pile en somme.

— Justement, une pile génère de l'énergie et il en va de même de ces deux polarités. Elles doivent s'équilibrer. C'est pour cette raison qu'il existe une force d'intégration, sans quoi ces deux forces ne feraient que s'opposer. Comme tu l'as bien compris, chaque pensée humaine, chaque geste porte son étiquette de fabrication, sa marque de commerce, selon la polarité d'où il vient, et finit par en grossir l'inventaire.

— Hum, c'est mieux dit comme ça!

— Évidemment! Le mentor, c'est moi, non? Je vais surtout te parler de ceux qui appartiennent à la polarité universelle négative. Ils constituent, entre autres, des formations qui peuvent être hostiles à l'évolution humaine, et ce, depuis des centaines et des centaines de milliers d'années parce qu'elles estiment que l'humain est une erreur de fabrication, un vice caché dans la matrice de l'Esprit. Tout est là, mon ami. Cette polarité, tu l'as compris, est en déséquilibre absolu depuis qu'elle est sous le contrôle de Bel, enfin c'est le nom que tu lui donnes. Bien trouvé! Je ne suis pas certain qu'il sera impressionné, mais enfin! Jusqu'à ce que son sort soit scellé de nouveau, la quarantaine et ses conséquences restreignantes continuent d'opérer parce que l'humanité le favorise depuis presque toujours et continue de le faire. Mais depuis quelques décennies, cet appui se lézarde et Bel manifeste des signes d'inquiétude.

J'ignore ce qu'il dit, mais quelque chose m'a frappé.

— Pourquoi Bel serait-il impressionné ou pas? Je veux dire, ce n'est pas comme si j'allais m'y frotter, alors pourquoi dites-vous ça?

— Laisse tomber, j'ai trop parlé...

— Ah non!

— Non, toi, écoute! Il a presque un geste brutal. Un des facteurs importants que je veux faire ressortir maintenant, ici avec toi, et j'ai peu de temps pour le faire, est le caractère distinctif de la polarité négative.

— Le mal?

— La polarité négative n'est pas la représentation du mal, sauf lorsque le but de l'action voulue, du geste posé en pleine conscience, par un libre choix clairement exprimé, parfaitement éclairé et dégagé de passion bonne ou mauvaise, est de tyranniser, de faire souffrir. Bel est ainsi. Il a choisi d'agir de la sorte pour montrer que Dieu a fait une erreur. Il a récupéré la polarité négative pour en faire une énergie basée sur la haine pure. La polarité négative, au départ, n'est pas haineuse, mais la haine est la manifestation de ses extrêmes, tout comme la lâcheté et la couardise sont les manifestations extrêmes de l'autre polarité, sur laquelle je reviendrai.

— Donc, la polarité négative essentiellement est l'égoïsme, alors que la polarité positive est l'altruisme, mais poussées à bout, si je puis dire, elles dérapent toutes les deux?

— Voilà, c'est bien dit! Lorsqu'elle dérape, la polarité négative devient alors porteuse d'une haine implacable pour tout ce qui n'est pas soi-même!

— Et la haine se manifeste par...

— Un phénomène qui sévit partout dans le monde depuis un million d'années. Il est universel et se répand comme un virus. Il est presque indestructible et parfois, pour le détruire, il faut presque devenir comme lui, avec comme résultante qu'on ne fait que le reproduire sous une autre forme. Son nom est très connu du monde entier puisque sa moitié en est victime. C'est la tyrannie!

— La tyrannie? Rien de plus exotique ou de plus ésotérique?

— Ta quête du merveilleux t'honore, mais dans l'expression «réalisme fantastique» que j'emprunte au *Matin des magiciens*[168], il y a aussi le mot réalisme. La tyrannie se distingue par son recours systématique à la violence comme principal outil de travail pour celui ou celle qui cherche à obtenir ou à empêcher quelque chose. Ce que font les tyrans. Ils n'ont

---

168.   De Louis Pauwels et Jacques Bergier, publié en 1960.

pas d'âge, de sexe ou de position sociale, mais ils cherchent le pouvoir et le contrôle plus que les autres. La tyrannie n'est pas qu'une affaire d'État, comme son nom semble vouloir l'indiquer, elle se manifeste dans un couple, au sein d'une famille, dans un milieu de travail, dans une communauté et, bien sûr, dans la plus petite affaire d'un État ou d'un gouvernement.

— Chez les dictateurs, civils et militaires, aussi évidemment.

— Oui, c'est tout à fait vrai. Mais il y a des hommes et des femmes très ordinaires tout aussi tyranniques envers les leurs et qui n'ont simplement pas les ressources pour aller plus loin. Ce sont des parents, des enfants, des voisins, des confrères ou des consœurs, et certains sont pires dans leur propre maison, au travail, à l'école ou ailleurs que bien des gens de la soldatesque.

Le tyran prétend faire régner l'ordre et l'harmonie ; il croit même avoir raison. Aux yeux de l'autre polarité, un tyran n'est pourtant qu'un être monstrueux qui utilise la force verbale ou physique pour obtenir ce qu'il veut, contrôler son environnement et priver les autres de leur capacité de se défendre, de se libérer du joug et de s'enfuir. Il existe d'autres façons de faire le mal évidemment, mais la tyrannie est la plus dévastatrice et la plus cruelle. La Terre elle-même n'a connu que très peu de tyrans par rapport à d'autres mondes, mais elle a eu son lot. De nos jours, la tyrannie est plus sophistiquée, plus subtile dans ses manifestations. Ce qui fait de l'incarnation un défi considérable.

— Il y a pire que nous, je sais. La Divine Mère m'a dit que nous ne savons même pas ce que le mot horreur signifie vraiment. Honnêtement, avec ce que nous sommes capables de faire, ça m'a étonné.

— Les humains ont ce don de toujours penser qu'ils sont les meilleurs ou les pires, alors qu'ils sont très ordinaires au fond. Les aléas de l'incarnation ne sont pas liés seulement à la tyrannie. La Terre offre des défis très particuliers et typiques de sa nature. Mais ne t'occupe pas des autres mondes, il y a suffisamment à faire ici, crois-moi.

Les tyrans d'État sont de tous les milieux; la tyrannie n'est pas plus à droite qu'à gauche. Le bolchevisme de Lénine des années 1900 n'avait rien à envier au national-socialisme d'Hitler 35 ans plus tard, tout comme le fascisme espagnol de Franco, au communisme tout aussi tyrannique. La tyrannie n'a pas d'odeur, de masque, de couleur, de parti ou de frontière, c'est la violence pure au service de l'intelligence et l'intelligence au service de la violence. Le lion qui se jette sur une gazelle le fait pour se nourrir. C'est un acte extrêmement violent et brutal, mais ce n'est pas cruel. La cruauté, c'est le sourire du tyran. Retiens cela. Il devient alors le visage le plus laid dont peut se parer la nature humaine.

La tyrannie dépasse de très loin la violence animale que nous avons héritée de nos ancêtres simiesques et antérieurs. Elle est la fusion de l'intelligence et de la conscience avec l'ego. La tyrannie, c'est mettre au service du «je» animal toutes les ressources acquises par la présence de l'Esprit. C'est un trait que nous avons hérité de notre cerveau primitif. En évoluant, au lieu de nous défaire de ces instincts violents, nous les avons raffinés, par libre choix, ce qui explique la très lourde charge karmique de l'humain! Les animaux les plus dangereux de la planète ne pratiquent pas la torture des heures durant. Ils s'amusent parfois quelques instants avec leur proie, comme l'ours polaire ou le requin blanc le font avec un phoque, mais assez rapidement elle est mise à mort. L'homme, au contraire, peut saliver des semaines et des mois à voir souffrir sa victime, tout en l'empêchant de mourir trop rapidement, développant les techniques les plus sophistiquées pour augmenter la douleur en des points précis, comme c'est encore le cas dans certains pays primitifs. Lis les textes sur l'Inquisition, tu verras bien. Mais presque toutes les nations ont développé l'art de la cruauté et le font encore de nos jours. La tyrannie, c'est aussi la préparation consciente et minutieuse de l'homme avant de commettre un acte d'une cruauté sans nom. Il fait plus que savoir ce qu'il fait et en être conscient, il s'y prépare avec la finesse de son intelligence. Cela n'a plus rien à voir avec la vengeance spontanée et très émotionnelle, ni avec le désir soudain qu'éprouve une personne pour un bien et qui n'arrive pas à maîtriser sa pulsion, ni avec un désordre mental ou psychique. La tyrannie est l'art subtil et intelligent de se préparer avec minutie à faire répandre la terreur, l'horreur et la mort pour parvenir à ses fins, qu'importe ce qu'elles sont. La tyrannie, Jean, c'est la bête tant sur le plan physique que sur le plan mental. La cruauté tyrannique connaît encore de beaux jours sur cette planète puisqu'elle en est encore prisonnière. Mais cela commence à changer !

— Chaque geste tyrannique que nous posons alors comme individus renforce cette dynamique et son emprise sur la planète ?

— Oh que oui ! Si tous pouvaient en être conscients ! La tyrannie est en nous depuis que nous utilisons notre intelligence et la mettons au service de notre ego. Ce dernier n'ayant aucune morale, nous avons raffiné nos moyens d'atteindre nos objectifs sans aucune considération pour autrui. Eh oui, c'est bien cela, nos actes tyranniques envers les nôtres participent au grand drame cosmique qui a précipité ce monde à la porte des enfers et l'y maintient.

— Manière de parler, non ?

— Oui, c'est une manière de parler, j'aime les effets dramatiques, quoique...

— Quoique ?

— Oublie les gouvernants, les militaires et les dictateurs. Ils ne font que s'abreuver à la même source que nous. Sans l'énergie collective de milliards d'êtres humains, ils ne pourraient survivre. Ces dirigeants, ces grands argentiers sont un problème majeur, mais ils ne sont pas à l'origine de la tyrannie.

— Alors qui est-ce ? Bel ?

— Non, Bel ne fait que l'exploiter massivement. En ce qui concerne notre monde, les grands responsables, c'est nous ! La tyrannie est universelle, mais c'est une invention humaine si tu veux ; c'est une caractéristique de notre espèce. Ce n'est pas culturel ou social, c'est inné. On le voit chez certains enfants qui tyrannisent leurs frères et sœurs et surtout leurs camarades de classe par une forme quelconque d'intimidation. Puis cela se poursuit avec des parents tyranniques qui vont brutaliser et terroriser leurs propres enfants ou leurs conjoints. La tyrannie n'a pas de sexe. On la verra surgir chez des enseignants, des étudiants, des employeurs, des employés, des entreprises, des syndicats. Il n'y a pas de zone de vie épargnée non plus, pas de classe sociale qui y échappe, ni de courants sociaux ou de partis politiques qui ne puissent compter un tyran, qu'il soit de gauche, de droite ou du centre. Les gens ont tendance à diviser leur réalité en bons et en méchants. Ils sont évidemment dans le camp des bons et ce sont les autres qui sont méchants. C'est aussi simple que cela. La tyrannie a tous les visages que l'homme peut afficher. Ce n'est pas un masque, mais une capacité innée de devenir un monstre. Personne n'y échappe. Nous avons tous cette capacité en nous, sans aucune exception. Nous avons tous un Ialdabaôth[169] qui sommeille en nous et qui peut être réveillé. Pour certains, il suffit de peu ; pour d'autres, la tâche serait titanesque, mais le ferment est là. Voilà pourquoi l'incarnation est un exercice essentiel. L'Esprit qui veut porter la lumière aux confins des mondes doit d'abord traverser ces épreuves redoutables, résoudre les mystères et transformer l'humain qu'il incarne jusqu'à ce qu'ils ne fassent plus qu'Un. Tu as raison de dire que c'est le plus beau pari de la Divine Mère ! L'Esprit doit vivre la tyrannie, la manifester tout autant que la subir pour qu'un jour cette race évolue. C'est le plus grand de tous les paradoxes, n'est-ce pas ?

Tu sais, Jean, cette planète est soumise à un déséquilibre des forces qui la maintient dans un état relativement primitif depuis trop longtemps et, qui plus est, dans une véritable quarantaine.

— Docteur, j'ai un tas de questions...

— Oui, je sais, et ce n'est pas mon rôle de t'en parler. Ça viendra et tu n'as pas envie que cela se produise trop vite. Retiens ceci : afin de ralentir toute tentative de rééquilibre en raison du fait que nous évoluons

---

169. Démiurge ou divinité du mal, selon les anciennes sectes gnostiques.

malgré tout, «on» nous a laissés acquérir plus d'autonomie, mais très peu. Ce monde n'est pas dans son état normal. Les humains de la Terre sont cantonnés chez eux depuis certains évènements que «quelqu'un» d'autre que moi viendra t'expliquer, mon ami.

— Si le mal est la tyrannie, qu'est le bien?

— C'est l'amour évidemment. Elle finira bien par te dire qu'il n'y a que ça. Mais attention, le bien ne suffit pas. Si l'altruisme est la signature de cette polarité, son extrême manifestation est l'abstention, l'apaisement, la non-intervention et parfois même la lâcheté. Ce qui caractérise cette polarité dite positive est la non-violence. Gandhi en est l'apôtre, mais il a quand même précisé qu'il valait mieux utiliser la violence si elle est en nous que de se parer d'une non-violence qui ne serait qu'un masque pour cacher sa couardise. On ne le saura jamais, mais peut-être pensait-il à un certain Chamberlain.

— Neville Chamberlain? Le premier ministre britannique au moment du déclenchement de la Seconde Guerre mondiale?

— Ce pauvre type a appuyé Franco durant la guerre civile d'Espagne sous prétexte qu'il luttait avec l'Église contre le communisme. Le mal de l'un est souvent le bien de l'autre, et le bien de l'un est souvent le mal de l'autre. Il a donc fait savoir à la France que si elle intervenait en Espagne pour s'en prendre à Franco, l'Angleterre n'interviendrait pas en cas de guerre contre l'Allemagne. Puis il signa l'infamant accord de Munich[170] avec Hitler, ce qui mit fin à l'existence de la Tchécoslovaquie. Ensuite, il apposa son nom au bas d'un pacte de non-agression entre l'Allemagne et l'Angleterre.

— Oui, ça me revient cette histoire. Les Anglais n'aiment pas tellement qu'on leur rappelle cela!

---

170. Le 29 septembre 1938. Aujourd'hui, nous savons que cet accord n'avait qu'un but: favoriser la montée du nazisme en Europe.

— Exact, mais Churchill savait, lui, que tout cela n'était qu'une farce dangereuse et dira : «L'Angleterre a eu le choix entre la guerre et la honte. Elle a choisi la honte et elle aura la guerre.» C'est alors que survint en Allemagne la Nuit de Cristal, le 10 novembre 1938. Deux cents synagogues et lieux de culte furent détruits, 7500 commerces et entreprises exploités par des Juifs saccagés, une centaine de Juifs assassinés. Des centaines d'autres se sont suicidés ou moururent des suites de leurs blessures. Près de 30 000 furent déportés. Le monde fut horrifié certes, mais pas Chamberlain. Cet «homme de bien» poursuivit les échanges diplomatiques et demeura totalement imperméable au fait qu'Hitler s'était conduit comme un tyran sanguinaire à l'égard de son propre peuple, les Allemands de religion juive. C'est le problème majeur des gens de cette polarité positive qui veulent à tout prix éviter la guerre, la tuerie, les massacres. Une belle attitude s'il en est, mais qui peut rapidement se transformer en impotence et en lâcheté.

— Je n'avais jamais considéré la chose sous cet angle. C'est très déstabilisant comme position.

— Ils sont incapables de voir l'horreur se dégager de l'aura de ceux qui, dans l'autre polarité, n'hésitent pas à accomplir les gestes les plus meurtriers. Mais, pis encore, ils refusent de la combattre. Bref, en mars, Hitler entre à Prague puis envahit la Pologne. Chamberlain lui dit «que ce n'est pas beau de faire ça» et qu'il doit se retirer, mais il cherche à apaiser les choses et personne n'y croit. Finalement, palabres après palabres, Chamberlain lance un ultimatum. Quand il voit qu'il n'est pas respecté, il n'a pas d'autre choix que de déclarer la guerre à l'Allemagne. Mais il est évidemment trop tard. Chamberlain est un homme de paix qui veut la paix, mais il est en guerre avec le pire tyran qu'on puisse imaginer et il se conduit comme une suffragette de province. Du coup, en 1940, c'est le Danemark et la Norvège qui tombent sous les balles allemandes. Chamberlain approuve un plan de guerre qui échoue parce que la guerre n'entre pas dans sa «vision du bien». C'est alors que l'amiral Roger Keyes lui lance cette phrase qui restera dans les annales : «Vous êtes resté trop longtemps ici pour le bien que vous avez fait. Partez et puissions-nous être débarrassés de vous. Au nom de Dieu, partez. » Il ne le fera pas, mais il sera finalement emporté par un cancer du côlon en 1940 et remplacé par Churchill.

— Pétain ne fut guère mieux !

— Lui, c'est différent. Chamberlain était un lâche, mais Pétain était un traître. Il fut jugé et condamné sur cette base, d'ailleurs. Ce personnage devait être fasciné par la polarité négative incarnée par la pensée hitlérienne, sans quoi l'acte exécutif du 4 octobre 1940 faisant des Juifs étrangers des sujets d'internement immédiat n'aurait jamais existé, pas plus que les rafles systématiques de Juifs par la gendarmerie nationale sous le régime de Vichy, dont celle du 17 août 1942 impliquant près de 2000 enfants, et les camps dits de transit dans le département du Loiret, sous la surveillance d'une préfecture de police française extrêmement brutale. Les heures très sombres d'une France à la fois victime et coupable ! Tu sais, le bien n'est pas violent, il est doux, chaleureux et rassurant, mais lorsque le mal se déchaîne, il le fait en tenant compte de ce trait d'innocence. Il s'en prend à ceux qui ne pensent pas au mal et qui sont sans défense. La tyrannie ne s'exerce jamais sur les plus forts.

— Mais alors, qui donc va s'opposer à cette tyrannie si le bien n'en a pas la force ou le courage ?

— Le choix d'une personne, saine de corps et d'esprit, de se nourrir des énergies d'une polarité ou de l'autre n'a rien à voir avec l'excuse classique et universellement réprouvée voulant « qu'on a suivi les ordres » ! Dans les départements des « affaires karmiques », cette excuse-là ne passe pas la douane, crois-moi. Tomber sous les balles de l'ennemi parce qu'on le repousse et l'éloigne de ceux et celles qui, sans défense, meurent sous ses coups est le seul risque à courir quand on appartient à une polarité qui s'élève contre le mal. Einstein a très bien vu ce dérapage du bien : « Le monde ne sera pas détruit seulement par ceux qui font le mal, mais par ceux qui les regardent sans rien faire. »

— La distinction entre ces deux polarités que sont le bien et le mal n'est donc pas une évidence qui saute aux yeux, malgré tout ce qu'on pourrait croire, c'est bien cela ?

— C'est tout à fait vrai. Lorsque les premiers grands Esprits du premier âge ont été créés, ils le furent avec la liberté absolue de choisir leur destin et la manière de le vivre. En réalité, personne ne choisit le mal pour le simple plaisir de choisir cette avenue. Pour la simple raison que ce n'est pas une avenue. Ceux qui font le mal sont le plus souvent persuadés de faire le bien[171] ou, à tout le moins, ils estiment être dans leur droit moral puisqu'ils sont convaincus d'avoir été lésés. Puisqu'à leurs yeux personne ne leur rendra justice, ils le font eux-mêmes. Ils peuvent être profondément convaincus qu'en se débarrassant de certains représentants de la société, ils améliorent celle-ci et en cela font le bien. Tu sais, il y a des gens qui incarnent le mal et d'autres le bien, mais dans ces derniers, il y a de bonnes gens qui tournent la tête par indifférence face au mal, d'autres qui s'enfuient parce qu'ils ont peur et ceux qui se lèvent et s'y opposent.

— Mais alors, docteur ? Docteur Labrie ? Où êtes-vous ?

L'intuition de l'âme et non l'instinct des sens

Mais où est-il, bon sang ? Je m'avance, attiré par un tableau superbe, et je me retrouve au pied d'un escalier de bois. À ma droite, un lac bien de chez moi avec des conifères tout autour, quelques roches grises ici et là et en haut de l'escalier, une grande terrasse et un grand chalet. Des amis à moi ont une installation similaire, mais je ne suis pas chez eux. Cet endroit m'est familier, pourtant je ne parviens pas à m'en souvenir. De toute évidence, on me fait parcourir des endroits... Suis-je mort ?

---

171. Dans son livre *Mein Kamf*, Hitler était profondément convaincu de sauver l'Allemagne d'un destin funeste si l'être vil et diabolique qu'était le Juif n'était pas expulsé du pays.

« Non, loin de là, sois rassuré, tu es bien vivant », fait une voix venant de la terrasse. Je m'y rends.

Elle est là de nouveau avec un faible pour ces chaises... confortables. Jamais je n'aurais cru que je dirais cela un jour, mais Dieu est belle comme il est impossible de la décrire. Son visage est parfaitement et tout simplement divin. Je ne m'habitue pas et je ressens une chaleur dans mon cœur comme jamais cela ne s'est produit auparavant. Je ne suis pas idiot, je sais très bien que je ne suis pas dans mon corps, je vis une expérience extracorporelle solide et carabinée... Mais ce contact furtif et légèrement distant fait en sorte que je pourrais passer les cinq cents prochaines années de ma vie à demeurer assis sur cette chaise jaune canari stupide et à la regarder simplement me dire de petites choses comme : « Il fait beau, tu ne trouves pas ? »

Je m'assieds à côté d'elle cette fois, ce qui me peine, car j'aurais voulu la voir de face. Mais je ne pense pas qu'on puisse dire à Dieu : « Je n'aime pas cette place, je veux changer. » Ce serait inconvenant.

— Oh, tu peux, je n'ai pas disposé les chaises comme cela, je les ai trouvées ainsi. Vas-y, place-toi face à moi !

Je le fais avec un bruit assourdissant. Ces maudites chaises sont lourdes comme du plomb. Enfin, bien assis, le soleil derrière moi, ce qui donne au vert de ses yeux un éclat absolument fabuleux, je reprends ma conversation tout en me souvenant que ce chalet était celui du club de pêche de mon père dans les années soixante, le club des Huit Lacs, que nous avions dans le secteur de Saint-Siméon, dans Charlevoix. C'était du pur bonheur. Elle me regarde avec l'air de celle qui veut en savoir plus. Je lui raconte tout cela, avec émotion. Les heures passent et elle m'écoute comme si j'étais intéressant avec ces souvenirs d'enfance. Je n'arrive pas à croire qu'elle puisse s'intéresser à cela, ce n'est pas possible, c'est tellement banal. Elle sait tout, de toute manière, alors je ne comprends pas, mais ça me fait un bien énorme ! Puis je lui dis à quel point cependant le monde qui est le mien me manque !

C'est alors qu'en agitant le doigt comme le ferait une maîtresse d'école, elle se penche légèrement vers moi. On va changer de registre, je le sens.

— Jean, l'univers visible dans lequel tu évolues est une chose, mais l'autre, ton monde, est autre chose. Les gens de science de ton monde actuel cherchent à comprendre. C'est leur travail, mais pas le tien. N'essaie pas de tout voir, de tout comprendre, ce n'est pas l'objectif de l'incarnation de regarder par le rétroviseur ce qu'il y a derrière. Regarde en avant, c'est là qu'est ton destin. Si tu avais voulu piloter des vaisseaux, commander des unités ou une flotte, visiter des mondes lointains, rencontrer des peuples inconnus sur des mondes plus étranges encore que tout ce que tu peux imaginer, explorer les moindres recoins de ces univers fabuleux, tout cela par le simple pouvoir de ta pensée, tu ne serais pas l'humain que tu es devenu, et tu te serais incarné dans le corps d'un être très grand, blond avec une belle robe blanche cintrée, tu ne penses pas ? Tu as déjà fait tout cela. Je sais très bien que ton Esprit, intrinsèquement, n'a rien à voir avec l'existence actuelle et présente de Jean, pas plus qu'avec celle de tous les humains qu'il a incarnés depuis fort longtemps. Mais pour le moment, tu es Jean, et c'est à lui que je m'adresse.

Elle se penche plus près de moi et, sur un ton de confidence, me dit :

— Derrière cette vie terne, banale et très ordinaire, et dont tu te plains constamment et trop souvent, se cache un très grand mystère. Mais laisse-moi te le rappeler, Jean : on ne se réincarne pas pour des prunes !

Je ne peux m'empêcher d'éclater de rire parce qu'elle me cite, là. Dieu me cite ! Son sourire me fait presque retourner dans mon corps. Je dois me retenir...

— Tu as un bon sens de l'humour, Jean, c'est pourquoi les gens ne craignent pas de te lire. Tu es un bon porte-parole, en somme !

— Un peu limité. Je ne suis pas Coelho tout de même !

— Laisse le temps faire ce qu'il aime bien faire, c'est-à-dire prendre son temps. Tu es l'être humain que tu as choisi d'être en tant qu'Esprit, en tant que partie de moi, tant sur le plan de ses acquis génétiques que des lieux et du moment de sa naissance, puisque ton Esprit s'est donné une mission très particulière, en toute cohérence avec la charge karmique de ses précédentes incarnations. Si ton Esprit avait choisi une mission identique à celle de Coelho, tu serais Coelho, voilà tout. Ce n'est pas le choix de personnalités humaines qui manque, crois-moi.

— Donc, il n'y a pas de hasard...

— Qui donc a dit que le hasard était mon costume d'Halloween ?

— Einstein, je crois, bien qu'il ne l'ait pas formulé comme ça. Bon alors, si je saisis bien, vous n'avez rien eu à dire dans le processus des choix d'incarnation. Vous êtes quand même Dieu, non ?

— Jean, les humains, les créatures vivantes, conscientes et intelligentes, ne sont pas des poteries. Vous n'êtes pas un peu d'argile sur laquelle je souffle pour l'activer, contrairement à certaines rumeurs répandues sur mon compte. Je crée des Esprits d'une totale et absolue innocence. Ils sont entièrement vierges et, en chacun d'eux, je vis leur choix et leur croissance à tout instant. Je te connais, Jean, parce que tu es moi par l'Esprit, et je suis toi. J'ai l'infini plaisir de vivre en tous les Esprits créés depuis bien avant le début du temps et il en sera ainsi éternellement. Je ne fais pas dans la poterie, Jean ! Dès le départ, ton Esprit savait exactement quelle allait être son existence en toi, ce Jean que tu es, comme enfant, comme adolescent et comme adulte. C'est encore le cas maintenant, au moment où ton corps est au repos et que toi et moi sommes près de ce lac qui évoque des souvenirs si rafraîchissants.

— Mais là, ici, en ce moment, je suis Jean ou mon Esprit ?

— Tu vas te rappeler cette conversation parce qu'il doit en être ainsi. Jean va se souvenir de tout cela. C'est ici, l'essence du moment, qui importe ! Le reste n'est que littérature !

— Je sais que nous avons tous une mission à remplir, mais fondamentalement, c'est quoi notre premier objectif ?

— Tu as tout dit sur le Code ! Il n'y a rien à ajouter. Celui qui en demande plus indique clairement qu'il en a déjà trop. Esprit d'abord, humain ensuite ! Je ne désespère pas du genre humain de ta planète. S'il y a du merveilleux chez lui, c'est sa capacité de sourire, d'être heureux, mais surtout de rendre les autres heureux autour de lui, même quand sa vie semble naviguer sur des eaux très calmes, selon lui ennuyeuses, ou dans l'orage et la tempête. Te rends-tu compte que l'humain, animal en soi, parvient à sourire et à s'émerveiller uniquement parce qu'il est habité par un Esprit ? Es-tu en mesure d'apprécier le miracle qui se produit dès l'instant où vous ouvrez l'œil le matin et le bon ? Ce n'était pas faux de dire que « tout ce que vous faites pour les autres, vous le faites pour moi », tu sais. C'est alors qu'une pensée germe dans votre esprit pour l'autre ! L'autre, c'est toi, même si pour l'humain que tu es, cela n'a aucun sens. Et je vois ton monde grandir un peu plus.

— J'imagine que ce rôle est défini par une loi universelle à laquelle nous sommes tous soumis. En tant qu'humains, nous sommes Esprits d'abord et l'Esprit est soumis à l'incarnation, un passage obligé pour tous les Esprits provenant de la source primordiale et destinés à l'évolution, par opposition aux Esprits purs qui ont été créés parfaits, comme les anges. C'est bien cela ?

— Ah, mes anges ! Dès votre naissance en tant qu'Esprits, vous évoluez ainsi dans la chair, d'une existence à l'autre et ce parcours est éternel. Mais lorsque, enfouis dans la matière dense de l'existence, particulièrement celle d'un humain de cette planète, vous oubliez l'essence de l'Esprit, vous vivez à partir de l'intuition de l'âme tout comme l'animal vit à partir de l'instinct des sens. Mais ce que l'Esprit et l'humain ont en commun, c'est que peu importe qu'ils sachent ou pas, le navire de la vie n'atteindra pas l'autre rive plus rapidement ou plus lentement. Et ne pas savoir est ce qui fait de l'humain une créature absolument exceptionnelle et remarquable dans tout le cosmos. Il navigue sans voir, sans comprendre, mais il le fait tout de même. C'est Ulysse le héros, pas les dieux de son univers.

— Et si une vigie descend sur le pont et raconte aux marins que la terre est tout près et qu'ils peuvent dormir en paix?

— Tu fais cela depuis des décennies, Jean. Toi et tant d'autres vigies. C'est votre mission. Mais les hommes n'écoutent pas les vigies, qui n'existent que dans les nuages. Ils écoutent ceux qui ont des cartes, qui étudient la mer et les étoiles, et c'est très bien comme cela, car autrement le navire pourrait s'échouer. Les marins n'ont pas à tout savoir et à tout voir, ils sont là pour apprendre à naviguer, à maîtriser leurs peurs et à avoir foi en leurs capacités de faire ce voyage sains et saufs. Mais rien n'interdit qu'ils entendent de temps à autre la voix qui crie dans le vent: Terre! Terre! Terre!

— Donc, lorsque nous passons d'Esprits à humains par l'incarnation, c'est un geste volontaire, conscient, voulu, et nous savons à quoi nous attendre!

— Oui, entièrement! C'est alors que la lutte farouche pour la survie commence, dans l'oubli absolu de sa nature, et cela fait partie de l'entente qui existe entre toi et moi. Les règles changent du tout au tout selon qui est qui. D'infini, tu deviens fini et tu n'as plus qu'une poignée de décennies devant toi, si la santé de ton corps est au cœur de cette incarnation. Auparavant insensible à la faim et à la soif, ton existence même en dépend à présent. Tu étais insensible à la douleur, tout ton environnement peut maintenant en devenir une source. Hier subtil plus encore qu'un petit courant d'air, te voilà sujet à la gravité. Tu te sens lourd comme du plomb et maladroit et, pis encore, tu l'es vraiment! La maladie, un concept qui n'existe pas au Royaume de l'Esprit, t'afflige. Chacun de tes gestes a des conséquences, parfois lentes à venir ou subites comme l'éclair. Tu sais instinctivement que tu n'es pas chez toi, qu'ici ce n'est pas ton monde. Tu as l'impression d'avoir été trahi. Dès que tu sors du milieu plutôt neutre du ventre de ta mère, tu hurles ton désespoir au monde entier! En tant qu'humain, tu regardes par le tout petit bout de la lorgnette et, encore là, tu n'aperçois que le visible, comme ce marin qui ne voit que l'eau puisque sur le pont, c'est tout ce que lui offre l'horizon. Et le visible n'est qu'une ombre fugace ; le visible en soi n'est rien. Si tu savais, en tant qu'humain, seulement un tout petit peu, si tu pouvais avoir un aperçu d'une parcelle d'infinité, tu serais ébloui, aveuglé, consterné et confus. Si tu pouvais simplement te souvenir de qui tu es ! C'est le but ultime de l'incarnation. Je suis le Verbe qui se fait chair à la recherche de ma nature et de retour à la source de qui Je Suis. Nous sommes Un et le Tout depuis la plus petite des particules non encore découverte jusqu'à la Trinité divine.

Les pinsons de la Divine Mère

Son visage redevient sérieux et elle pose son regard sur le paysage autour de nous. Un petit oiseau beige très ordinaire avec un peu de blanc vient se poser sur sa main.

— Vous êtes tous là à penser que l'univers s'est formé tout seul, avec des molécules gazeuses qui se sont jointes l'une à l'autre sous l'effet de la gravitation dans une danse lascive, tournoyant jusqu'à devenir soudées, propulsant des gerbes de feu, ravalant limon et rochers, déversant des cataractes d'eau du ciel, et toute en vapeur comme une planète qui sort de la douche, s'essuyant pudiquement le corps pour faire papillonner ses nuages dans un ciel bleu rempli de promesses de vie, après le passage hasardeux de comètes de glace empoussiérée. Et c'est Tyché[172] qui aurait tout bonnement orchestré ce chaos *ad infinitum*, de sorte qu'un jour des hommes avec leur tablette puissent programmer leur long weekend de Pâques à Las Vegas, à New York ou à Paris ? Je vais te parler des pinsons, moi !

— Des pinsons ?

— Comme celui-ci.

Il picore maintenant l'accoudoir où se trouvent des trucs qui n'y étaient pas, mais bon...

---

172. Déesse grecque du hasard.

— Tu connais Darwin? Cet Esprit incarné en ce drôle de bonhomme aux manières un peu rudes a noté que les pinsons d'une des îles Galápagos avaient un gros bec très épais et très dur, alors que les pinsons d'une autre île pas très loin de là avaient un long bec, mince et effilé. Le même oiseau avec deux becs différents.

Celui sur sa main se repositionne comme s'il savait qu'elle parle de lui.

— Darwin a ratissé les deux îles et s'est rendu compte que la seule nourriture disponible des gros becs était une graine très résistante, alors que sur l'autre île, c'était une variété de fleurs de cactus très riche en suc et en pollen à la corolle profonde. Ces deux oiseaux ont donc adapté leur bec à leur environnement. Un jour, il publia tout ça et les humains purent découvrir que je ne les avais pas créés tout beaux, tout propres, comme cet Adam de leur mythologie, mais qu'ils venaient d'une lente évolution depuis une toute petite cellule devenue plus tard un tout petit mammifère, l'aegyptopithecus, et petit à petit un grand singe. Laisse-moi te dire que c'était plutôt affolant dans les églises, les temples et les mosquées...

— Oui, mais vous disiez tout à l'heure que vous n'aviez que pensé...

— Non, attends, je n'ai pas fini.

Elle éclate d'un rire franc.

— Il n'y a pas que Darwin, tu sais. Les scientifiques de ton époque confirment jour après jour que les animaux, pas tous, mais certains, vont modifier de petites choses sur eux pour s'adapter à leur environnement. Figure-toi qu'il y a des souris beiges qui sont devenues toutes noires en Arizona, parce qu'après des éruptions volcaniques, le terrain sur lequel elles évoluaient n'était plus une prairie jaunâtre desséchée, mais une croûte sombre anthracite. Et les scientifiques ont découvert que ces deux souris, la beige et la noire, avaient le même ADN et les mêmes gènes. Comme les pinsons. Tu savais cela? Elle s'adresse au pinson qui remue ses plumes.

— D'où venait la couleur noire dans ce cas ?

— J'ai pensé à tout cela ! C'est un interrupteur qui est actionné ou pas. Mais il y a une question à laquelle les humains n'arrivent toujours pas à répondre, même si depuis Darwin ils ont découvert un tas de choses fascinantes les concernant.

Je me suis penché vers l'avant en pointant le pinson, qui s'est décidé à picorer je ne sais quoi sur l'accoudoir de la Divine Mère.

— Comment ce pinson peut-il, avec sa petite cervelle d'oiseau, commander à un interrupteur génétique de se mettre à *on* juste au bon moment ? Et déjà comment peut-il savoir qu'il a un interrupteur, un ADN et un gène de couleur différente ou un bec plus effilé ? La réponse classiqu, c'est toujours la même : la nature ! Alors, la vraie question est : qu'est-ce que la nature ?

Je suis assez fier de moi ! Elle sourit à pleines dents et fait quelque chose de mignon avec son nez. Grands dieux, c'est comme la Sorcière bien-aimée ! Je rêve ou quoi ?

— La nature, c'est moi.

Elle rit.

— Mais c'est moi par l'intermédiaire de très anciens Esprits que j'ai créés pour superviser l'évolution : les Esprits du Service. Des êtres magnifiques et sublimes qui travaillent sans relâche au service de ce que vous appelez la nature[173]. En fait, je pense que tu ne me croirais pas tant il y en a ! C'est complexe comme système, autant que tu sois prévenu. Sache aussi que je suis également le pinson, même s'il n'en a pas conscience. J'aime bien être un pinson ! Elles sont très bonnes, ces graines, c'est du carthame des teinturiers ou faux safran, et ce n'est pas un pinson celui-là, mais une mésange !

---

173. Les Hindous leur ont donné le nom de devas. Chez les Grecs, on peut penser qu'il s'agit des sylphes, des nymphes, des faunes, *etc.* Ce sont aussi les elfes et les gnomes des mythologies celtique et nordique.

— Alors, mon Esprit est aussi en partie ce... cette mésange?

— Un le Tout! Oui, et je vais te dire quelque chose que peu d'humains savent. Alors, écris cela dans ton compte rendu de nos rencontres. Tes congénères se croient très forts et lorsqu'ils ont réussi à décoder le génome de l'humain en entier, ils s'attendaient à trouver près d'un quart de millions de gènes tant ils se pensent une espèce supérieure. Sais-tu combien de gènes ils ont trouvés?

La Divine Mère me pose des questions et joue aux devinettes avec moi. Je dois rêver!

— Je ne sais pas... 100 000 ou 150 000?

— 25 à 30 000!

— C'est très peu, il me semble!

— Un poulet en a 23 000 et certaines plantes exotiques en ont de 50 à 60 000.

— Ouche! Ils n'ont pas dû aimer ça. Cela signifie en gros...

— ... que ce qui fait la très grande supériorité de l'homme par rapport à un poulet ou à une plante exotique ne relève pas de sa séquence génétique supérieure ou de sa réalité physique supérieure ou de son cerveau, moins développé que celui d'un dauphin. Les scientifiques de ton monde qui ont fait ce constat étaient consternés. J'ai choisi l'humain pour m'incarner en toute conscience. La belle plante verte ou le poulet n'ont pas cette conscience d'exister et moins encore la possibilité de faire des choix. La différence est là.

— Oui, évidemment, ni les plantes ni les animaux ne font de choix.

— Ils n'ont pas un Esprit personnalisé, sans quoi ils parleraient, écriraient, compteraient, prendraient leur destin en main et seraient dotés du libre choix. Jean, rappelle-toi : Un le Tout! Mais même si tout est Un, parce que c'est dans la diversité que s'exprime l'amour que j'ai pour la vie, j'ai choisi certaines créatures dans les univers existants pour m'épanouir en toute conscience de qui Je Suis, dont les humains. Sur ta planète. Nous ne parlerons pas de ce qui existe ailleurs. Pour le moment !

— En ce moment même, vous êtes avec moi, mais vous savez ce qui se passe partout ? Je sais : « Dieu est partout. » Mais je veux comprendre.

— Je n'ai pas à courir partout comme si j'avais une trop grosse journée devant moi, tu sais, me dit-elle avec son sourire ravageur et un pétillement dans les yeux qui me fait presque perdre l'équilibre. Je suis tout ce qui Est. Toi-même en tant qu'Esprit, au cours de cette éternité qui s'étale devant nous. Là, maintenant, je suis assise avec un petit homme et je lui parle des pinsons de Darwin !

Oh ! C'est quoi cet endroit ? Je pense m'en souvenir, mais ça sort tout droit de mon imaginaire, c'est ça ?

Sur Mistra

— Quand tu parviendras à te souvenir de tout ce que tu as fait comme Esprit, dans toutes ces missions au cours desquelles tu t'es incarné, tu ressentiras plus encore ce qu'« Esprit d'abord » signifie !

— Quand même, nous sommes sur Mistra, une planète que j'ai décrite dans mon roman *L'Esprit de Thomas* ou *Les coulisses de l'infini*. Tous ces enfants qui volent dans les airs, ce sont les enfants d'Hion. Ça n'existe pas vraiment !

— Ce monde de ta création attend que tu prononces ta conférence ou que tu répondes à ses questions. Regarde, tous ces enfants d'Hion, s'ils finissent par se poser avec leurs parents, les autres notables de cette planète vont entendre Goav, le Djar de Mistra et d'Onève. Vois, ils sont tous réunis dans la prairie devant nous, là sur le flanc de la colline et plus loin aussi ; certains sont sur les eaux. À toi la parole maintenant. Mais je vois une petite main qui s'agite. Ce doit être une question.

Je peux entendre la voix mielleuse d'une jeune femme que je ne vois pas.

— Pour vos recherches, en tant qu'humain, vous parlez souvent d'auteurs qui sont connus pour des ouvrages de fiction. Vous-même d'ailleurs êtes l'un d'eux. Les gens sur la Terre doivent penser que ce n'est pas crédible. Comme citer Tolkien, par exemple.

— Bien sûr que j'honore leurs écrits. Ils sont les découvreurs de l'autre rive. J. R. R. Tolkien est l'un des auteurs les plus enivrants, les plus inspirants qui soient, pas tant pour sa trilogie du *Seigneur des anneaux* et du *Hobbit*, qui sont de véritables chefs-d'œuvre, que pour cette mythologie complète qu'il a créée à partir de son vécu psychique lorsqu'il a parcouru, en «vol de nuit[174]», les lieux les plus enchantés en toute conscience et en a ramené des images et des noms fabuleux[175] qui stimulent la conscience à s'élever au-dessus de la perception d'humain. Tolkien a donc écrit à partir de son vécu métaphysique, de ses expériences personnelles dans le domaine des Esprits. Il n'est pas le seul ; ils ont tous fait cela autant qu'ils sont. C'est ainsi qu'ils sont les auteurs inconnus des mythologies celtique, germanique, nordique, scandinave, égyptienne, chinoise, perse, grecque, etc.! Ces auteurs de *L'Edda poétique*, du *Veda*, de *L'Avesta*, de *La liste royale sumérienne* où on retrouve notamment *L'épopée de Gilgamesh,* puis ceux du célèbre *Mahâbhârata* et du *Rāmāyaṇa*, sans oublier les rédacteurs de la bible maya, *Le Popol Vuh,* ou Homère dont on dispute encore l'existence et qui serait dès le VIe siècle av. J.-C. le père de *L'Iliade et l'Odyssée.* Il en va ainsi de tous les grands auteurs classiques, aussi bien d'Occident que d'Orient, qui ont transmis ces grands récits : Ovide et ses *Métamorphoses,* les auteurs, le plus souvent méconnus, qui ont écrit *La légende des Nibelungen* ou les grandes histoires celtiques comme *Arthur et la Dame du Lac, Galaad, Le Graal,* puis *La ville d'Ys* engloutie par les flots, ou *Le joueur de flûte de Hamelin.* Bien que classés comme récits de «canalisations», on ne peut passer sous silence les étonnants textes d'*Oashpe* et du *Livre d'Urantia.* Tous

---

174. Expression de l'auteur pour parler des sorties extracorporelles et clin d'œil à un grand écrivain, Antoine de Saint-Exupéry.

175. *Le Silmarillion.*

ces grands récits sont l'histoire réelle de notre monde, à la fois dirigé et contaminé par des dieux présumés venant des quatre coins de l'univers.

— Et les auteurs plus récents aussi ? demande une autre voix.

— Oui, absolument. Ceux qui viendront plus tard avec ces contes étranges, dont ceux des frères Grimm, ne sont pas sans rappeler les plus récents, en effet. Leur modernité n'enlève rien au caractère spirituel de leurs personnages, qui sont bien au-delà de l'inspiration, ce mot inventé par ceux qui n'ont pas eu ces occasions remarquables. Ces auteurs ont vécu plutôt qu'imaginé ces mondes fabuleux.

— Qui sont-ils ?

— C. S. Lewis, l'auteur des *Chroniques de Narnia* ; J. M. Barrie, l'auteur de *Peter Pan* ; *Le magicien d'Oz* lui-même, L. Frank Baum ; Lewis Caroll et son *Alice au pays des merveilles* ; George Lucas et sa *Guerre des Étoiles* ; Frank Herbert et *Dune* ; Gene Roddenberry et *Star Trek* ; Philip Pullman et son magnifique *Golden Compass*. La liste est longue, mais le maître incontesté de tous demeure J. R. R. Tolkien.

— Pourquoi Tolkien spécifiquement ? demande un curieux être velu.

— Il suffit de parcourir les toutes premières pages du *Silmarillion* pour s'en rendre compte. À lui seul, passionnément, il a rédigé une véritable mythologie extrêmement sophistiquée, complexe, cohérente et remplie de personnages absolument remarquables et innombrables. Tolkien était un phénomène en soi. Il a commencé l'écriture du *Silmarillion* en 1910 et n'avait pas terminé lorsqu'il est mort en 1973. Une telle aventure n'est plus du roman, c'est du grand reportage dans l'invisible ! Après une introduction de type cosmogonique et une présentation de celui qu'on peut considérer comme Dieu, Iluvatar, il introduit les dieux et les déesses appelés les Valars, qui gouvernent le monde. Il fait ensuite le récit des tribulations et des exploits des elfes qui sont, en somme, les premières créatures jusqu'à la chute de Melkor ou Morgoth, un Valar dont l'orgueil et l'envie ont précipité sa chute en tant que premier Seigneur des ténèbres. Le reste du livre s'attache à la gloire et à la chute des humains qui sont venus après les elfes. C'est dans *Le Silmarillion* qu'on découvre l'origine des personnages qui seront au cœur du *Hobbit* et du *Seigneur des anneaux,* dont Sauron, Galadriel et plusieurs autres. On pourrait penser que Tolkien n'a fait que copier son Morgoth du Lucifer de la *Tradition,* mais une étude minutieuse montre qu'il n'en est rien. Cela va bien au-delà de la simple inspiration littéraire. Maintenant, ces mêmes dieux de l'ancien monde sont les Lyriens, les Végans, les Siriens, les Andromédiens, les Réticuliens, les Pléiadiens, les Draconiens, en cheville les uns avec les autres ou s'opposant avec férocité. Et la Terre est prise entre ces dynamiques.

— Vous nous donnez le goût de rencontrer toutes ces créatures !

— J'ai étudié de près de nombreuses mythologies, une grande quantité de récits épiques, d'aventures, de contes et de légendes au cours de mon existence, mais jamais comme Tolkien a pu le faire. J'ai été grandement impressionné par la résonance de la cosmogonie d'Urantia, de Thor et de Loki en Asgard, d'Enki et d'Enlil auprès de peuples qui allaient devenir les Sumériens et, assez curieusement, comme dans *Le Silmarillion* de Tolkien, sans doute parce qu'il a transcendé le mot pour atteindre l'essence de chacun des êtres qui peuplent son récit. Mais une chose est sûre, tous ces écrits issus apparemment de l'imaginaire sont le reflet de cette réalité qui malheureusement est toujours sous le contrôle...

Je vois une femme s'avancer vers moi. Son visage est un peu dur, mais rieur. C'est elle ! La Divine Mère !

— J'ai quelqu'un à te présenter, me dit-elle avec un drôle d'air. Nous sommes de retour sur le radeau.

— Oui, d'accord. Qui est-ce ?

Je m'apprête à m'asseoir, mais je panique intérieurement.

— Je ne crois pas que tu vas apprécier, me répond-elle en redressant la tête, l'air sérieux cette fois. Elle pose sa main sur le dossier de la chaise, mais ne s'y installe pas. Je me fige. Quand la Divine Mère te dit que tu ne vas pas aimer, ce n'est pas très rassurant.

— Tu viens de parler de Morgoth. Eh bien, c'est lui que tu vas rencontrer. Celui que tu nommes Bel !

Je ne réponds pas. Je suis terrifié, cette fois. Lucibel, Avernius, le Prince de ce monde ! Je n'ai aucune envie de le rencontrer, celui-là. Déjà qu'il m'a soufflé sur la nuque en 2002 à Montebello, sans parler de ce qu'il m'a fait subir dix ans plus tard[176].

---

176. *Ce dont je n'ai jamais parlé*, Éditions Québecor, et *Esprit d'abord, humain ensuite*, Éditions Québec-Livres.

CHAPITRE HUIT

L'insidieux

Il était une fois la Terre envahie !

Il y a de cela extrêmement longtemps, à l'époque d'une planète déserte ou presque, souffrant des mille maux de la naissance, à peine extirpée d'un bouillon de lave et de glace en éternelle contradiction, une flottille de vaisseaux venant d'une très lointaine galaxie apparut dans le ciel.

Cette planète faisait partie d'un très vaste système et était aimablement disputée par de nombreuses factions. Imaginez, par exemple, un petit canton, comme on les appelait autrefois, qui mesure environ seize kilomètres de long. Et que ce canton fait partie d'un ensemble de la dimension de notre système solaire actuel. C'est donc un tout petit monde de rien du tout à l'intérieur d'un autre, dont la taille est approximativement de vingt milliards de kilomètres. Ça dit tout. Mais en fait, cela ne dit rien, parce que les humains sont incapables d'imaginer une distance supérieure à douze mille kilomètres, et là encore, ils doivent tourner en rond, parce que le diamètre de la Terre est la limite de leur monde connu, en supposant qu'ils aient déjà parcouru cette distance au moins une fois dans leur vie. Ce que j'essaie de dire, c'est qu'autrefois la Terre n'était rien du tout, inintéressante, ennuyeuse, et vide d'à peu près tout.

Mais un jour, comme je commençais à vous le dire avant que je m'interrompe moi-même, quelque chose d'absolument fabuleux survint. Parmi les grands singes velus qui parcouraient les plaines d'une région de l'hémisphère Sud jaunies par un soleil écrasant et hantées par de féroces carnassiers de la taille de nos plus grands lions, qu'on affuble aujourd'hui du nom de *smilodon neogaeus,* se trouvait une créature totalement différente des autres. Quelque chose était survenu la veille. Laissez-moi vous raconter.

La créature velue, au visage simiesque, entièrement nue, arborait une mâchoire puissante. Son ossature était fort bien développée, son front plutôt bas. Elle n'avait presque pas de menton et devait mesurer à peine un mètre cinquante-cinq. Donc la veille, s'étant isolée des autres pour mieux chasser quelques proies, elle alimentait un feu avec précaution, coupant des branches avec son biface. À ses côtés gisaient les restes de petits animaux. Au-dessus de sa tête, le ciel obscur brillait malgré tout de mille feux, mais elle prenait rarement le temps d'en observer le spectacle. À cette époque, la survie nécessitait une attention de tous les instants.

Elle se releva et se tint debout. C'était une des premières de sa race à le faire, mais elle fut toutefois distraite par un immense trou noir dans ce même ciel occultant les étoiles. Elle ne pouvait en mesurer le diamètre, son petit cerveau étant incapable d'une telle notion, mais elle laissa échapper un grognement indiquant un malaise évident. Où donc étaient passés les milliers de petits points lumineux ? Et pourquoi en disparaissait-il encore plus, maintenant que son regard tentait de percer cette forme aussi obscure qu'étrange ?

La sécurité relative des hominidés de l'époque reposait largement sur le connu, le familier. Le moindre changement devenait un signe de danger mortel, et ce signe-là était plus que la créature ne pouvait tolérer. Abandonnant son repas, elle se mit à courir.

Mais en vain !

Le lendemain, elle n'était plus la même. Elle avait changé. Après plusieurs semaines, son comportement devint à ce point aberrant aux yeux des autres que le chef du clan lui ouvrit le crâne durant son sommeil avec une lourde pierre, afin de ne plus avoir à composer avec sa conduite bizarre. Ce meurtre indiqua aux autres comment se débarrasser d'un problème, et cela allait très rapidement devenir une tradition populaire au cours des centaines de milliers d'années qui viendraient. Mais n'allons pas trop vite et revenons à notre malheureuse victime.

Elle ne fut pas la seule. De partout, les premiers humains primitifs sur Terre pouvaient les voir dans le ciel, par centaines et par milliers. Ces formes étranges et très diverses déversaient sur le sol des créatures comme jamais ils n'en avaient vu auparavant et qui ne leur ressemblaient pas du tout. Ils avaient pu noter que s'ils s'en approchaient un peu trop, ils étaient frappés d'une douleur cuisante au corps. Ils s'enfuyaient, se promettant de les éviter autant, sinon plus, que les smilodons et les grands ours cavernicoles.

Mais un jour, tout changea. Ces créatures venant du ciel n'étaient en fait que des êtres humains très avancés ayant vu le jour sur de lointaines planètes, des centaines de milliers – ou de millions – d'années plus tôt. Elles étaient passées du stade de chasseurs-cueilleurs simiesques à celui d'explorateurs de l'espace depuis plus longtemps qu'une mémoire physique peut en permettre le souvenir. Certaines étaient là pour rester, d'autres ne faisaient que prendre ce dont elles avaient besoin et poursuivaient leur route. La Terre n'était pas en quarantaine à cette époque et aucune mesure spéciale n'avait été prise en raison de la présence d'une civilisation quelconque. C'est un peu comme les Européens l'ont fait avec les Amériques. Ils sont venus, ils ont vu et ils ont pris ce qu'ils voyaient. «Ce qui est en haut...»

De petite planète insignifiante, la Terre commençait à prendre des allures de cirque ici, de marché public là. Des mines apparurent, des campements militaires, des fortifications et assez rapidement des petites villes en construction. Avec le temps, la Terre fit l'objet de visites de plus en plus nombreuses et incessantes. Le territoire fut envahi par tant d'espèces extraterrestres qu'il fallut déterminer des zones d'occupation et établir une certaine forme de gouvernance.

Les ressources minières, l'eau potable, le bois d'essence rare, les plantes riches en éléments et la faune domesticable représentaient un potentiel extrêmement intéressant pour des appétits beaucoup plus complexes et diversifiés que ceux auxquels nous sommes habitués de nos jours. Il existe des mondes où le plomb, la bauxite ou des composés comme le nitrate de sodium ont plus de valeur que l'or ou les diamants ici. Il faut comprendre ce qu'était la Terre à cette époque. L'eau de mer représentait aussi un potentiel énergétique fort intéressant, bien plus important que ce qu'est le pétrole pour nous, peuple encore primitif et n'ayant pas même atteint le premier barreau de l'échelle d'évolution universelle de Kardashev.

Pour éviter des rapprochements susceptibles de causer des conflits, voire des engagements guerroyants et on verra pourquoi, certains s'installèrent sous terre, comme c'était le cas dans leur monde d'origine, d'autres sur la Lune, sous sa surface ou sur des lunes pas trop éloignées dans le système solaire, sur Mars bien entendu et même sur et sous les Lunes de Mars, spécialement aménagées à cette fin. Alors survint de nouveau la guerre de Cent Ans. Sur terre, elle s'est déroulée de 1337 à 1453 entre Anglais et Français. Une guerre interminable et stupide ponctuée par l'épouvantable épidémie de peste de 1347 à 1352. Ce genre de situation n'est autre que le reflet sur Terre de ce qui s'est passé dans le Ciel !

Dans l'univers connu, depuis des centaines de millions d'années sévit une guerre extrêmement complexe avec ses hauts et ses bas, ses étonnantes défaites, ses incroyables victoires, d'un camp comme de l'autre, camps si divisés qu'il est inutile de tenter de s'y retrouver.

Les conséquences se firent sentir lourdement sur Terre. Des conflits par procuration survinrent qui modifièrent pendant des éons le comportement des envahisseurs, entre eux bien sûr, mais également envers nous, les premiers humains indigènes. C'est un peu le scénario qu'a présenté L. Ron Hubbard, le fondateur de la scientologie, dans sa trilogie *Battlefield Earth*[177]. Il la situe dans l'avenir de notre monde. Mais si c'est une vision qu'il a eue, c'est celle de notre passé fort lointain.

Très rapidement, les humains, encore au stade d'hominidés, connus sous le nom d'*homo erectus,* devinrent des esclaves, mais aussi des sujets fort appréciés pour toutes les expériences de modifications génétiques très prisées par toutes les cultures extraterrestres de l'époque. Tenter de créer une meilleure espèce n'est pas un désir récent et n'est pas seulement le fait de chercheurs perdus dans le nord de l'Écosse batifolant avec des brebis. C'est une idée fort ancienne qui se perd dans la nuit des temps et qui était très avancée et extrêmement courante.

Cela occasionna l'apparition d'humains réussis, mais stériles ; d'autres, de couleurs différentes avec des dispositions adaptées aux besoins de leurs maîtres ; d'autres encore, immenses et plutôt inutiles. Il y eut aussi des créatures plutôt hideuses, parce que ratées, qu'on laissa errer avec indifférence[178]. Parmi les envahisseurs se trouvaient des espèces non humanoïdes capables malgré tout de supporter notre atmosphère et d'autres qui devaient se protéger par des scaphandres appropriés, ce qui leur donnait l'allure de véritables monstres. Durant les années 1980, j'ai eu l'occasion unique de me trouver face à l'un d'eux : il portait une tenue rouge foncé qui me donnait l'impression d'être soufflé de l'intérieur, avec un casque de même couleur et de forme oblongue. Au centre de celui-ci, il y avait un cercle d'environ trois pouces qui projetait devant lui un rayon lumineux jaune avec lequel la créature semblait scanner l'environnement. J'allais dire qu'il ressemblait à un cyclope... Je ne suis pas le seul. D'autres humains modernes s'y sont laissé prendre[179].

---

177. Les deux premiers tomes ont fait l'objet d'un film du même nom mettant en vedette John Travolta.
178. Certains croient que le yéti et le sasquatch en sont les descendants.
179. La célèbre affaire Allagash.

Ces étrangers, non humains, avaient parfois la tête d'un oiseau à long bec ou de félins aux yeux et au museau de chat. Bien longtemps après, on fera de ces derniers spécimens des divinités comme Thot ou Bastet[180]. Il y eut des hybrides à partir d'hybrides et des métissages à répétition sur des milliers d'années. Cela me fait sourire quand on me dit que les Gris et les Annunakis nous ont modifiés! Mais à quoi pensent-ils, ces gens-là? Qu'il n'y a que deux clients par siècle qui entrent au centre commercial géant de l'histoire de nos humanités respectives? Tout cela finit donc par créer des monstres, qui ont disparu de nos mémoires, mais pas de nos mythes et légendes ou de notre inconscient archétypal. Comme nous l'avons dit, la provenance multiple des semences extraterrestres est à l'origine de nos races, mais également des attributs très particuliers de certains humains, comme on l'observe lorsqu'un touriste finlandais, un colosse de deux mètres, se balade dans les sentiers menant aux villages pygmées du Congo habités par de petits hommes frêles de moins d'un mètre cinquante! Des modifications génétiques sur des centaines de milliers d'années finissent par laisser des traces, mais avec le temps, tout cela se stabilise.

Un jour, la grande majorité de ces envahisseurs partirent. De très violents cataclysmes associés à d'étonnantes périodes glaciaires, incontrôlables malgré les fabuleuses technologies, allaient rendre ce monde temporairement inhabitable ou, à tout le moins, peu amène. Et cette guerre dans le ciel qui commençait à se rapprocher éloigna l'activité extraterrestre pour un bon bout de temps.

Il y eut de formidables désastres, des continents disparurent, d'autres émergèrent des eaux, des montagnes se formèrent, des îles virent le jour et quand la Terre cessa de vibrer, ce qui demeurait en vie, humains, non humains, animaux et plantes, finit par s'adapter. Le peu d'envahisseurs qui restait se mit hors d'atteinte des humains, toujours primitifs. La Lune,

---

180. Ou un film comme *Avatar*.

Mars, les fonds océaniques et l'intérieur de grandes montagnes étaient devenus des repaires sûrs.

Il n'était plus question de représenter parcimonieusement les intérêts des grandes factions extraterrestres impliquées dans le contrôle du système auquel la Terre appartenait. Ils ont procédé un peu comme nous le faisons en laissant des avant-postes militaires plus ou moins importants en Afrique, en Afghanistan, à Chypre et ailleurs dans le monde.

Quant aux survivants humains, leur existence ne tenait qu'à un fil. Les grandes migrations débutèrent et, avec le temps, s'effilocha la mémoire des envahisseurs et des visiteurs qui devint celle des dieux, des bons comme des méchants, qui un jour ressurgiraient dans le panthéon plus complexe de leurs descendants. Cette humanité devenue multiraciale dont nous sommes issus conserve un souvenir ténu, extrêmement lointain et pas toujours rassurant, de ces visiteurs et envahisseurs. Nous sentons instinctivement qu'il est préférable de s'en méfier, de s'en tenir éloignés. Et voilà que depuis soixante ans ils seraient de retour, mais cette fois de façon extrêmement discrète. Ils ne semblent pas hostiles ou alors ils cachent bien leur jeu. Qu'en est-il de leur guerre de Cent Ans? Terminée, sur le point de l'être? Ils se montrent très peu, mais semblent fascinés ou inquiets par l'escalade d'une technologie humaine toute nouvelle et très menaçante: l'arme nucléaire.

L'information parvint aux grands Conseils disparates et eux-mêmes souvent en conflit les uns avec les autres. Quel sort réserver à tel monde ou à tel autre et, bien sûr, à cette planète, où se meuvent des centaines de millions d'humains pas très évolués dans un fouillis sans contrôle? Voilà un monde oublié qui soudainement pourrait devenir une menace ou un problème. De nouvelles dispositions sont prises, des postes supplémentaires sont mis en place. Une activité fébrile éveille tout à coup l'attention des humains, mais ils sont si faciles à manipuler que très rapidement l'activité extraterrestre peut se poursuivre presque en plein jour, sans inquiétude. Ceux qui les voient et en parlent sont discrédités. Ils n'ont aucune chance. Un nouveau programme de modifications génétiques beaucoup mieux encadré et visant des objectifs précis est mis en place. Le contrôle de la Terre par des factions hostiles s'amenuise et l'influence de leur grand maître absolu s'effrite. J'y reviendrai. C'était il y a plus de soixante ans, en 1945, en pleine guerre mondiale.

Quelque chose d'extrêmement grave et sérieux s'est produit parce que depuis cette date, les choses vont en s'accélérant. Un nouveau cycle s'annonce, nous dit-on. Les choses commencent à changer radicalement, voire à basculer, mais dans le bon sens, cette fois! De très grands évènements seraient survenus depuis soixante ans, dont ce retour discret auquel j'ai fait allusion, mais cette fois la balle est dans notre camp. Nous aurions retrouvé graduellement les capacités psychiques de modifier notre environnement, une faculté innée de notre espèce et qui nous avait été retirée il y a très longtemps après ces horribles procédés de modification en profondeur de notre ADN. Et dire qu'on veut nous faire croire que nous avons été chassés du paradis pour une histoire de sexe entre une pauvre femme et un reptilien.

Les effets se dissipent maintenant, et ce, grâce à de nouvelles modifications dans la lignée descendante de presque tous les humains depuis le début du XXe siècle. De plus, des Esprits très élevés s'incarnent en grand nombre depuis quelques siècles, et le mouvement s'accélère. Leur présence parmi nous exerce une pression énorme sur le tissu ou la matrice de notre réalité, l'obligeant à s'élever constamment. Serions-nous enfin libres? Notre quarantaine serait-elle terminée ou sur le point de l'être?

Les écrits de la *Tradition*

Ils sont maintenant presque tous traduits: la Kabbale, l'hermétisme, l'illuminisme, la théosophie, sans parler du *Bardo Thödol*, *Le livre d'Enoch*, les évangiles apocryphes dont ceux de Judas, de Pierre et de Madeleine, la *Pistis Sophia* et l'ensemble de l'œuvre des évangiles du gnosticisme, le tasawwuf islamique et bien plus encore. La lecture en est ardue. Mais la genèse de notre monde est là, en toutes lettres.

Porteur de lumière, Bel a refusé de croire au projet divin de faire de l'humain le réceptacle corporel de l'Esprit, le consacrant aux yeux de Dieu, de la Divine Mère et de l'ensemble des univers. Il y eut donc une révolte, une rébellion dans le ciel. C'est une lutte de pouvoir provoquée par une entité supérieure qui réclame depuis des éons que l'homme soit radié de la face des univers parce qu'il n'est pas digne d'accueillir un Esprit à part entière et de fusionner un jour avec le Un. Selon cette entité, le monde est divisé entre les immortels et les mortels, et cette espèce d'hybride incongru n'est qu'une anomalie, une erreur grotesque, un projet malsain. Pas plus qu'on souhaite que des rats deviennent humains, Bel ne veut voir un humain devenir Esprit.

Que s'est-il vraiment passé depuis cet acte de rébellion, sous quelle forme et dans quelle proportion? Tout cela peut être perçu dans les récits mythologiques. Il y eut l'invasion continue et désordonnée, sur une Terre à peine peuplée, de multiples races extérieures venant de mondes étranges et dont l'activité sur notre planète ferait paraître celle décrite dans les écrits sumériens[181] comme un conte pour enfants! En raison des problèmes immenses causés par cette révolte, ce système auquel nous appartenons fut mis en quarantaine. Et l'un des effets de cette quarantaine est le retard considérable dans notre évolution. Comme notre bonne vieille genèse judéo-chrétienne le rappelle: nous avons été chassés du paradis! Et nous avons été privés de nos facultés princières!

Il était une fois la rébellion

C'est plus qu'un système, c'est un univers entier qui fut affecté et qui a provoqué, en contrepartie, la venue sur cette Terre occupée d'un nombre élevé de grands Esprits supérieurs. Ils furent connus sous différents noms: Rama, Krishna, Bouddha, Hermès, Moïse, Orphée, Jésus, et d'autres encore. Cela dit, était-ce le même Esprit qui habita chacun de ces grands avatars? Fort probablement.

---

181.   Utiliser les hybrides créés avec l'humain pour travailler à l'extraction de l'or dans les mines.

Bel, l'Insidieux, n'était pas seul non plus de son côté. Ce nom que je lui donne a pour but de le distinguer des autres représentations ayant des origines culturelles et religieuses multiples : Ialdabaôth, Avernius, Dispater, Mammon, Fierna, Malbolge, Belzebuth, Méphisto et Asmodée qui sont les Princes des enfers. Mais aussi le Satan des monothéistes, le Caligastia d'Urantia, Iblis, Azazel, Lucifer, Sekhmet, Loki, Huwawa, Ahriman, Pan[182] Baphomet, Astaroth, Baal, Bélial, Maufé. Et Tcheng Houang, en Chine, certains aspects de Kali aux Indes, et d'autres au Japon et dans les pays de l'Orient, d'Afrique et d'Océanie.

L'histoire de l'invisible a été écrite avec des moyens extrêmement ténus par des gens qui ont utilisé des facultés psychiques méconnues. Le tout, dans un contexte extrêmement tendu alors que des religions structurées imposaient par la force leur propre cosmogonie, dont le Berishit des Hébreux et la Genèse des chrétiens pour ne nommer que ceux-là. Nous sommes aux antipodes de la preuve déterminante de quoi que ce soit. La version scientifique actuelle fait table rase de tout ce qui dépasse la limite actuelle de ses connaissances : l'australopithèque, et après... on n'est sûr de rien !

La rébellion de Bel, l'évènement quantique qui ébranla toute la Création, est le rejet de toute forme d'autorité, tel un « refus global » derrière lequel se terre un plan contraire visant à restructurer l'univers entier jugé bancal selon sa vision[183] des choses. Bel avait des appuis tout comme des opposants. Il se mit alors à utiliser la force, et c'est à cet instant que la rébellion devint inacceptable aux yeux de plus élevé que lui. Ici se trouvent les notes les plus discordantes selon les sources. On a droit à une colère divine sans nom ou, à l'opposé, à une patience infinie.

---

182. C'est de ce dernier que nous nous sommes inspirés pour représenter le diable en bouc bipède et cornu.

183. C'est une constante universelle dans toutes les mythologies, tout comme Loki qui s'oppose à Odin, Zeus qui renverse les Titans. « Je détruis ton monde et je le refais à mon image. » C'est ce qui est d'ailleurs à la base de cette fébrilité inassouvie de modifier génétiquement tout un chacun.

En général, les religions et les écrits majeurs de la mythologie classique sont très portés sur la «fureur divine» pour définir la réaction de Dieu et des dieux dans un incroyable amalgame.

Des systèmes entiers de planètes se comptant par centaines de milliers ont appuyé Bel, alors que d'autres se sont ligués contre lui, mais la proportion séduite par les propos de l'Insidieux est énorme. Parmi tous les grands Esprits qui sont venus sur cette planète, il semble que l'un des plus grands, Micaël[184], incarné par l'homme de Galilée, avait la responsabilité d'agir, mais qu'il ne le fit pas. Ce n'est pas très clair, il est difficile de comprendre sa position, mais cela n'a rien à voir avec un manque de courage ou d'audace. Il devient alors concevable de penser qu'une rébellion s'inscrivait peut-être dans l'exercice du libre arbitre d'une polarité bien définie, comme on le verra plus loin. N'en soyons pas surpris, cela aida Bel à accroître son emprise sur le système et notre planète. Tout ce qui avait été mis en place pour favoriser l'éclosion d'une race humaine plus évoluée fut très rapidement relégué aux oubliettes. Nous devions être un vaisseau spatial et ne sommes devenus qu'un char à deux roues de bois tiré par des bœufs. Il peut sembler déraisonnable de traiter de ce sujet aux allures de drame biblique et d'y inclure des récits de fiction comme ceux des médiums. Mais c'est inévitable. La rébellion de Bel, évènement biblique selon notre culture ravagée par l'Église, est à l'origine de la venue sur Terre de races très peu amènes. Elles vinrent de partout, d'Orion, de Sirius, de systèmes dominés par les Dracos, ces célèbres reptiliens, de Véga, de Réticuli, des Pléiades, d'Andromède, mais également de dimensions moins denses que la nôtre, de zones où évoluent des créatures qui, si elles étaient visibles, rappelleraient davantage des anges ou des Esprits que des hommes. Ces visiteurs, explorateurs, chercheurs, historiens, généticiens, scientifiques, philosophes et autres

---

184. Étrangement, la seule source que nous ayons pour le nom de l'Esprit qui aurait habité Jésus nous vient du *Livre d'Urantia* : Micaël. Le mot Christ, quant à lui, est un nom grec qui se veut la traduction de «messie» en hébreu et signifiant «oint» en français. C'est donc un titre plus qu'un nom propre.

en provenance des mondes de notre univers nous ont modifiés à de multiples reprises, et notre espèce a été «chassée du paradis». Notre genèse est saturée d'influences néfastes. À part Bel, d'autres Esprits retors, en rébellion, se sont manifestés. Du côté de Micaël, d'autres Esprits plus belliqueux se sont montrés désireux d'en découdre avec Bel. C'est là qu'un autre nom fit surface, et qui est présent dans bon nombre d'écrits : Michel, l'archange, chef des «armées du ciel», une autre figure biblique, en fait récupérée par l'Église, mais qui, selon certaines sources, tire ses origines de la douzième dimension. Il se rangea sous la bannière de Micaël et déclara la guerre à Bel et à ses troupes. Personne en haut lieu ne s'y opposa, comme si cela était prévu depuis toujours. C'était parti. «Et il y eut guerre dans le ciel.» Le cinéma s'en est donné à cœur joie avec des productions récentes plus ou moins efficaces, mais relatant cette réalité : *Revelations*, *The Seventh Sign*, *Beowulf*, *Clash of the Titans*, *Wrath of the Titans*, *Constantine*, *Green Lantern*, *Harry Potter*, *Lord of the Rings & Hobbit*, *Cloud Atlas*, *Thor*, *The Immortals* et *Prometheus*. On peut aussi noter les productions plutôt amusantes de style *Percy Jackson* ou *Airbender*. Mais des productions comme *Star Wars*, *Star Trek*, *Dune* et *Galactica* traitent également, à leur manière, de cette «guerre dans le ciel». Ne souriez pas, la littérature et le cinéma composent le tissu de nos récits mythologiques modernes que nous adaptons selon nos zones de confort, comme le firent les Anciens.

Ce fut alors le jeu des alliances, des contre-alliances et des trahisons. Et comme «ce qui est en bas est comme ce qui en haut», notre réalité sur Terre est un parfait reflet de ce qui se passe là-haut! Toutes les sources reconnaissent des pertes très élevées, et pas seulement des pertes de vies comme pour nos guerres terrestres, aussi des pertes de statuts. Il y eut des «anges déchus». J'ai abordé cette thématique dans mon dernier livre avec le récit d'Enoch. La description des conséquences extrêmement nombreuses et lourdes est également fort bien détaillée dans certains écrits védiques, dont le *Mahâbhârata* ; toutefois, il suffit de savoir que Bel s'est fort bien battu, mais aurait perdu beaucoup de sang et graduellement son influence commença à décroître. Les «méchants» n'aiment pas les perdants. C'est alors que Micaël prit officiellement en charge l'univers dans lequel nous évoluons, s'incarna sur Terre, et probablement ailleurs également, à plusieurs reprises sous divers noms dont, bien sûr, Joshua ben Yosef. Voyant cela, Bel aurait tenté de le « séduire » croyant que son aspect humain allait le perdre, mais il se heurta à une fin de non-recevoir. C'est un *vade retro Satanas*[185] qui eut un effet beaucoup plus important que ne le laisse supposer l'évangile de Marc. Bel fut jugé et privé de sa capacité de pénétrer le mental des humains et de les influencer contre leur gré, un avantage stratégique essentiel dont la perte fut très coûteuse. Mais il restait libre et continue de l'être, pour poursuivre son œuvre de séduction.

L'emprise occulte des ténèbres sur le fragile mental humain fut peut-être une réalité fort ancienne, mais elle n'est plus possible, elle n'existe plus sur cette planète[186]. Bien des choses se sont améliorées depuis des millions d'années, mais ce n'est que tout récemment, en 1989[187], que l'être humain a vraiment appris à utiliser le pouvoir de la pensée pour modifier son monde avec succès.

Il y aurait actuellement une sorte de procès au criminel de style « L'univers contre Monsieur Bel », dont Michel, « le procureur », réclamerait ni plus ni moins la tête de Bel, c'est-à-dire sa disparition totale.

Je ne sais pas si les paris existent dans ces royaumes, mais il est peu probable que Bel soit complètement anéanti. Ce serait un reniement de la polarité négative, laquelle fait partie intégrante de l'ensemble des univers visibles et invisibles. À titre de simple observateur lointain, je ne crois pas que la Divine Mère sonne l'heure du couperet. La mise en quarantaine de plusieurs mondes, dont le nôtre, sera entièrement levée lorsque le sort de tous les rebelles et celui de Bel sera définitivement réglé. Comme

---

185. Refusant les offres de biens matériels et de gouvernance sur Terre de la part du Prince de ce monde, Jésus lui aurait indiqué d'aller « se faire voir ailleurs ».

186. Ce qui exclut donc toute possession dite diabolique contre la volonté de l'hôte, malgré tout ce qu'on en dira.

187. La chute du mur de Berlin.

je l'ai déjà mentionné, nous les humains, par notre comportement collectif, avons un rôle de premier plan à jouer dans cette tragédie cosmique. Oui, je parle bien du fardeau des âmes. Nous sommes les créateurs psychiques de notre environnement. Alors, agissons en conséquence!

L'avocat Alfred Lambremont Webre, auteur d'un livre[188] sur le sujet, pose les bonnes questions: «Quelle condition exopolitique a placé cette planète en quarantaine? Pour combien de temps encore et que pouvons-nous faire pour accélérer le processus de libération?» J'ai presque envie de répondre que si des entités puissantes sont encore sur cette planète en train de nous séduire, mettre un terme à leurs agissements en ne répondant plus à leur séduction serait un bon départ. Comme l'ego animal qui s'agite en nous est la voie royale utilisée pour nous séduire, c'est donc par une meilleure maîtrise de ce dernier que nous pourrions affaiblir l'insidieuse influence. «De quel type de séduction s'agit-il?» est la bonne question à poser. Mettons-nous à la place de Bel et tentons de lire dans sa pensée. «Ces créatures sont Esprits d'abord, humains ensuite. Il est inutile de tenter de séduire l'Esprit, je n'ai plus accès à ses royaumes comme autrefois. J'ai été banni et expulsé du Ciel et jeté sur Terre comme un malpropre; c'est peine perdue. Par contre, séduire l'humain par l'intermédiaire de son ego m'assure une victoire sans équivoque parce que ces sales bestioles n'ont aucune confiance en elles par mes bons soins. Elles ignorent tout!

«Dans un premier temps, il me faut leur apprendre à se soumettre à une autorité qui va s'en prendre à leur nature. Quoi de mieux que de rigoureux cultes religieux en opposition, voire en conflit ouvert, les uns contre les autres? Stimuler des regards haineux ne fait qu'accroître leur déchéance. Puis je dois faire en sorte que les humains oublient complètement qui ils sont. Il faut qu'ils en viennent à neutraliser entièrement l'influence de l'Esprit et pour cela, il faut les appâter, les distraire. Quels sont les trois rêves les plus fréquents et les plus intenses de la nature

---

188. *Towards a Decade of Contact.*

humaine si ce n'est la fortune, la gloire et le pouvoir ? À n'importe quel prix, y compris la vie de son adversaire. »

Ce n'est pas l'atteinte de ces objectifs qui est maléfique ou diabolique, comme les religions et parfois même certains courants dits ésotériques s'efforcent de nous en convaincre. Après tout, nous ne sommes pas humains pour des prunes. L'infini à fleur de peau se manifeste aussi par un désir de constamment améliorer notre sort en tant qu'humains, sans quoi brouter de l'herbe dans un champ en « namastant » les trains qui passent nous irait très bien[189] !

C'est ce que l'humain est disposé à faire ou à ne pas faire, aux dépens de qui et jusqu'à quel point, pour accéder à ce qu'il désire, qui fait la différence. L'origine du mal ne réside pas dans la nature de ce que l'on désire, mais dans les moyens que l'on emploie pour y parvenir : mentir, tromper, frauder, voler, blesser, tuer et surtout devenir un tyran. De tels comportements extrêmes confirment dans l'Esprit de Bel que nous ne sommes qu'humains, des animaux et rien d'autre, éloignés de notre Esprit, dont il nie d'ailleurs l'existence, d'autant plus que – lois cosmiques et universelles obligent – nous faisons perdurer l'énorme charge karmique en incarnations multiples, en raison des effets déjà décrits du fardeau des âmes. Un jour, prédit-il, Dieu reconnaîtra son échec et nous abandonnera tous, convaincu que nous ne sommes pas dignes de l'Esprit qui nous habite. La rumeur voulant que « Dieu est mort » ne lui est pas étrangère non plus.

La Terre est isolée des autres centres habités de l'univers et, de ce fait, nous ne pouvons participer à l'évolution comme nous pourrions et aimerions le faire. Nous portons le gène de la tyrannie en nous. Nous pouvons être facilement et très rapidement de parfaits salauds ! Je pense que nous ne pouvons qu'en convenir, n'est-ce pas ?

---

189. L'auteur fait référence à l'usage actuel qu'il juge abusif du salut indien *Namasté*.

Donc, pas question de rééditer le coup du *Manifeste de la destinée* pour le reste de l'univers[190] ! Et, bien évidemment, notre évolution en prend un coup[191]. Quant aux Intelligences supérieures hostiles à notre simple existence, elles sont sans doute bien heureuses de nous avoir à l'œil terrés de la sorte et à portée de leurs mains ! En réalité, non seulement nous n'avons pas développé cette capacité de conquérir l'espace, mais nous ne sommes pas autorisés à l'atteindre. Pas encore. Nous sommes contaminés et contagieux, alors nous sommes en quarantaine.

Il était une fois l'univers

Il existe une sorte de «multimythologie» à partir de toutes ces sources. Et je dis bien toutes, dont bien sûr les classiques[192] et les plus ténébreuses. Lorsque vous mettez tous ces récits en parallèle et que vous construisez une vision à partir des constantes qui s'amalgament, cela donne... ceci.

La source mère du début des âges

Pensez à la source mère de presque tous les grands concepts religieux existants, dont le plus connu chez nous est la Trinité, qui a pris naissance dans le Gange et non dans le Jourdain. Les tout premiers grands textes spirituels connus et sans doute les plus beaux qui soient sur cette planète sont védiques, comme les *Upanishads*, la *Bhâgavata-gîta*, le *Rig-Veda*. On retrouve notamment ceci dans la doctrine brahmanique des *Upanishads* citée par Édouard Schuré[193] : «Celui qui crée sans cesse les

---

190. Texte rédigé au XIXe siècle affirmant que les Américains avaient non seulement le droit, mais le devoir de donner à l'Amérique leur propre image raciste, esclavagiste et tyrannique. Le *Manifest Destiny* fut répudié par John Quincy Adams et Lincoln. Il fut ensuite comparé au concept du *Lebensraum* nazi, cette idéologie justifiant l'invasion de l'Europe pour sa purification.

191. Et lorsque nous passons parfois dans les mailles du filet, nos missions sont de terribles échecs, souvent mystérieux, comme l'illustre d'ailleurs fort bien l'histoire de nos missions martiennes.

192. Védique, grecque, égyptienne, puis en second lieu nordique, celtique et sumérienne, tout en englobant la Perse et l'ensemble du Moyen-Orient, dont la Mésopotamie.

193. *Les Grands Initiés*, 1889.

mondes est triple : Il est Brahma le Père, il est Maya la Mère, il est Vishnou le Fils. Chacun renferme les deux autres et tous trois sont un dans l'ineffable. » L'argument se complète peut-être dans ce texte de la *Bhâgavata-gîta*, où l'histoire de Krishna, depuis sa naissance d'une vierge (Dévaki), est à ce point similaire à celle de Jésus qu'on s'interroge[194]. Krishna explique à son disciple Ardjouna le sens de sa mission, et cela quelques millénaires avant l'ère chrétienne. Il dit en parlant de son Esprit : « Écoutez ce qu'il vous dit par ma bouche : moi et vous, nous avons eu plusieurs existences (...) Je me rends visible par ma propre puissance, et toutes les fois que la vertu décline dans le monde et que le vice et l'injustice l'emportent, alors je me rends visible et ainsi je me montre, d'âge en âge, pour le salut du juste, la destruction du méchant et le rétablissement de la vertu. Celui qui connaît selon la vérité ma nature et mon œuvre divine quittant son corps ne retourne pas à une naissance nouvelle, mais vient à moi. » Puis Krishna devint si lumineux que ses disciples ne purent le regarder... Deux mille ans plus tard, on lit « La transfiguration de Jésus » étrangement décrite par Matthieu, l'intarissable René Angélil des évangélistes[195]. L'ésotérisme des grands courants religieux tels qu'ils furent énoncés pour la première fois est d'une incalculable richesse. Elle n'est égalée que par l'insondable fadeur de ce que les hommes en ont fait pour manipuler les esprits. Bel a fait du bon travail !

Au début de Tout existait une grande famille constituée de multiples très grands Esprits, issus de la matrice originelle, elle-même fruit de l'union cosmique du Père et de la Mère des univers visibles et invisibles de toutes les densités, depuis la plus matérielle, lourde et compacte,

---

194. Ce qui est malheureux avec l'histoire de Khrisna est la pathétique récupération effectuée par des moines en robe orange brandissant fleurs et clochettes en public, pendant de nombreuses années, ce qui a inévitablement ridiculisé la réputation du mouvement et par voie de conséquence du grand personnage en question. L'Association internationale pour la conscience de Krishna continue son cirque, plus discrètement, mais le mal est fait. Quoi qu'il en soit, le déisme s'applique ici aussi. Nul n'a besoin d'une « association » pour capter la conscience de Khrisna !

195. Les miracles, les effets spéciaux, les grands drames, le spectaculaire et le merveilleux sont l'œuvre de cet évangéliste à lui seul.

presque de la matière étrange[196], à la plus subtile qu'on puisse imaginer. Ils ne sont pas tous égaux cependant, bien qu'ils soient aimés et chéris autant l'un que l'autre. L'un d'eux, Bel, est le plus grand, le plus puissant. Sa beauté naturelle est surprenante et attire l'attention de tous les mondes, qui se comptent par centaines de milliards.

Les millénaires s'égrènent en secondes quand, un jour, il se rend compte de cela. Il réalise pleinement qu'il est doué et possède de multiples talents. C'est un excellent musicien, capable de composer de superbes mélodies qui enchantent toutes les dimensions. Contrairement aux parents des humains, ceux de Bel ont mis en place un principe très différent. Chaque Esprit est né au sommet de sa réalité et dispose, entre autres, d'une liberté absolue dans le choix de ses décisions. Dans leur immense sagesse, ils ont jugé qu'un être parfait qui ne jouirait pas d'une liberté absolue de choix serait incomplet, donc imparfait. Les conséquences inévitables d'une telle décision allaient bientôt se manifester. En effet, contrairement à ses frères et sœurs, Bel commença à penser qu'il était l'égal de ses parents et graduellement, subtilement, il se mit à oublier que ses talents venaient d'eux, que c'est d'eux qu'il avait hérité sa puissance et sa beauté. Il en vint à croire qu'il était son propre géniteur, tel Ialdabaôth. Il se mit alors à explorer les univers, partant seul avec l'idée d'en créer de semblables et croyant même que certains d'entre eux étaient déjà sa propre création.

Ses parents voyaient bien cela, mais toute liberté de choix ayant été donnée, il n'était pas question de la reprendre sans détruire irrémédiablement l'harmonie des univers sur laquelle régnaient tous les autres très grands Esprits. Puis, un jour, le Père et la Mère, El et Ashérah, ou Brahma et Maya, ou Nara et Nari, l'Homme primordial et Sophia, la liste des noms est infinie, décidèrent de favoriser une créature mortelle qui pourrait permettre à d'autres Esprits entièrement jeunes, imparfaits

---

196. On prétend que si la Terre était constituée de matière étrange, elle aurait la taille d'une orange.

et libres, de s'y incarner, de grandir et d'évoluer plus efficacement qu'en errant par les vastes univers sans vraiment de défis à relever. Un jour, cette même créature deviendrait une espèce évoluant dans la «physicalité» tout en étant pur Esprit.

L'idée maîtresse de la création de ces Esprits vierges, innocents, imparfaits, reposait essentiellement sur l'expérience du Tout dans l'Un, la découverte de l'alpha et de l'oméga, l'intégration universelle de l'Un dans une multitude infinie de «Je Suis». Bel, inquiet, participa comme tous les autres à cette grande aventure, mais... à sa manière.

Il apparaissait dans toute sa grandeur et sa lumière et créait ici et là, mais sans tenir compte des plans de ses parents. Au début, il regardait ce qu'ils étaient et donnait l'impression de s'y conformer, puis les autres virent bien qu'il ne suivait pas la ligne directrice des plans et faisait de terribles erreurs. Utilisant sa puissance, il modifia encore et encore toutes ces créatures, jouant avec leurs cellules comme un enfant s'amuse avec ses jouets. Or, chaque Esprit ayant le libre choix, certains ne voyaient pas les œuvres de Bel comme des erreurs, mais plutôt comme de nobles essais, et se mirent à le suivre et à agir en l'imitant. Ils se détournèrent de leurs parents, de leur famille et Bel aima cela. Il avait, comme il le croyait vraiment, autant d'importance qu'El et Ashéra, au point de refuser de guider ou même d'aider ces créatures hideuses à ses yeux, qui allaient abriter l'Esprit. Ces humains, ces choses... comme il prenait plaisir à les appeler.

Voilà qui était Bel: l'orgueil personnifié, une réalité mythologique récurrente. Mais ce que personne ne savait était en fait bien inscrit dans le plan secret d'El et d'Ashéra: créer ces deux polarités opposées qu'avec le temps on finit par définir comme le bien et le mal. Et voici pourquoi.

Quand les Esprits créaient des mondes en fonction des plans d'El et d'Ashéra, ils étaient parfaits, beaux et agréables. Lorsque les Esprits voyaient ce que Bel était en train de créer, ils se mettaient en tête, non pas de le combattre, mais de créer des mondes encore plus parfaits, plus merveilleux et plus harmonieux que les précédents. Ils se dépassaient et de loin, ce qui ne se serait pas produit sans cette provocation ! Selon la perspective, on pouvait aussi bien dire «à cause» de Bel que «grâce à» Bel.

À l'inverse, les mondes créés sous la tutelle de Bel devinrent de plus en plus ténébreux et monstrueux. Bel n'y voyait là que sa propre réflexion, tant il était convaincu dans sa hargne d'être maintenant supérieur à El et à Ashéra. Jour après jour, il comptait de nouveaux fidèles et il se réjouissait de voir qu'il avait raison, qu'il était vraiment le plus grand. Tous les univers sans exception, dont le nôtre, finirent par être plus ou moins souillés par cette attitude. Plus rien n'était à l'abri des horreurs de Bel[197].

El et Ashéra étaient néanmoins des parents heureux. L'existence de deux polarités ne faisait que stimuler les plus belles réalisations, même si, du côté du mal, c'était diamétralement l'inverse. Puis un jour, Bel alla trop loin. Tous les univers de la troisième dimension étaient achevés et la vie s'y répandait. Mais Bel, cette fois, était incapable de contrôler l'incarnation de ses propres Esprits. Il décida alors de détruire tout ce qui avait été créé jadis par les autres Esprits de sa lignée.

Plusieurs grands Esprits se dirent alors qu'El et Ashérah auraient pu l'arrêter dans sa folie, qu'ils auraient pu en un seul instant mettre un terme à son existence, mais cette polarité, tout aussi excessive fût-elle, faisait partie intégrante de leur plan secret. Alors ils créèrent une troisième voie qu'ils appelèrent la force d'intégration. Il y avait donc les Esprits créateurs de mondes merveilleux et les Esprits créateurs de mondes terrifiants. Ces derniers ne voyaient jamais aucune lumière et vivaient sous la lueur de flammes permanentes sur des terres rocheuses et calcinées ou dans des mondes faits de glace stérile. Oui, pensez à

---

197. Selon le principe d'équilibre de la table d'Émeraude, on n'a qu'à projeter en haut ce qui fut en bas, comme les heures sombres du nazisme en Europe, du communisme maoïste en Asie, du stalinisme en Union Soviétique et autres régimes tyranniques où la vie quotidienne est dominée par la terreur absolue.

Sauron ou à Morgoth et à toutes les autres créatures machiavéliques si bien représentées dans nombre d'œuvres littéraires, y compris dans notre enfer chrétien.

Cette force d'intégration ne cherchait à détruire ni le bien ni le mal et ne cherchait à faire ni le bien ni le mal. Elle n'avait qu'un objectif : fusionner les deux polarités de sorte qu'elles forment une nouvelle force suprême intégrant les deux autres. Un des plus anciens Esprits fut choisi par El et Ashérah pour remplir cette mission. Nous l'appellerons Michel, son nom d'archange[198] ! Sa tâche n'était pas de juger ou d'évaluer, mais de provoquer par sa présence une force intégrant les deux absolus du mal et du bien.

Comment peut-on ne pas être d'une polarité ou d'une autre ? Cela s'explique par le principe de l'équilibre universel, joliment démontré par le Tao notamment. En voici un exemple. L'antipathie qu'on éprouve pour une personne pourrait très bien symboliser la polarité négative ou le mal, la violence, l'agressivité, la haine. À l'inverse, la sympathie qu'on éprouve pour une personne pourrait très bien symboliser la polarité positive, le bien, la tendresse, l'amitié, l'amour. Poussée à l'extrême, chacune de ces polarités tombe alors dans l'excès ! Peut-on trop aimer ? Non. Peut-on mal aimer ? Oui.

La volonté d'El et d'Ashérah s'exprime dans la perfection suprême de l'équilibre absolu, et dans l'absolu sont connus le bien et le mal. Toujours symboliquement, qu'arrive-t-il lorsqu'on intègre l'antipathie et la sympathie au lieu de les comparer et de les opposer ? L'empathie ! Mais les humains donnent à ce mot des significations qui varient selon l'application qu'ils en font. Contentons-nous de dire ici que l'empathie est une attitude paradoxalement neutre et engagée.

---

198. C'est mon choix, mais il va de soi que chaque récit, chaque mythologie, donne à ce personnage extraordinaire un nom différent : le Thor nordique, le Thésée grec ou même Héraclès, Mâat la déesse égyptienne et peut-être Ogmios, chez les Celtes.

Le bien sans risque est fade et sans énergie. Il est facile de s'écraser dans un fauteuil chez soi, les yeux fermés, en flattant son chat et en se répétant inconsciemment comme un mantra : « Je ne fais rien de mal, je ne fais rien de mal... » Voilà pourquoi Michel, devant les attaques incessantes de Bel contre les mondes, forma une armée et partit en guerre contre lui. Michel n'avait pas la haine au cœur, mais ses yeux n'étaient pas embués par les larmes et encore moins par la peur. Il avait une tâche précise : mettre un terme aux effets catastrophiques de la rébellion. « Et il y eut guerre dans le ciel », comme le disent les écrits et de la tradition (*Apocalypse 12:7*) !

Les combats furent terribles et tous les univers de toutes les dimensions en subirent les conséquences, surtout les mondes de la troisième densité comme le nôtre. Cette guerre dura un temps qui échappe à notre conception, mais un jour, Bel fut vaincu. Il fut enchaîné. Des siècles après, les mondes peuplés de monstres ne purent s'en débarrasser et renaître, et Bel fut libéré.

Tous les éléments des bestiaires que l'on trouve dans les légendes, les récits et les mythologies, mais également dans tous les apports « canalisés », sont le fruit de son œuvre maléfique : du griffon au vampire en passant par le cyclope et le Minotaure[199] ou ces mystérieuses créatures récentes signalées dans de nombreux rapports[200]. Il en demeura longtemps après qu'il fut mis aux arrêts. Bel tenta de convaincre ses geôliers qu'il avait compris ses erreurs et tous crurent qu'il pouvait retrouver la liberté, même Michel qui avec le temps avait relâché sa surveillance. C'est alors que, d'un seul coup, Bel parvint à corrompre un grand nombre d'Esprits par ses propos perfides. Il n'utilisa plus la persuasion coercitive, mais son pouvoir de séduction. Il eut recours à la ruse, à la tromperie et au mensonge. Bel savait maintenant se déguiser en bien, cachant

---

199. Ce sont là des représentations tardives et parfois maladroites, mais qui évoquent sa création.

200. Il existe des rapports très crédibles d'observation de créatures comme le Chupacabra, l'homme-loup, le sasquatch, etc.

sa hideuse face sous un voile de fausse lumière. C'est cette période que nous avons vécue, nous les humains de la planète Terre, dès les premières humanités naissantes. C'était au temps des mythes et des récits antédiluviens.

Quand il eut atteint son objectif, Bel repartit en guerre ouvertement et fit, cette fois, plus de dommages que jamais auparavant. Mais des Esprits enragés par sa fourberie se révoltèrent contre l'inaction des autres Esprits, particulièrement de ceux qui, venant de la polarité du bien, ne semblaient pas disposés à user de la force contre lui[201]. Ils se lancèrent dans une guerre ouverte contre Bel, désobéissant au commandement de Michel. Il s'ensuivit de multiples conflits au sein de différentes factions et dans de nombreux univers: les constellations Andromède, Orion et Sirius, entrelacées dans leur orbite; Arcturus, Véga, Lyre, Zeta Reticulli, les Pléiades; les mystérieux Essassani, les Draconiens et les Deros, une espèce qui vivrait sous la surface de la Terre, de là l'influence agarthienne. Ces espèces ne sont pas toutes interactives avec les populations actuelles, mais elles existent et prolifèrent.

Il n'était plus question d'observer le bien ou le mal, les hostiles ou les pacifiques, il était question d'intervenir. Plus jamais l'indifférence, plus jamais le silence; cette fois, c'était un *Idle No More*[202] universel.

Avec la force d'intégration en place, plus celle du bien et celle du mal, il s'ensuivit une importante confusion. Mais El et Ashérah savaient depuis toujours qu'il allait en être ainsi. Il faut une éternité pour atteindre la perfection des mondes. Les batailles reprirent entre mondes et univers, et sur la Terre naissante, ce n'était qu'une réplique du combat des alliés contre les forces de l'Axe[203], dans une confusion totale et à une époque que nous avons préféré oublier. Il y eut donc une autre

---

201. Le syndrome de Chamberlain, illustré par le dialogue avec le personnage du docteur Labrie plus tôt.

202. Mouvement de contestation des Premières Nations, des Inuits et des Métis du Canada contre la violation des traités ancestraux par le gouvernement canadien.

203. Rome, Berlin et Tokyo.

«guerre dans le ciel» où personne ne pouvait distinguer qui du méchant était le bon et qui du bon était le méchant. La stratégie diabolique de Bel relevait du génie, en somme! Mais Bel fut vaincu de nouveau et toutes ses armées furent anéanties. Il demanda grâce, mais on la lui refusa. Il parvint à s'enfuir. Pendant ce temps, Michel était chargé d'une mission presque impossible: faire en sorte que la pensée de Bel ne revive jamais, y compris sur la Terre.

La mise en quarantaine et ses conséquences

C'était maintenant plus le travail d'un policier que celui d'un soldat, mais Michel le fit, ce qui n'empêcha pas de nombreux mondes, dont la Terre, de subir la corruption de la seule existence de Bel. La Terre fut mise sous très haute surveillance, en quarantaine. On n'autorisa des interventions directes que pour empêcher des éléments subversifs de détruire la planète ou d'engendrer des conflits généralisés; malgré cela, des continents entiers furent perdus.

De nos jours, cette quarantaine se manifeste dans l'immense difficulté de ce monde à se relever seul et à se battre seul. Nous devons cesser de pleurnicher dans le jardin d'enfance[204]! Nous sommes aimés, nous sommes protégés contre certains abus, nous sommes guidés. Mais de la même manière que nous avons le libre choix en tant qu'individus, nous avons également cette liberté de choix en tant que planète. Nous pouvons croquer dans la pomme ou pas. Or, comme nous sommes incapables de nous tolérer les uns les autres, nous sommes mal partis. De plus, nous avons croqué dans la pomme très souvent, particulièrement depuis l'ère post-diluvienne ayant abandonné derrière elle de vastes continents immergés et disparus à jamais. Nous sommes laissés à nous-mêmes avec peu de moyens et surtout dans l'ignorance de notre identité supérieure en tant qu'Esprits incarnés.

---

204. *Et si la Terre n'était qu'un jardin d'enfance?*, Éditions Québecor.

L'heure de l'Éveil a sonné

En tant qu'Esprits incarnés, Esprits d'abord, humains ensuite, nous sommes placés sur cette planète en fonction de nos objectifs de vie personnels, selon notre charge karmique. De plus, comme nous l'avons vu, nous avons aussi une mission de commando d'Éveilleurs dans ce chaos qu'est encore l'humanité. Personne ne s'incarne sur Terre pour prendre des vacances! L'heure de l'Éveil a sonné. Nous entendons *les sanglots longs des violons de l'automne* qui *blessent nos cœurs d'une langueur monotone*[205]. Nous devons éveiller ceux qui dorment. Seulement cela, rien d'autre! Le monde n'a plus besoin de *teachers* et de *preachers,* et moins encore de *warriors*[206]. Une fois éveillés, pleinement conscients, les humains auront à choisir leur camp et à travailler dans ce sens en sachant que le fardeau des âmes n'est pas un mythe. Le pouvoir créateur de l'humain est à l'image de son Esprit, mais il l'ignore. La priorité de Bel est de maintenir en place cette ignorance à jamais. Nous sommes tous libres de choisir notre camp. Ce n'est pas notre travail de manœuvrer par intimidation, coercition, chantage, tentation ou menace. Nous ne sommes pas ici pour faire de la politique, pas plus que pour faire la guerre. Bel fait très bien cela tout seul. Le respect du libre choix est notre *prime directive*[207], mais dans la mesure où l'Éveil est amorcé. Et il l'est!

En conséquence...

... nous avons le choix de ne pas choisir, c'est-à-dire de continuer à jouer la carte de l'indifférence et du cynisme, et de rejeter le principe même du choix. C'est malheureusement le fait d'un très grand nombre de gens, par une commode complaisance envers eux-mêmes. On le constate jour après jour. Ce n'est pas tout à fait une attitude qu'apprécie Bel, mais elle

---

205. Poème de Verlaine diffusé par la BBC de Londres. C'était l'appel aux armes des résistants, le 6 juin 1944.
206. Ces mots à l'américaine signifient ces gens qui s'improvisent maîtres en ésotérisme ou en religion.
207. Allusion évidente à l'application de la règle westphalienne de *Star Trek.*

a – selon lui – le mérite de ne pas nous montrer sous notre meilleur jour, et sur ce point, il a tout à fait raison. L'indifférence devient rapidement une forme de lâcheté ou de couardise bien cachée sous des habits de gala. Mais cela n'a guère d'importance, l'Esprit finit toujours par triompher, que ce soit dans cette vie ou dans l'une des centaines ou des milliers à venir. En d'autres termes, les Esprits tout jeunes, sans expérience de vies multiples, ont habituellement cette réaction je-m'en-foutiste, typique des jeunes en somme, qu'ils soient Esprits ou humains. Mais le principe universel s'applique toujours et la vie finit par les rattraper.

Dans mon livre *Esprit d'abord, humain ensuite,* je relève deux groupes d'humains : ceux qui sont habités par des Esprits de la Terre et ceux qui sont habités par des Esprits du Ciel. Vous en avez le souvenir, il s'agit surtout de comprendre qu'un faible pourcentage d'Esprits, sur les milliards qui peuplent cette planète, vient soit d'autres mondes, soit du lointain passé de la Terre (Atlantide, Lémurie, etc.). Ces Esprits du Ciel occupaient des fonctions ayant un impact élevé. J'insiste pour rappeler qu'ils ne sont pas meilleurs que les autres, mais leur mission est étroitement liée à la présence et aux manifestations des Intelligences supérieures dans notre réalité. Ces Esprits du Ciel peuvent avoir joué un rôle négatif ou positif dans le lointain passé de cette planète et leur présence est requise maintenant ! J'étais[208] l'un d'eux et j'ai participé à des faits et gestes positifs et négatifs qui ont affecté l'ensemble des humains.

Les Esprits de la Terre peuvent avoir d'aussi nobles missions exigeant un courage et une force hors du commun, mais ces missions sont terrestres et liées aux affaires internes de cette planète. Ces Esprits n'ont pas nécessairement à se préoccuper du phénomène des IS ou de lire des ouvrages comme celui-ci. Je tiens donc à préciser que leur apparente in-

---

208. Une fois de plus, un rappel important. Nous utilisons souvent le «je» pour parler de nos vies antérieures, «j'étais ceci, j'étais cela», alors que dans les faits, nous n'avons été rien d'autre que ce que nous sommes maintenant. C'est l'Esprit qui se réincarne en emportant avec lui la distillation de l'humain qu'il a habité. L'humain ne se réincarne pas, il se distille, et son corps tombe en cendres ou se décompose. C'est pour la facilité de compréhension que j'utilise la première personne.

différence peut être due à une immaturité spirituelle, mais aussi au fait que ce ne sont pas «leurs affaires». Ils ont autre chose à penser qu'aux extraterrestres évoluant dans une autre dimension. Pendant la Seconde Guerre mondiale, tous les citoyens ne sont pas allés au front ni n'ont fait partie de la Résistance derrière les lignes ennemies ou dans les services de renseignement. L'inévitable quotidien se poursuivait ; il fallait pourvoir aux besoins des gens qui étaient beaucoup plus importants en ces temps de guerre. Les Esprits de la Terre n'ont pas une mission liée au statut de quarantaine de cette planète ni à la guerre dans le ciel. Ils doivent simplement contribuer à faire tourner notre planète.

Le second choix possible pour quelqu'un qui s'éveille est la polarité négative, égocentrique, basée sur le soi. George Lucas nous le fait découvrir dans sa magnifique saga des étoiles, lorsque le Jedi affirme que le côté obscur de la force consiste à ne voir que soi-même et à tout ramener à soi-même[209]. Nous parlons alors de tyrannie, à petite ou à grande échelle. En opposition à cela se trouve évidemment la polarité positive basée sur l'amour. On oriente son énergie vers les autres, avec le souci réel de leur bien-être. Ces gens tiennent absolument à servir, à contribuer à bâtir un monde meilleur, là aussi à petite ou à grande échelle, dans un quartier ou pour l'ensemble de la planète. Ainsi, pendant que l'un prépare la soupe pour les démunis, l'autre essaie de la contaminer, et des millions se moquent de ces deux comportements !

Une médium exceptionnelle, Lyssa Royal, traduit assez bien ce concept. Dans deux de ses ouvrages[210], elle exprime clairement que la polarité égocentrique est de type Orion et que celle orientée vers l'autre est de type Sirius. Forcément, ces deux-là se font la guerre. Elle aussi affirme, comme je l'ai fait avec mon exemple d'El et d'Ashérah, que la création d'une troisième force était prévue.

---

209. Évidemment, on parle de *Star Wars,* de George Lucas.
210. *The Prism of Lyra,* surtout, puis *Visitors from Within.*

Se faire la guerre, voilà l'effet pervers de deux contraires. On l'observe, par exemple, entre les pôles mâle et femelle. Cette polarité négative prévaut actuellement sur notre planète[211]. Alors, que signifie donc ce choix de «s'élever» au-dessus des polarités, comme le suggèrent plusieurs médiums, et de créer cette troisième force?

Il n'existe pas de troisième pôle dans la nature. La pile électrique est constituée de deux pôles diamétralement opposés. C'est leur interaction qui produit la troisième force! Lorsqu'on insère la pile dans une lampe de poche et que le circuit se ferme jaillit l'énergie, la lumière!

Notre situation évolue très rapidement sur Terre. Il est impossible de prédire exactement le «quoi» et le «comment», et moins encore le «quand», malgré tout le babillage extrasensoriel qu'on trouve sur le Web. Toutefois, il semble bien que nous soyons très avancés. Le 6 juin ou «jour J» approche, mais le verrons-nous de notre vivant? Je n'en sais rien et je reproche à certains de jouer les prophètes. Arn Allingham[212] en parle comme d'une sorte de conscience unitaire: «C'est en fait le grand miracle de ce qui se passe sur votre planète en ce moment. Le vôtre (c'est la première civilisation planétaire dans laquelle cela est essayé): passer directement de l'étape du choix de la dualité la plus profonde à la conscience unitaire. Cela n'a jamais été fait auparavant. Votre planète et cet espace-temps faisant office de référence, de modèle selon lequel une toute nouvelle façon de procéder à l'évolution spirituelle va se jouer.» Voilà qui n'est pas pour plaire à Bel.

Apparemment, nous sommes toujours placés sous l'influence d'un conseil planétaire ambigu en raison de l'influence marquante de Bel. Il a ou aurait encore le contrôle. Il maintient sur cette planète une très forte influence parce que, collectivement, nous ne l'avons pas encore chassé.

---

211. Le Canada et même une très grande partie de l'Amérique du Nord ne sont pas représentatifs du statut réel de conflits existants sur notre planète. Voir le chapitre deux.

212. «Adamu», une entité «canalisée» par Arn Allingham. http://zingdad.com/video/adamu-speaks.

En tant que race humaine, nous devons, avec une intensité qui créera une masse critique, exprimer notre intention de nous libérer de sa présence insidieuse et d'inviter à se manifester les IS qui soutiennent nos efforts vers la reconquête de notre statut cosmique. Il ne s'agit pas de prières collectives ou individuelles à l'image de celles prônées par ces religionnaires incapables de faire quoi que ce soit sans tomber à genoux, l'âme meurtrie par l'étendue de leurs péchés. C'est une immense requête que nous adressons à l'univers ! Le processus est bien engagé et gagne de la puissance de jour en jour, croyez-le ou non. La nature exacte de cet Éveil est palpable pour qui veut bien y prêter attention.

Pour cette raison, l'humanité doit accentuer la pression sur Bel. C'est ce que nous faisons de mieux en mieux. Que chacun se préoccupe de sa performance, que chaque peuple en fasse autant et porte un regard critique sur lui et non sur les autres. Cela dit, les IS ne répondront sans doute pas comme nous nous y attendons. Cet intrigant message d'origine inconnue me paraît une réponse très claire.

« Nous (les Intelligences supérieures) ne leur offrons (aux terriens) aucune preuve concrète, comme ils le réclament. Nous leur offrons la réalité. C'est un aspect essentiel de notre mission : offrir la réalité sans preuve. De cette manière, la motivation viendra dans chaque cas de l'intérieur de chacun. De cette façon, le taux vibratoire individuel sera augmenté. La présentation d'une preuve irréfutable ou d'une évidence sans équivoque n'aurait aucun effet durable sur ce taux vibratoire. Voilà qui explique le mystère entourant notre approche à votre égard. »

Ces IS veulent que nous augmentions notre taux vibratoire. Elles ne disent pas pourquoi et n'expliquent pas non plus ce qui résulte d'un taux vibratoire élevé. Or, nous le savons. C'est à nous de regagner notre statut d'Intelligences supérieures qui nous fut ravi. Encore une fois le fardeau des âmes ! L'élévation du taux vibratoire réduit le fossé entre l'Esprit et l'humain, accroît la sensibilité métaphysique de l'individu et permet un élargissement de conscience considérable. En décupler la capacité fera changer le monde. Il y a un but et un objectif cosmiques derrière chacune de nos incarnations. L'Esprit «gagne des points» lorsque son taux vibratoire augmente, s'étend, s'intensifie et en entraîne des dizaines, des centaines, des milliers dans la foulée. J'en ai vécu les effets pendant quelques années et j'ai également vu ce qui se produit lorsque ce taux de vibration diminue. Nous avons besoin d'un taux vibratoire plus élevé pour survivre comme humains, peut-être même pour traverser dans une autre dimension tout en demeurant physiquement intègres et conscients. Ce que certains nomment de manière un peu dramatique «être ascensionné».

Bref, ces IS veulent nous aider à compléter notre évolution dans le domaine de l'Esprit, et ce, dans le contexte très particulier de notre mise en quarantaine et de la domination de Bel. Leur approche doit donc demeurer un «mystère» pour l'humain, l'être physique. Cela le restera pour l'immense majorité d'entre nous, ne vous faites pas d'illusions. Mais là encore, soyons modestes et ne jouons pas le jeu de l'élite spirituelle, comme il est si facile de le faire.

Gandalf, pourquoi Bilbo Baggins?

Pourquoi un humain avec peu d'envergure et quelques talents, n'ayant rien à offrir à l'humanité que sa modeste contribution aux «fonds consolidés de la Province», serait-il important? Pourquoi un Esprit s'incarnerait-il dans... ça? Souvenons-nous de notre vendeur de voitures dans son petit village du nord. C'est Tolkien qui, je pense, répond le mieux à cette question. Dans la première partie de *Hobbit,* le film de Peter Jackson, datant de 2012, on assiste à une scène remarquable par sa grâce et sa beauté: le dialogue de Lady Galadriel et de Gandalf, tous deux sur un petit promontoire qui met en valeur le panorama époustouflant de l'elfique Rivendell. Comme on sait, le mage Gandalf fait partie de la communauté des Nains, sous la guidance de Thorin en route vers Erebor, leur patrie perdue. Avec eux, le Hobbit Bilbo Baggins qui, comme tous les Hobbits, est travailleur, mais pas trop, aventurier, mais pas trop, courageux, mais pas trop. Il s'agit donc d'un personnage simple, sans relief, bon vivant, pas plus méchant qu'un autre, pas meilleur qu'un autre non plus et qui chez nous pourrait fort bien vendre des voitures d'occasion dans son village. Ne sommes-nous pas tous des Hobbits en fin de compte ? Que fait-il au milieu de gens formés pour lutter jusqu'à la mort, lui qui ne sait pas se battre et sursaute en voyant son ombre, sans parler de sa crainte d'entreprendre le moindre voyage sans son mouchoir de poche. Or, dans ce dialogue entre Gandalf et Lady Galadriel, celle-ci demande précisément pourquoi le Hobbit accompagne le groupe. Quelque peu désarçonné, Gandalf finit par répondre : « Saruman le Blanc croit qu'il faut un immense pouvoir pour se battre contre cette force invisible. Mais ce n'est pas ce que j'ai observé. Il suffit parfois de petits gestes simples venant de gens simples et ordinaires, des gestes de compassion et d'amour. Voilà en réalité ce qui tient le mal à distance. » C'est une étonnante remarque dans un ouvrage où les pouvoirs magiques et la force herculéenne des personnages dominent. C'est une allusion à peine voilée au fardeau des âmes, n'est-ce pas ?

Pourquoi citer Tolkien ?

Tolkien n'a rien imaginé durant ces longues décennies[213] d'écriture, il a exploré des mondes ! Tolkien a visité la Terre du Milieu à de multiples reprises, ce qui signifie qu'en d'autres lieux, en d'autres temps, un tel monde n'était pas la fantaisie d'un homme de plume, mais une réalité d'ici ou d'ailleurs qu'il a modifiée évidemment par le prisme de son imaginaire, mais qui demeure réelle et qu'il a explorée[214].

---

213. Dans tous ses livres, l'auteur défend cette thèse : les plus grands contes pour enfants ou même pour adultes sont les fruits que ces auteurs extraordinaires ont ramenés de leurs expéditions nocturnes, car eux aussi sont Esprits d'abord, humains ensuite.

214. Un jour, j'ai regroupé certains « voyageurs de la nuit » pour une rencontre et nous avons constaté non sans une certaine surprise que nous avions visité les mêmes endroits et que si nous le voulions, nous pourrions écrire un roman absolument incroyable.

Nous, les humains, sommes en quelque sorte condamnés à purger une peine sur cette planète dépouillée de magie. Nous devons la créer nous-mêmes cette magie, dans notre esprit, nous enrober de vibrations puissantes et éclairées et d'un désir brûlant de grandir pour survivre en Esprit, puisqu'ici il ne règne pas en maître. C'est plutôt la matière, dense, lourde, froide et métallique, l'espèce sonnante et trébuchante qui règne. C'est le pourquoi de l'incarnation. On n'y vient pas pour des prunes ! Nous avons notre propre Sauron quelque part à combattre, et le combattre nous transforme...

Tant que nous n'aurons pas compris cela collectivement, aucune magie ne se manifestera ici. Rien ni personne, ni des cieux, ni de l'au-delà, ni même de l'espace, ne viendra soulever ne fût-ce qu'une feuille morte du sol. Nous sommes seuls avec nous-mêmes, et c'est dans les petits gestes simples de gens ordinaires que nous pouvons repousser certaines forces invisibles qui nous clouent au sol. Il n'existe aucun rituel, aucun grimoire, aucune prière, aucune méthode psychique plus efficace qu'un quotidien d'homme fait de sagesse, d'amour et de compassion. Rien d'autre ! Ce n'est pas une tentative verbeuse, collante et pontifiante de ma part de me lancer dans un prêche moraliste irritant. Je déteste quand on me le fait ; je ne le ferai jamais à quiconque. C'est simplement mon constat de vie. C'est le fruit que j'ai cueilli sur l'arbre de la connaissance du bien et du mal de la *Tradition* se dressant sur ma route. On y revient toujours : le fardeau des âmes.

L'âge des hommes

Me rapportant à la symbolique des images de Tolkien, je dirais qu'ici aussi, dans notre propre Terre du Milieu, c'est l'âge des hommes. Les elfes n'y sont plus ; ils se tiennent à l'écart et nous observent dans leur invisible réalité. Mais nous ne sommes pas entièrement seuls, car nous sommes Esprits d'abord, humains ensuite. Ce monde dans lequel nous évoluons devrait être appelé la Terre de Transition, le Monde de l'entre-deux vies. Vous rappelez-vous l'immense détresse que vous avez éprouvée en réalisant que cette fois encore vous deviez revenir, vous immerger dans ce corps froid, dense, grossier, tellement vulnérable, souvent malade et vieillissant si rapidement, comme je l'ai exprimé dans le prologue de cet ouvrage?

Les Esprits du Ciel sont ici pour une raison très spécifique. Nous sommes les auteurs de notre existence, nous sommes le créateur et le prophète, l'artisan et le savant. Nous sommes ce que nous avons besoin d'être pour naître et grandir, et c'est pour cette raison que nous choisissons de grandir en Esprit par l'incarnation en l'humain.

Et que fait Bel à ce jour?

On croit qu'il va et vient entre ses mondes. On dit qu'un jour il affrontera Michel une dernière fois, dans une vallée où aura lieu la dernière des grandes batailles de Megiddo, connue aussi sous son nom grec d'Armageddon, parce que, d'une certaine manière, il est encore le Prince de ce monde!

Une vision à la fois dantesque et rassurante

Étrange, parfois, comment les choses se produisent! Je reçois depuis un bout de temps un *input* plutôt étrange. Je me suis même retrouvé à la tête d'une flotte très imposante de plusieurs centaines de vaisseaux en pleine action contre d'indésirables et hostiles individus, tout aussi nombreux. Il y avait «guerre dans le ciel». À mon réveil, après ce «vol de nuit», je n'en revenais pas de la complexité des différentes manœuvres de combats utilisées dans certaines situations très corsées. Je n'ai jamais reçu de formation en stratégie militaire et quand bien même j'en aurais reçu, je ne crois pas qu'on enseigne le combat en formation de «multiples cardinales» dans l'espace à Colorado Springs[215].

---

215. C'est le siège de l'académie de l'US Air Force.

Dans cette même ligne de pensées, j'ai obtenu quelques réponses à mes questions. Notre planète est en quarantaine parce qu'elle est endoctrinée par Bel. Son statut n'a toujours pas changé, mais notre situation évolue très rapidement. J'ai déjà exprimé clairement que les Intelligences supérieures ne permettraient jamais la reprise de conflits de l'ampleur d'une guerre mondiale ou une attaque nucléaire. C'est plus vrai que jamais. Cela n'arrivera pas ! Nous avons collectivement et massivement dit non à cela. Pour cette raison et si nous maintenons cette pression en l'accentuant, le statut de cette planète sera modifié de façon radicale à notre avantage. C'est déjà en marche depuis de nombreuses décennies, mais le tempo s'accélère constamment, au point que même les Esprits de la Terre non sollicités dans ce combat et appelés à s'occuper des affaires terrestres commencent eux aussi à le ressentir.

Les RR-4 ou enlèvements classiques sont maintenant chose du passé. L'objectif d'injecter dans l'ADN humain les correctifs nécessaires à la création d'une race adaptée aux réalités du nouveau monde a été atteint. Chaque naissance en est porteuse, et ce, depuis des centaines d'années, mais plus particulièrement depuis la seconde moitié du xxe siècle. Le transfert est plus que suffisant. Évidemment, si les forces de la polarité de Sirius voulaient vraiment mettre un terme à tout ce cirque, elles le pourraient. Elles ne le feront pas parce que cette planète a fait le libre choix de suivre Bel, il y a longtemps de cela. La polarité de Sirius, appelée aussi polarité positive, ne va jamais à l'encontre des choix librement consentis par une communauté. Mais il y a un mais. La polarité d'Orion, dite négative, qui librement gouverne cette planète sent qu'elle est en train de perdre le contrôle depuis un certain temps. Cela est dû au fait que de plus en plus d'Esprits du Ciel s'incarnent et reprennent le contrôle de ce que nous pourrions appeler le faisceau d'énergies créatrices de l'Éveil. Lorsque j'ai dit que cette planète avait librement consenti à suivre Bel, ce n'est pas tout à fait exact. Ce dernier a très bien joué ses cartes, et ceux et celles qui auraient voulu s'opposer à ses régimes multiples et diversifiés ont été à ce point séduits, ou plutôt manipulés, qu'ils en ont perdu tout jugement. Les dés étaient pipés, en somme. Les Esprits du Ciel sont ici pour redonner aux hommes le pouvoir de chasser l'Insidieux, et c'est ce qui est en train de se produire.

Les manifestations sont visibles dans tous les domaines : militaire, financier, social et politique. Il suffit de consulter des sources d'informations variées pour s'en rendre compte, en mettant de côté la version édulcorée des évènements mondiaux qu'on nous propose trop souvent. Les meneurs de la polarité d'Orion paniquent. Les petits évènements qui se produisent ici et là ne suffisent pas. Ils aimeraient déclencher un désastre majeur, une calamité quelconque pour que nous tombions à genoux, à leurs pieds, quémandant leur aide. Mais c'est terminé pour eux, ils n'ont plus ce pouvoir de nous manipuler aussi aisément avec d'aussi barbares et grossiers moyens. Et quand ils essaient vraiment, ça leur éclate en plein visage. Chez les humains, il n'y a guère de bons et de méchants dans ce conflit ; tous sont plus ou moins contaminés par l'Esprit haineux instillé en eux goutte à goutte depuis des centaines de millénaires. Une immense confusion règne. Pour le plus grand plaisir de Bel. Mais il n'affiche plus le sourire carnassier de la victoire.

Les grands évènements qui ont marqué la fin du XXe siècle sont d'excellents exemples, inachevés, de la panique monstre provoquée dans ses rangs. Il ne s'était pas préparé à cela. Il avait pourtant eu un avertissement sur ce que le fardeau des âmes peut représenter lorsqu'il est mené de front par une énergie collective aussi puissante. Il a sous-estimé les énergies du 9 novembre 1989. Peu le savent, mais l'effondrement de cette polarité a commencé avec la chute du mur de Berlin. C'est l'une des plus belles victoires de la polarité positive. Magnifique et sublime guerre sans armes, gagnée sans un seul coup de feu, sans qu'une seule goutte de sang soit répandue. Cette nuit-là, des régimes entiers, dont certains conçus dans la haine et la terreur, se sont effrités les uns après les autres. La polarité d'Orion a connu la peur, mais elle continue de se défendre bec et ongles. Elle a réagi d'ailleurs très agressivement avec les guerres entre Serbes, Croates et Bosniaques, de 1992 à 1995, et au Kosovo, en 1999. Ses forces diminuent parce que les nôtres augmentent. Elle est partout maintenant, dans tous les camps ; elle s'infiltre, s'immisce, se déguise, se transforme, mais, ce faisant, elle s'affaiblit. On ne verra plus jamais ces conflits sur Terre.

Les sociétés humaines de tous les points cardinaux, sans distinction de race ou de couleur, ont été sculptées sur un modèle de haine engendrant une pensée unique totalement égocentrique, visant le culte absolu du «moi» dans un ensemble incohérent de «nous». Comme nous le disions, tout ce qui est de conception humaine est maintenant contaminé, pollué, et doit être entièrement recyclé ou détruit. Mais ne faisons pas l'erreur, trop répandue dans certains milieux, de confondre des individus avec des systèmes et ne cherchons pas quel visage d'homme ou de femme est celui de l'ennemi. C'est le nôtre ! Il est insidieux et en chacun de nous. Pour cette raison, le mythe des Illuminati doit cesser !

Les Illuminati n'existent pas au sens d'individus choisis qui se transmettent un rôle diabolique de génération en génération en pleine conscience des pouvoirs qu'ils ont. Un tel procédé pyramidal aurait été éminemment risqué et se serait écroulé avant même de voir le jour, l'humain étant imprévisible et d'allégeance trop souvent changeante. Des êtres humains ne pourraient ainsi regrouper, sans qu'ils s'entretuent, tant de génies capables d'un tel exploit : contrôler le monde jusque dans ses moindres recoins avec l'adresse inouïe que prête la légende à cette organisation, elle-même inspirée par des évènements mineurs et inconséquents survenus au XVIIIe siècle[216].

Cela dit, le concept même des Illuminati est bien vivant et se trouve au cœur même des systèmes existants, toujours en opposition l'un contre l'autre, alimentant ainsi l'envie, la haine et la rancune. Les lois sont clairement édictées depuis toujours. Ne jamais créer une seule force monstrueuse et destructrice, toujours façonner son contraire en appa-

---

216.   La secte des Illuminés de Bavière fondée le Ier mai 1776 par le philosophe et théologien Adam Weishaupt. On lui attribue tous les péchés du monde depuis la révolution américaine jusqu'aux tours du 11 septembre, et pourquoi pas l'intervention de la Russie en Crimée ?

rence, mais tout aussi féroce et carnassier. Entre les deux : une race d'hommes incapables de se défendre. C'est l'œuvre de Bel. Il n'a besoin d'aucun appui, surtout pas de ces créatures hideuses que sont les humains à ses yeux. Il n'a qu'à l'offrir ; c'est là son coup de génie. C'est l'entièreté des systèmes qui doit s'effondrer et non les individus qui les soutiennent sans même comprendre le rôle qu'ils jouent. Et aucune forme de violence ne doit être utilisée de notre part, même minime, car nous jouerions le jeu de Bel ; c'est ce qu'il attend. Jeter des pierres au visage des policiers qui contrôlent une manifestation d'altermondialistes contre la tenue d'un sommet économique n'est pas la solution que propose la polarité positive.

Les meneurs de la polarité positive n'y arriveront que si nous les appuyons par un faisceau de pensées créatrices qui vont toutes dans la même direction. Or, chacune de nos pensées, même la toute première qui s'allume au matin, y contribue ou s'y oppose. Les forces hostiles à l'évolution des humains savent qu'elles sont en train de perdre la guerre. Bel ne rendra pas les armes, ne quittera jamais la Terre. Il veut non seulement y demeurer, mais reprendre son trône et vaincre ! Il est comme ça, Bel ; une entité déchaînée, haineuse et vengeresse, et qui déteste profondément l'humanité et tout ce qu'elle représente.

Pourquoi tout cela a-t-il été permis ? Parce que, collectivement, bien qu'inconsciemment, nous avons accepté le règne de Bel. Alors, depuis les plus hautes sphères de tous les univers, il a été décidé de donner une échéance à ce cycle. Un jour, cela devra s'arrêter ! Nous lui avons donné de nombreux noms : l'ère du Verseau, la fin du monde, l'âge cosmique, le retour de Nibiru, le Kali Yuga, le cycle des Mayas qui devait d'ailleurs, selon certains, se terminer le 21 décembre 2012. Personne ne sait exactement ce qu'il en est. Et aucune prophétie indiquant un évènement majeur sur cette planète ne s'est réalisée, pas même celle de Jésus[217] ! Mais

---

217. Matthieu 24, 34.

il est d'une évidence indéniable qu'un cycle s'achève. Nul ne sait quelle génération en verra l'aboutissement. La nôtre, celle de nos enfants ou celle de leurs enfants?

CHAPITRE NEUF

Une rencontre infernale

L'épisode *infernal*

Attention, ce qui va suivre n'est pas une somme de paroles entendues, mais des «émotions qui parlent» et elles sont très intenses. Ça ne s'invente pas, une situation pareille. J'ai ouvert une porte. Tout au cours de l'écriture, j'ai ressenti un malaise profond, à la fois physique et émotionnel. J'ai vécu cette «entrevue» à chaud. George Lucas a déjà dit à un journaliste qu'il avait dû affronter Darth Vader dans son écriture et qu'il avait transmis ces violentes émotions au public en racontant la scène de Luke dans la caverne, sur Dagobah. George Lucas n'est jamais allé sur cette planète, qui n'existe pas. Mais vous comprenez ce qu'il a transmis ! *Star Wars* n'est pas un film d'horreur avec des scènes terrifiantes ; cela a pourtant eu cet effet sur moi. Cela dépasse l'imaginaire et n'a rien à voir avec une création littéraire. C'est une exploration de l'inconnu qui se dévoile au fur et à mesure qu'on le décrit (et qu'on l'écrit). Je crois très sincèrement qu'il faut le vivre pour le comprendre, mais surtout pour le croire. Je sais que certains parmi vous le peuvent.

Prépare-toi, il est derrière cette porte !

À peine a-t-elle dit son dernier mot qu'il est là, assis sur la chaise jaune de notre petit radeau à nous. Aussitôt, une immense vague d'inconfort m'envahit. C'est physique et très dense. Je ressens une très forte appréhension ; je dois absolument me calmer. Je regarde de près. Je suis stupéfait. Il me fait penser à Anson Mount, dans le film de gangsters que j'ai vu récemment[218]. Je suis certain qu'il l'a fait exprès ! C'est un homme blanc, sans doute d'Europe de l'Est, dans la quarantaine, de taille normale, avec des yeux anormalement sombres, des cheveux noirs légèrement ondulés qui grisonnent sur les tempes, la mâchoire carrée et les joues rasées de près, mais dont l'ombre de la barbe persiste. Son visage est parfaitement équilibré. Il dégage une assurance au-delà des mots, et bien que son langage non verbal soit presque totalement absent, je sens chez lui une formidable irritation doublée d'une arrogance considérable, mais retenue, comme mise en réserve pour plus tard. J'ai l'impression que derrière ce calme olympien bouillonne une mer de lave en fusion. Je ne crois pas me tromper en disant qu'il est abominablement furieux de se trouver là !

Il porte un habit gris soyeux, à peine ligné de noir et absolument magnifique, coupé à l'italienne, avec une chemise bleu poudre et une cravate de soie noire ornée de motifs bleutés qui me sont familiers, mais je n'arrive pas à m'en souvenir. Je me serais attendu à beaucoup plus de rouge ; le rubis éclatant sur sa bague en est la seule présence. Il porte de superbes chaussures Dandy. Et tout lui va comme un gant. Je suis soufflé ! Je ne m'attendais pas au diable cornu avec des pieds de bouc et un trident de feu à la main, mais pas à ça non plus. Le ciel se couvre de nuages sombres. Le pic des montagnes est occulté par une masse floconneuse grise et le vent se lève. Il est plus froid que l'air. Tout cela devient extrêmement inconfortable. Je voudrais ne plus être ici.

« Votre vrai nom est bien Lucibel ou Lucifer ? » lui demandai-je avec le ton le plus indifférent possible.

— Depuis la grande Déhiscence qui me ravit cette appartenance à l'Empyrée divin, la liste des noms dont on m'a affublé est interminable.

---

218. *Safe*, de Boaz Yakin, avec Jason Statham.

Ce que vous appelez mon véritable nom, petit humain, n'a aucune importance pour cette rencontre, qu'on m'impose de façon incoercible.

C'est sorti d'un trait, sans qu'il bouge d'un millimètre. À peine ses lèvres ont-elles remué, sauf peut-être sur le mot «rencontre», comme si ce dernier lui restait en travers de la gorge. Donc le chat sort du sac. On lui impose cette rencontre avec moi, «un petit humain». Il doit vraiment être humilié! Il a une très belle voix grave. Il s'exprime en français, pour me convenir, avec un léger accent. Malgré ce que je ressens, son ton n'a rien d'agressif, il est même plutôt conciliant. Finalement, ça pourrait bien se passer, mais il utilise des mots que je ne connais pas...

— Un accent, venez-vous de murmurer? Roumain, avec un soupçon de moldave. La Roumanie est un très joli pays avec des paysages escarpés, embrumés et mystérieux. Être humain, et puisse-t-Elle m'en préserver éternellement, j'aimerais bien m'y dénicher un petit domaine du genre Huedonara dans l'Hateg, pas très loin de la Transylvanie. Quant à ces mots qui vous sont inconnus et qui confirment votre inanité, faites vos classes. Je ne suis pas plus Phébus que votre maître de cours et je ne saurais imaginer que même vous puissiez me reprocher l'élégance fleurie et diserte de mon éloquence.

J'accuse le coup.

— Quant à vous établir en Roumanie, Vlad Dracul l'a fait au château de Bran. Vous seriez en bonne compagnie avec lui et sa bande de joyeux lurons de l'ordre du Dragon. Elizabeth Bathory, c'est vous ça, non?

Je sens que je pousse le bouchon un peu trop loin. Je reprends:

— Vous êtes en conflit avec la Divine Mère depuis longtemps?

Je veux qu'il réagisse à mes insinuations, mais c'est tout comme s'il ne m'entendait pas. Il braque ses yeux sur moi et j'ai l'impression qu'ils me vrillent le crâne. Ses pupilles envahissent complètement ses globes oculaires; c'est terrifiant.

— Je ne partage pas son puéril optimisme envers le statut de l'humain, tant s'en faut. Cette «chose» est et ne sera jamais qu'une bête possédée par une force dont elle ignore tout et qui ne changera rien à ce qu'elle est : une bestiole tout juste plus cognitive que les autres. Mais elle est tout aussi mortelle et ne survivra jamais à la déplétion finale de sa carcasse, qu'importe ses suppliques ou ses oraisons jaculatoires. Cela n'arrivera jamais !

Il m'a vu réagir à cela. Il lit chacune de mes pensées. Il affiche un sourire que j'ai envie de qualifier de carnassier, mais un sourire demeure un sourire. Il continue.

— Oubliez toutes ces histoires de réincarnation, c'est un creux mensonge. Seul l'Esprit s'incarne de nouveau, et c'est là mon combat : démontrer que cette variété de cirque de puces qu'est votre humanité devrait être fermée, clôturée et pourquoi pas ensevelie à jamais, annihilée après tout. Pourquoi s'attendrir sur des pucerons ? Cela n'a plus aucun sens et n'en a jamais eu, de toute manière, depuis les débuts. Oui, petit sang-mêlé, vous n'êtes qu'insectes rampants, et lui cet Esprit qui accepte, qui se souille, porte un nom qui vous sera très familier. C'est un Esprit déchu. Un des anges déchus de vos légendes qui ne sont que de pauvres Esprits incarnés dans cet agrégat de chair molle et d'organes flasques trempant dans une bouillie chaude un peu écœurante, qui coule tambourinée par cette petite pompe ridicule que vous associez à vos sentiments les plus nobles, alors que vous et moi savons très bien que c'est quelques centimètres plus bas, à portée de votre main frénétique, que se trouve l'organe ubéreux de l'amour, sous l'emprise de sa petite lulibérine, n'est-ce pas ? Comment a-t-Elle pu vous adouber de la sorte, j'en suis encore meurtri !

Cet être est excessivement redoutable. On le croit sur parole. Aucune réplique ne me vient. Je me sens si petit soudain, si infime. Je dois répondre.

— À la mort du corps, la personnalité se distille...

— Alors, si elle se distille, vous en serez la mignonnette, pauvre vous! Voilà ce que vous deviendrez, sang-mêlé. Les buticulamicrophiles en seront très heureux, répond-il en gloussant.

— Pourquoi dites-vous «sang-mêlé»? Vous faites allusion à quoi exactement? J'ai un peu de sang amérindien, mais si peu...

— Votre lignée génétique personnelle me laisse froid, ce qui n'est pas peu dire. Quand je dis «vous», je fais allusion à cette récente humanité qu'est la vôtre. La plus récente en lice. Ne nous perdons pas sur les antérieures qui furent tout à fait différentes et largement supérieures à ce que je vois actuellement devant moi: un petit sac d'hormones, fabricant de germes et capable de s'exprimer. Bravo, petite chose, je vous félicite. Au moins, vous parvenez à articuler quelques mots sans vider votre cervelle et défaillir!

Il tape doucement des mains avec un cynisme qui me déchire. Je ne dois pas répondre à ces insultes.

— Non, je ne vous suis pas. Pourquoi dites-vous «humanité récente»?

Il lève les yeux au ciel comme s'il implorait la pitié. Je l'ennuie terriblement. Il me transmet cette émotion comme un coup de pied au ventre. Mais il finit par répondre:

— Aussi bien avant qu'après la perte de Phaeton, tous les Esprits et toutes les grandes races, depuis l'orée de chacune des galaxies les plus éloignées, sont venus ici, sur cette planète d'expérimentation.

Il fait une pause d'exaspération et me regarde comme si j'étais une crotte de chien.

— Pauvres ignorants, vous ne savez rien de rien. Et ce qui est encore plus navrant est que si vous saviez, vous ne comprendriez pas.

Il fait le geste de chasser une mouche qui n'existe pas.

— De fabuleuses civilisations ont existé ici, il y a si longtemps qu'il est inutile de vous en parler. Elles ont duré si longtemps qu'il est inutile de rappeler à quel point vous n'êtes qu'une race jeune, barbante et barbare – je ne suis guère impavide pour choisir mes termes. Oui, bien sûr, il y a eu des conflits, des querelles entre nous, les grands Esprits des très anciens temps, et c'est ainsi que nous sommes ici, dans ce monde. Malgré tous ses échecs précédents, ceux de la Divine Mère bien sûr, malgré l'immense réservoir de purs gènes dans tant de mondes épars, Elle s'obstine encore à croire en votre espèce. Vos races actuelles, caucasienne, négroïde et mongoloïde, font abstraction de deux autres races qui furent les marqueurs de votre apparition en vagues successives sur cette planète, un peu comme les sauterelles d'Afrique qui reviennent selon un cycle tout aussi dévastateur. Le *Veda,* l'*Avesta,* mais également les plus anciens textes de l'ancienne Égypte sont très éclairants sur cette question ! Je ne fais pas d'uchronie, moi, petit sang-mêlé !

Il se calme un peu, me dévisage curieusement.

— Vous ne lisez rien dans ce monde ? Ça vous donne la migraine ou la nausée de voir plusieurs lettres attachées ensemble ?

Il me regarde encore une fois comme si j'étais un phénomène de cirque.

— Au départ, sachez qu'aucune de vos races ne vient de ce monde que vous salissez de votre présence. Toutes ont été changées par la semence d'un très grand nombre d'autres races, originaires de mondes dont vous n'avez aucune idée. Venant de galaxies lointaines, tels des voyageurs cherchant l'oasis précieuse, elles se sont arrêtées sur cette gemme flottant dans l'éther et ont contribué à la rendre vivante. À ce point, linotte, j'espère bien que vous ne cherchez plus l'Adam de vos mythes ridicules. Il y eut bien les hommes rouges, que vous considérez à tort comme des sous-produits de la civilisation mongoloïde, les hommes jaunes, puis les hommes noirs et les hommes blancs. Ces races, maintes et maintes fois brassées dans la semence étrangère des dieux anciens de vos légendes, vinrent par vagues polluantes, simultanées ou successives, et formèrent de nombreuses humanités qui disparurent et revinrent, chacune dominant en son temps, sur les terres idoines. De nos jours, elles ne sont plus que du pathétique sang mêlé. Mais la plus récente, la dernière en lice, est la race de Tamahou, l'homme au teint blanc et aux cheveux roux.

— Non, attendez, les hommes rouges ! Il en existe toujours ? Je veux dire, ce sont nos Indiens d'Amérique ?

Sa voix devient sifflante. Il accélère le débit. On sent qu'il a hâte d'en finir avec tout ça. Il frotte de ses mains les accoudoirs et bouge un peu plus.

— Les premiers humains à devenir une civilisation furent les hommes rouges du continent austral, là où se situe l'Antarctique, mais qui s'étendait tout le long de l'océan Indien jusqu'à l'Himalaya. Ce fut le temps des terres mythiques, qui finirent par être détruites. Leurs survivants furent dispersés partout dans les hauteurs, comme poussés au gré de l'humeur des vents anabatiques du globe. Il en resta les peuples fondateurs des empires de ce qui devint le Mexique et l'Amérique du Sud, ainsi que tous les peuples polynésiens. Certaines tribus amérindiennes de vos Amériques sont des descendantes directes des hommes rouges, mais la plupart sont des sang-mêlé ayant frayé avec les hommes jaunes qui traversèrent l'isthme de Béring avant qu'il s'effondre.

— Vous semblez parler des hommes rouges avec une certaine nostalgie. J'en suis presque bouleversé.

— N'abusez pas de ma munificence et ne projetez pas vos faiblardes émotions sur moi comme des glaires. Vous êtes répugnant ! Ces hommes rouges sont les premiers essais agrestes de la Divine Mère, mais elle a échoué, là comme ailleurs. Elle échoue dès qu'il est question de l'humain. Ceux qui restent, une misérable poignée d'entre eux, témoignent de cela. Ils ont la mémoire collective la plus ancienne qui soit, mais personne ne leur prête attention. Ils sont comme la jeune et belle Alexandra de

Troie[219], qui vaticinait en vain. Leur mélancolie se transmet par leurs mélopées et leurs cantilènes, donnant à leur visage une couleur de tristesse. Une humanité entière fut ainsi trahie par l'espoir vain d'un Dieu femelle qui n'a pas tenu sa promesse. Leur déchéance rappelle ce premier et lamentable échec.

— Puis ce fut les hommes jaunes ?

Il a retrouvé son calme.

— Ils sont capables d'une fabuleuse cruauté. On se demande même s'ils ne l'ont pas inventée. Mais ils n'ont été que des conquérants sans ambition et se sont retirés dans leur mutisme actuel, comme le ver dans la pomme. Ils vivent par centaines de millions les uns sur les autres comme des cloportes, mais ne font guère plus de bruit en ce monde que la plus insipide des nations, la vôtre par exemple. Ils sont si amusants parfois ! L'argent et le jeu ont un effet foudroyant sur ces petites bêtes fascinantes à observer dans leur gigantesque terrier. L'effet est comme cet opium qu'ils ont toujours adoré. Ne craignez pas le péril jaune, achetez-le et vous serez en paix.

Il s'esclaffe, vraiment content de lui-même.

— Et...

Il m'interrompt d'un geste.

— Puis du type nubien et éthiopien, et non pas de cette tragédie qu'est cet être inachevé et fondamentalement ancillaire qui essaime la planète, ce fut la race noire d'Halasiou, dominant tout le sud de l'Europe, jusqu'à l'Égypte, et tout le nord de l'Afrique avec sa théocratie très bien adaptée à mes idées. Les Noirs m'ont suivi presque à la lettre et le feraient encore s'ils étaient intéressants, mais plus ils s'éloignent de leur foyer primaire, plus ils se conduisent comme des mandrills, ce que vous êtes

---

219. Il fait allusion à Cassandre, la fille du roi Priam de Troie, qui reçut d'Apollon le don de prophétie. Comme elle se refusa à lui, il lui jeta un sort cruel : personne ne croirait ses prédictions.

tous, au demeurant. Je n'ai plus vraiment à m'occuper d'eux. Ils font très bien cela eux-mêmes, tout céladons qu'ils soient. L'ordre d'abattre les grands arbres est livré par une petite antenne de rien du tout[220], et huit mois plus tard, l'eau et le sol de leur petit pays fadasse rougissent de leur sang. Le sang, notez-le, de leurs frères et de leurs sœurs. De la même race, du même pays. Ils ont fait ça tout seuls comme des grands. Un vrai miracle. J'ai songé à la retraite, vous rendez-vous compte ? J'adore le son de la machette sur une nuque au petit matin. Cela me procure une sinueuse ondulation trémulante, pas très étrangère, mais bien supérieure à votre misérable orgasme ! Puisque c'est terminé tout ça, pour me divertir, je me balade au Congo ces temps-ci. Ils n'ont pas terminé de se battre pour le coltan. Ils en sont à combien déjà ? Six ou sept millions de cadavres[221] pour permettre aux autres races augustes et vénérables de passer un appel totalement inutile ? Je ne compte plus. Après un moment, c'est redondant tous ces chiffres et ça en fait ressortir l'odeur, comme celle du Darfour. Ah, l'Afrique ! Quel ravissant terrain de jeu pour l'enfant turbulent qui sommeille en moi !

— Je ne perdrai pas de temps à vous traiter de monstre et de raciste immonde, c'est l'évidence même.

— Exactement, petit sang-mêlé. Craignez de hausser la chanterelle et ne perdez pas mon temps. Il n'en reste guère à cet entretien et je m'ennuie terriblement à faire votre éducation. On se demande de quoi vous parlez avec la Barbélo de l'univers. Vous êtes d'une ignorance telle que

---

220. Sur les ondes de la radio des Mille Collines, radio de propagande de l'akasu rwandaise, le signal du début du génocide fut la phrase codée: «Abattez les grands arbres.» Ce génocide fit de 934 000 à un million de morts, dont 99 % entre avril et décembre 1994.

221. De 5 à 6 millions de morts depuis 1998, dont 47 % sont des enfants de moins de cinq ans. Le contrôle des ressources minières, dont le coltan destiné aux portables et autres appareils électroniques, est à l'origine de ce conflit qui implique sept autres pays d'Afrique. La République démocratique du Congo est dirigée par le tyran Joseph Kabila.

vous en êtes pâle et n'avez aucune tenue. Secouez-vous, bon sang. J'ai le sentiment de m'adresser à un mollusque privé de son écaille.

Pas question de m'emporter ou de relever ses insultes. Il peut effectivement s'éclipser à tout instant, mais je commence vraiment à me sentir mal en sa présence. Il a raison, je suis fâcheusement intimidé et ma posture s'en ressent...

— Il y eut ensuite la race des hommes blancs, dis-je presque innocemment en me redressant.

— Ils sont venus du nord, du pays des glaces de l'antique Hyperborée. Ils furent les plus grands conquérants et les plus grands guerriers de toutes les humanités précédentes. J'ai personnellement rédigé la recette pour bien faire macérer leurs cellules avec celles d'espèces particulièrement guerroyantes du secteur d'Orion. Ils ont maintenu les hommes rouges et les hommes jaunes à distance dans leur territoire respectif jusqu'à ce que les Espagnols débarquent chez les hommes rouges. Comme les jaunes demeuraient tranquillement chez eux, dans leur pays sans ressources, mais parfaitement en mesure de se défendre, ils ont préféré s'en prendre aux hommes noirs plus dociles et naïfs. Ils firent des esclaves de la moitié d'entre eux et massacrèrent les autres. Les désastres naturels firent le reste et il ne resta des Noirs que les fils de Cham. Les purs et nobles représentants de cette race sont très peu nombreux aujourd'hui et parsèment l'Éthiopie, le nord du Soudan et le sud de l'Égypte.

Il s'arrête brusquement. On dirait presque qu'il est nostalgique...

— Mais...

— Mais il y eut surtout cette race supérieure, à la peau blanche d'une nitescence sans égale, celle des Aryas, dont certains étaient originaires de Phaeton. Ils habitèrent l'Europe, l'Asie, la Perse et l'Inde. Le berceau de cette race aux relents princiers se situait au centre de la Grande-Asie, dans les vallées de l'Oxus. Les Aryas ! Voilà l'unique race d'humains qui aurait dû être considérée par l'Hypostase pour être habitée par un Esprit. Ils furent les Scythes glorieux et ceux que vous avez appelés les Indo-Européens.

— Les Aryens ? Tout cela n'est qu'un mythe grossier inventé par les occultistes nazis pour favoriser la théorie d'Hitler sur la suprématie de la race blanche. Je suis désolé, mais le concept indo-européen fait allusion à une langue, pas à un peuple !

— N'est désolé que le désolant, et vous l'êtes. Mettez vos impertinentes remarques de fond de classe de côté, mollusque ! Les nitides Aryas ont disparu à jamais. Ils n'étaient pas assez nombreux, et vos races impures pétries d'émotions infectieuses les ont corrompus, contaminés, puis anéantis. Il ne reste que vous tous, sang-mêlé, piétaille inutile et inculte. Échec après échec. (*Il a craché ces mots avec un geste brusque de la main.*) Voilà le constat que l'on peut faire de Ses humanités antiques et actuelles. Et c'est dans ces écrins de chair flasque forniquant dans la parentèle que la Divine Mère a placé ses espoirs et ses désirs ! Quel drame universel, quelle erreur cosmique, quelle effroyable perte d'énergie dans cette masse putride ! Et pour quoi ? Pour les voir s'entredéchirer depuis des centaines de milliers d'années ! Voilà qui obombre mes pensées à tout moment !

— Hitler a...

— Ce crapoussin chétif n'a rien compris des enjeux réels. Cet imbécile atteint de rétention anale, aux intestins hystériques, a tout confondu et a utilisé la vérité concernant les Aryas non pas dans le but de faire valoir l'ensemble de la race blanche en la préservant et en la décontaminant comme il était prévu qu'il le fasse, mais en la ramenant tout bêtement à son petit peuple de Germains grossiers et hirsutes. *Wir sind das deutsche Volk. Wir sind die höhere Rasse*[222].

Je suis certain qu'il a pris la voix d'Hitler.

— Oui, mais...

---

222. *Nous sommes le peuple allemand. Nous sommes la race supérieure !*

Il m'interrompt comme si je n'existais pas.

— La haine colérique et maladive des Juifs de ce croquant n'avait rien de songé. Il n'en avait après eux qu'en raison de leur sens aigu des mécanismes qui régissent la finance internationale et le système des banques. Il rageait de les voir proliférer dans ce domaine, alors que son pays d'andouilles rosâtres aux cheveux jaunes crevait de faim. Il n'en avait finalement qu'après l'argent et le pouvoir. Il n'a rien inventé que Luther[223] n'avait pas déjà formulé brillamment en des termes encore plus évocateurs. Ces bouffeurs de choucroute à la panse démesurée n'ont jamais été une race plus supérieure que ceux qu'ils combattaient. Ils arrivent tout juste à fabriquer de la bière et des voitures, les gueux. Ce crétin tremblotant et syphilitique et sa troupe de bandarlogues, de gitons et de tribades enragés, auront au moins fait pencher la balance de mon côté, montrant fort obligeamment aux univers attentifs ce qu'un humain habité par Dieu (*qu'il souligne d'un grand geste du bras*) peut faire pour en arriver à la solution finale d'un problème de vermine dans sa demeure! L'histoire regorge de gens comme lui, ce qui ne fait que démontrer ce que je martèle dans ma déréliction dans les cieux depuis les débuts de cette mascarade honteuse. Vous n'êtes que des animaux, dont l'unique avenir est d'engraisser les terres, où les vers, les limaces et autres petites splendeurs visqueuses dégustent votre venaison pourrissante sans atermoiements.

Il impose des images effroyables sur mon écran mental, mais j'arrive à me contrôler.

— Je termine avec ma question. Si les Aryens, la race supérieure blanche, ont vraiment existé, où sont leurs descendants aujourd'hui?

---

223. (1483-1546) Martin Luther, le père de la Réforme, aura été le vrai sauveur du christianisme en mettant un terme à l'universalisme de l'Église catholique, mais sa haine extrême des Juifs était viscérale et fut à l'origine de l'antisémitisme germanique qui s'est répandu comme un virus dans toute l'Europe. Les suppôts hitlériens avaient là une source profonde en laquelle puiser leur inspiration.

— Féminisés, délavés, inférorisés par des millénaires de copulations interraciales. Leur impéritie est généralisée. Imaginez Apollon engrosser une vache dans un pré en rotant son déjeuner, et vous aurez le tableau parfait qui évoque vos origines. Il reste quelques très rares blanchons vivant encore dans les montagnes d'Iran, dans certains secteurs des Indes, dans le nord et l'est surtout, au Népal, au Sri Lanka et dans les Maldives. Mais ne les cherchez pas, ils sont agonisants parce qu'asphyxiés par le sang veule qui se fraie péniblement un chemin dans leurs veines ramollies. Perdu à jamais, ce potentiel fabuleux qui aurait pu faire de l'humain autre chose qu'un morpion !

— Un morpion, mais qui vous fait peur ! Parce que vous sentez le besoin de le manipuler et de le contrôler.

C'est la première fois que je l'affronte directement. Ses yeux cillent, ses lèvres se serrent légèrement.

— Pauvre petit sang-mêlé sans cervelle ! Quel amphigouri que voilà ! Vous tombez droit dans le piège du « méchant diable » que j'ai moi-même tendu et qui fonctionne toujours après des millénaires. Puisque vous en avez l'unique occasion, profitez donc de ma présence et cessez d'obvier à l'essentiel en pérorant sur de vieux slogans éculés venant de votre culture mièvre. Je suis économe de mes énergies et je n'ai nul besoin ni envie de vous contrôler ou même de vous manipuler. Je n'ai qu'à diaprer ma pensée et à faire en sorte qu'elle s'harmonise à vos inénarrables faiblesses. Vous n'êtes que des animaux savants à qui on apprend à faire des tours, des numéros de cirque. Je vais grandement vous décevoir. Vous saviez que les dresseurs d'animaux sauvages ne dressent justement rien ? Ils observent les petites bêtes et notent ce qu'elles aiment faire spontanément, par elles-mêmes, avec un ballon ou un cerceau, si elles aiment sauter ou pas, si elles ont peur du feu ou des hauteurs. Après des mois d'observation, ils ne font alors que les encourager à exécuter ce qu'elles aiment déjà, en les gratifiant d'une récompense quand elles le font sur commande. C'est aussi simple que cela. Idem ici, petit sang-mêlé. Je fais tourner des cerceaux et rouler des ballons devant votre faciès niais et simiesque, et vous, crétins fascinés, les yeux ronds comme celui du chimpanzé, vous prenez la route du cirque. J'en conserve d'immarcescibles souvenirs. Et, pendant ce temps, l'univers tout entier contemple votre nullité primitive : celle de savants macaques ! Tiens, j'ai envie de vous offrir une banane.

Il sourit presque aimablement. Effectivement, il en tient une dans la main. Je l'ignore.

— Dans certains cas, vous « possédez »...

— Ah, pitié ! Vous n'allez pas me ramener *L'exorciste* de votre pitoyable cinéma, tout de même ! Mettons cette logorrhée au clair, sans cervelle ! On ne signe pas de pacte faustien avec moi, puisque je ne saurais comment disposer d'une âme que vous n'avez pas. C'est Dieu qui a décidé de vous posséder, ce n'est pas moi. C'est Elle, la Divine Mère, qui s'immerge en vous, sans doute parce que femme quelque peu, elle aime les bains de boue ! Si vous êtes du genre à me parler de l'âme, elle ne vient pas de moi cette singularité douteuse, mais d'Elle. Vous posséder ? Non, mais quoi encore ? Vous aimer peut-être ? Ce ne doit pas être une expérience exhilarante que de vivre la mouise toute la journée et de traîner cette graisse flageolante aux relents puissants de défécation partout où l'on va. Je ne me demande pas comment vous faites, parce qu'étant un animal, mortel, éphémère et malpropre, cela vous sied à merveille, tout comme les rats qui ne sourcillent pas à l'idée de vivre dans les égouts. Vous me suivez, j'espère ? Peut-être suis-je trop rapide ? Même si la Géhenne existait, je vous frapperais d'ostracisme tant vous êtes déplorables. Au moins, Amosu, un de vos inachevés, vous aura appris à fabriquer des costumes qui ont un peu de classe. (*Il flatte le revers de sa veste et sa cravate de soie.*) Non, moi, si je voulais vous « posséder », vous auriez la fière allure des attiques anciens, croyez-moi. Ça vous changerait ! (*Il enlève un fil blanc sur la manche de son costume, ce qui semble le rendre perplexe.*)

— Vous me dites que l'Esprit en moi ne fait que me posséder. Je ne suis donc pas lié à lui? C'est ce que vous dites?

— Vous êtes la quintessence du parasite, une imperfection poisseuse qui se colle à quelque réalité infiniment supérieure, comme le rémora sur le grand requin. Mais puisque cela constitue Sa volonté depuis le début de cette triste aventure, qui suis-je pour m'y objecter!

— Mais vous le faites pourtant, vous objecter! *Non serviam?*

— J'ai mené quelques objurgations une fois ou deux avec une larme de jactance que je veux bien reconnaître. C'était peine perdue que d'investir tant d'énergie sur une créature aussi grotesque. Un jour, fort de cette hubris dont on m'accuse, j'ai dit à la Divine Mère que je lui en ferais la preuve, mais qu'il n'était pas question pour moi de brandir l'auriculaire pour cette «chose» qu'Elle affectionnait. Je m'évertue depuis à lui faire changer d'idée, mais c'est une Divine entêtée! Après tout, Elle peut bien faire ce qu'Elle veut. Moi, je dis que c'est une œuvre perdue, à grands frais, et je le lui montre depuis des éons. Elle persiste à croire en son projet: une sorte d'humanité qui deviendrait parfaite dans une éternité à venir! (*Il s'esclaffe.*) Et qu'en plus il faudrait servir, guider, comme si nous n'étions que des domestiques pour petites bêtes égarées dégageant une odeur formique tenace. Elle a exagéré, cette fois. L'un de nous, ses illustres Lucifer, devait lui faire savoir; c'est notre rôle après tout! Vous n'êtes qu'une très mauvaise grippe contractée sans doute après une trop longue nuit de Walpurgis. Ça finira par lui passer, mais comme on dit chez moi: «Dieu que ça traîne!» (*Il éclate de rire.*)

— Vous dites que vous prouvez que nous ne sommes que des animaux, mais en réalité vous êtes à l'origine de ce que nous appelons le mal, non?

— Je vais vous révéler un grand secret, loche repoussante. Répétez-le à tout vent, vos semblables n'y verront que du feu (*encore cet humour décapant*). Je joue toujours sur deux tableaux. Je suis dyptique et je crée l'équilibre entre l'ombre et la lumière. J'ai inventé le diable, afin qu'il instaure ce climat obsidional, et pour le combattre, j'ai créé les religions. Je suis comme vos marchands de mort, je vends mes armes aux deux camps opposés, aux bons et aux méchants, aux mêmes conditions, au même prix, mais ce n'est pas moi qui les utilise. Les humains cherchent à s'entretuer depuis toujours. Je leur offre la possibilité de le faire avec les produits les plus efficaces, sans plus. De cette manière, je fais la démonstration à la Divine Mère que l'humain qui croit faire le bien est aussi retors que celui qu'il condamne et ne cherche qu'une belle excuse pour tuer à son tour. Vous êtes tous les mêmes. Je ne triche pas, je ne le pourrais pas, je suis en «résidence surveillée» sur cette planète, pour très peu de temps d'ailleurs, alors je ne fais que favoriser l'éclosion de phénomènes ou de réalités qui correspondent à vos forces et à vos faiblesses. Chaque fois, c'est l'apothéose! Ce sont vos faiblesses qui l'emportent. C'est comme lorsqu'on met deux mâles combattants du Siam[224] dans le même bol: inévitable! Je gagne à chaque mise. Côté religions, j'ai visé juste, comme ailleurs en fait, mais je dois reconnaître que c'était un coup de génie. Elle doit bien le voir pourtant, mais cela ne semble pas la convaincre. Même vous, sang-mêlé, petit humain – je me suis un peu informé sur votre personne –, vous ne vous ébahissez pas devant cette race humaine qui est pourtant la vôtre. Vous en parliez tout à l'heure: «Guère mieux qu'un poulet ou même une plante d'appartement.» Ce n'est pas moi qui ai dit cela, c'est Elle, et qui plus est, Elle en est fière. Je suis consterné.

Il soupire, regarde au loin, tout en tapotant l'accoudoir de la chaise de sa main parfaitement manucurée. Il dodeline un peu de la tête et me pointe du doigt.

— En plus, vous êtes magnifiquement orgueilleux, égoïstes, égocentriques, rancuniers, chicaniers, et tout cela à outrance, sans limites, tous autant que vous êtes, presque sans exception et depuis des centaines de milliers d'années. Qui plus est, il suffit de très peu pour faire rejaillir les

---

224. Petits poissons d'aquarium très féroces.

instincts primaires animaliers les plus ancestraux de violeur, de voleur et de tueur qui sont dans vos gènes depuis des éons. Pleurez sur vous-mêmes, humains ; ne me faites pas porter le blâme de vos pitreries de masse, de grâce. Je ne crée pas de monstres, moi, ils sont déjà là. Je ne fais qu'ouvrir leur cage et je Lui montre ce que vous êtes une fois libres. Et vous faites cela très bien, sans mon aide.

Je ne m'attendais pas à ce genre de discours. Je commence vraiment à me sentir très mal, mais je suis collé à ma chaise, fasciné, incapable de le détester, mais pire encore, incapable de vraiment pouvoir le contre-dire. Avec deux doigts, il ajuste le pli de son pantalon, une jambe croisée sur l'autre, et bascule la tête en arrière en gloussant.

— Vous appartenez à deux camps : la majorité bêlante, qui n'est rien d'autre qu'une proie, et l'élite montante, merveilleuse et prédatrice. (*Il se redresse vivement et me fixe avec un sourire détestable.*) Si je place plu-sieurs chèvres bêlantes sur le chemin du tigre, j'offre à Dieu l'occasion de voir ce que vous êtes vraiment à nu, sans artifices, sous les deux as-pects. La chèvre bien grasse de sa provende, isolée, qu'aucune des autres ne vient secourir ; et le prédateur sans pitié qui va la dévorer, vivante, sur place, sans une seule hésitation et calmement, parce qu'il est comme ça. Après quoi, il léchera le sang qu'il a répandu sur le sol et s'en ira, chaloupant. Quant aux autres chèvres, il y a longtemps qu'elles ne se-ront plus dans le décor. Parce qu'elles sont comme ça elles aussi, couardes et constamment affolées par un rien. J'ai donc placé sur votre chemin toutes sortes de marqueurs, sous toutes leurs formes. Chaque fois, vous confirmez à l'univers que vous n'êtes que des prédateurs sans pitié ou des proies stupides incapables de se défendre. Souvenez-vous, sang-mêlé, vous preniez même la peine de vous mettre en ligne comme de bons gar-çons et de bonnes filles pour vous faire gazer dans les camps ! Et d'autres humains, vos frères et sœurs tout aussi blancs que vous l'êtes, ces reîtres, vous faisaient entrer dans ces fausses douches et ouvraient le gaz. Ils re-gardaient par le «judas», un nom juif, n'est-ce pas hilarant, et savouraient votre mort avec un sourire de circonstance avant de vous enfourner pour de bon jusqu'à ce que vos corps et les escarbilles ne fassent plus qu'un. J'adore l'odeur d'un corps juif qui brûle au petit matin dans les campagnes de cette douce et innocente Pologne !

— C'est à cause de vous, vous êtes le grand tentateur !

C'est sorti avec une faiblesse qui me fait mourir de honte. Je ne sais pas ce qui m'arrive.

— Vous avez la psittacose ? Je ne place que des éléments qui vous sont assortis, qui vous conviennent. Je ne tente jamais un individu et je ne le possède surtout pas. Votre petit ego animal fait bien cela tout seul, et vos fantasmes sur le diable créent de piètres films, mais parfois très drôles. Vous m'avez fait aussi moloch sur vos écrans que vous l'êtes intérieurement. Non, moi, je crée des systèmes, je crée des situations et elles correspondent à ce que vous devriez repousser avec fermeté, si vous étiez vraiment sous la guidance de l'Esprit, comme Elle ne cesse de me le dire en me tapant très sérieusement sur les nerfs. Je vous montre sous votre vrai jour, et c'est comme si Elle ne voyait rien. Elle est exaspérante dans sa nullité, toute Divine qu'Elle soit. Vous devriez me repousser, détruire mes systèmes, vous en débarrasser en hurlant de rage, si vous étiez vraiment « Esprit d'abord, humain ensuite », comme j'ai pu le lire sur votre bouquin, marivaudé à souhait et très naïf, d'ailleurs. Mais non, vous ne le faites pas. Au contraire, vous sautez sur la moindre occasion de vous conduire comme des bêtes. Cela s'explique tellement bien ! (*Il hausse le ton et frappe l'accoudoir avec le poing.*) C'est ce que vous êtes et ce que vous serez toujours ! Vous n'êtes rien d'autre que des proies faciles à dévorer ou des prédateurs cruels et tyranniques. Ne m'accusez pas d'obturation, je suis le simple portraitiste de votre décadence innée.

Il se calme, porte son regard au loin. Un léger sourire se forme sur son visage.

Quand un raz-de-marée ou un bon gros séisme nettoie cette planète d'Augias et tue des centaines de milliers d'humains en quelques heures gracieuses et rassurantes, je me dis que voilà un curetage du nez qui pourrait améliorer l'espèce, surtout lorsque les humains tués sont primitifs, plus primitifs que vous, les Blancs.

Mon visage trahit ma déconvenue.

— Vous ne comprenez pas ? Ces races pas très achevées, vous me suivez ? On voit bien à leur comportement qu'il leur manque quelque chose d'essentiel. On a l'impression qu'elles ont été créées séides, vous ne pensez pas ? Un regard sur leurs grandes œuvres équivaut à contempler la viduité absolue ! Je me dis alors que les humains vont bien finir par se rendre compte que leur Divine maman n'est pas très équitable dans l'attribution des qualités essentielles à l'évolution sur cette planète. En plus, Elle ne fait rien quand ils s'empilent grossièrement par tranches de milliers dans leurs charniers. Elle ne dit mot, donc consent et subit l'odeur pestilentielle de leur décomposition à ciel ouvert quand cela se produit. Le tsunami du Japon ? Quel spectacle admirable ! Je me suis levé tôt ce matin-là pour ne rien manquer. Eh bien, Elle était partie faire des courses en Australie, je crois ! Quels mémorables instants ! C'est comme si quelqu'un avait fait le ménage en torchonnant la pièce. Comme Elle n'a point réagi, c'est qu'Elle approuvait au fond, vous ne pensez pas ?

Voyant que je ne réponds pas, il poursuit sur sa lancée, l'air très satisfait. Je ne sais pas ce qui m'arrive, je suis incapable de répliquer, de rétorquer, de l'affronter. Je me sens comme cette huître dont il parlait et qui tente de sortir de sa coquille en rampant.

— Vous ne répondez pas, petit humain ? Vous pensiez que j'allais m'adresser à vous à fleuret moucheté, évitant de vous sabouler notablement ? (*Il attend et poursuit, l'air ravi.*) Peut-être qu'Elle commence à croire que vous n'en valez pas la peine ? Qu'Elle prend petit à petit conscience que, pour plusieurs d'entre vous, Elle a raté son coup ? Il est vrai que toutes les couleurs et tous les goûts sont dans la nature, mais Elle aurait pu se limiter à une seule peau, digne de ce nom. Vous avez noté que j'ai choisi une peau de Caucasien, mâle de surcroît ? Paraître ici comme un des vôtres dans ce déguisement de chair est humiliant et accablant. Autant se gratifier d'un peu de respect de soi, comme vous dites si bien, et ne pas s'exposer dans une couleur criarde, et encore moins affligé de lourdes mamelles, collantes et grossières.

— À vous entendre, vous n'êtes responsable de rien de tout cela.

Je viens de respirer un grand coup. Ça aide !

— Je n'aime pas me répéter, mais ce sont là les limites de la sauce blanche qui clapote entre les os de votre crâne, semble-t-il. Je m'amuse à la fois avec le bien et avec le mal, comme je l'ai déjà dit. Je crée des circonstances, des plus simples aux extrêmes. Et vous tombez toujours dans les mêmes rets. Vous savez, le *« moi, moi, moi »* ? Si le péché existait – un de mes mythes préférés qui permet à vos grands prêtres de vous menacer, de vous humilier et de vous punir –, ce serait votre appropriation de l'Esprit ou de la Lumière. Et vous le faites, même dans vos plus purs moments d'anagogie.

Évidemment, quand vous frappez à mort une vieille dame pour lui arracher les économies de sa vie, quand vous violez un enfant de quatre ans ou quand vous ouvrez la gorge d'un opposant avec une lame rouillée, je n'ai qu'à ouvrir le rideau de la scène pour que l'univers se rende compte que vous n'êtes guère plus qu'une souillure animée se baladant avec insouciance, le carnier bien rempli. J'y ajoute parfois une petite musique de cirque, ça fait joli. Et, bien entendu, vous n'avez aucune limite en matière d'infamie. Vous êtes vraiment les artisans de votre déchéance à venir. Vos « actualités » en débordent quotidiennement ; elles sont mes petits téléromans quand je m'ennuie. Mais votre plus grand accomplissement de prédateur, c'est la tyrannie. Je vous fabrique depuis toujours des systèmes politiques extrêmes, et au lieu de les rejeter avec mépris, vous sautez dessus comme s'il s'agissait d'une terre de promission et que votre existence en dépendait. Ah, le Cambodge d'antan, la Corée du Nord actuelle ! Quelle réussite ! Et tous ces beaux enfants bien sanglés, ces adeptes du semtex ! Quelle merveille, non ?

— Vous faites allusion au terrorisme ?

— Mes petits rats de service, oui ! Mais de plus en plus, ils flairent le piège sous le fromage, ils sont plus subtils, moins fétides et caligineux. C'est dommage ! On s'ennuie du nazisme, du communisme, même s'ils ne furent que de petites historiettes dans votre parcours. On a vu tout cela plus tôt. Il y en a eu de nombreux autres qui ont éclos en terre fertile, bien avant et bien plus conséquents que les frasques de ces myrmidons rachitiques sous leur glacis de bourreaux absolus. Attendez que je me souvienne... Il y eut de grands moments avec Shi Huangdi, premier empereur de Chine ; avec Tamerlan, un vrai cœur celui-là ; avec Attila et même Alexandre ou sous les Ottomans. J'ai tellement de belles images des Khmers rouges sous Pol Pot et de leur indicible dévouement à ma cause[225]. J'aimerais tant raconter dans le détail le plus infime les expériences de Shiro Ishii ou les pratiques intéressantes de Jian Qing[226] ! Quels humains magnifiques et remarquables ont-ils été ! Tous dans l'accomplissement de ces merveilles. J'aurais presque dit « mes sujets » s'ils n'avaient pas été à la base de vulgaires cloportes.

— C'est ridicule. C'est comme si nous étions tous des tueurs sanguinaires !

— Oui, exactement. C'est en vous, comme un lac de lave qui bouillonne plus ou moins profondément. Mais rassurez-vous, votre couardise et votre lâcheté, que vous prenez faussement pour de la charité et de la compassion, vous tiennent loin de ces gestes extrêmes. La chèvre tremblante qui ne cesse de bêler, c'est vous aussi ! Vous incarnez tout le bestiaire ! Quand vous versez une aumône à un de ces bélîtres gluants de sueur méphitique qui se décompose tranquillement sur le trottoir,

---

225. Personne ne comprend comment ce peuple, en général pacifique, paisible et de foi bouddhiste, a pu contribuer à créer pendant quatre ans un des régimes tyranniques communistes les plus cruels et les plus absolus avec 1,7 million de morts de 1975 à 1979.

226. Respectivement médecin japonais responsable de l'effroyable Unité 731 et épouse tyrannique et barbare de Mao Tsé-toung.

une main lépreuse tendue dans le vide, ou quand vous faites un chèque (*il a presque craché ce mot*) à une organisation quelconque, vous exposez votre nature et l'essence de votre motivation bien réelle – et non la belle image d'évergétisme que vous tentez de projeter –, celles d'un petit animal honteux qui veut se faire pardonner par maman ! Même vos violentes crises d'onanisme provoquent la honte, mais la culpabilité ne donne pas de «bonus», comme vous dites, elle ne fait que révéler votre terreur d'être puni, comme un chiot qui répand son margouillis sur le plancher et va se cacher dès qu'il entend venir son maître. Tantôt un tigre sans pitié, tantôt un rat pestiféré ; un chiot peureux puis un petit chevreau bêlant qui a perdu sa maman ; quand ce n'est pas un bonobo qui voudrait jouir toutes les quatre-vingt-dix minutes.

Il s'esclaffe une fois de plus, il a l'air content de lui...

— Mais là où vous faites vraiment sourire, c'est quand vous êtes gonflé d'orgueil par votre grande humilité. Quel merveilleux paradoxe ! Vous êtes divertissant à défaut d'être intéressant. J'ai exploré tous les mondes : vous êtes bien la seule créature capable de ressentir l'orgueil d'être humble. «Je suis une bonne personne, je donne mon argent, je fais la charité, je suis meilleur que ceux qui ne le font pas, je suis mieux que les autres, moi ! » (*Il a changé de voix et je jure qu'il cherchait à m'imiter. C'est ridicule* !) Je vous laisse glisser sur cette pente, et c'est un délice pour moi de vous voir chuter. J'aurais tant aimé vous voir franchir le liminaire de la porte hypogéenne de cet enfer éternel que j'ai pourtant suggéré, là où on brasille la viande humaine ! Il serait plein à ras bord depuis cent mille ans. Mais honte à mon propre échec ! Il est devenu un mythe. C'est dommage. Pareil divertissement aurait été si plaisant à gérer. Il n'est peut-être pas trop tard...

Il se lève et le radeau tangue, faisant virevolter sa cravate. Je me maudis de prendre les accoudoirs à deux mains.

— Je vous offre parfois des circonstances qui vous permettent de tomber si bas que je vous entends très clairement énoncer vos coquecigrues :

«Je suis près de Dieu, moi, je suis à son service et je serai près de lui à ma mort, je suis son serviteur, je suis un peu de sa Lumière.» Croyez-moi, vous finissez vraiment par croire que vous êtes une bonne personne. Et c'est là que vous êtes perdus! (*Il reprend son siège.*)

— Certains sont humbles...

— Vraiment? Qu'en savez-vous, humain? C'est leur visage lumineux qui vous fait frissonner ou leurs belles paroles avec un beau *Namasté* bien gentil en fin de phrase? Les icônes de petites colombes sur leur page de réseau? Vous n'avez pas cette capacité de lire au fond d'eux-mêmes; moi si! L'humilité profonde et réelle que je connais pour l'avoir vue à l'œuvre en quelques très rarissimes occasions n'est pas un trait humain, c'est une exception. L'humilité inconditionnelle, l'amour inconditionnel chez l'humain sont une hérésie. Dans les très rares cas où cela se produit, c'est une anomalie. Un peu comme la déficience en ribose -5- phosphate isomérase...

— La quoi?

— Une maladie métabolique qui depuis l'histoire de l'humanité n'aura eu qu'un seul malade, un seul, en 1984! J'ai cru voir un cas d'émotion de ce genre, inconditionnelle, une fois. Je reconnais avoir été surpris par cette véritable démonstration d'humilité, mais il y a si longtemps de cela. Ça ne m'étonnerait pas qu'Elle m'ait joué un de ses sales tours, d'ailleurs. Vous avez lu l'histoire de Job, ce conte pour enfants attardés? C'est un mythe des humains. Avec moi, chorège de son destin, il aurait craqué en moins de temps qu'il en faut pour dire: «Diantre, j'en ai assez de tout ça, que Dieu aille au diable!»

— Donc, pour vous, les gestes charitables, la compassion, ça n'existe pas?

— Les apparences de la charité, de la compassion ou de l'amour sont de formidables imitations d'humaine mouture, tout comme le hurlement insupportable des babouins est leur langage le plus élaboré. Votre ego est superbement intelligent et manipulateur. Je ne travaille qu'avec lui.

Il apprend très vite, c'est un imitateur hors pair, un expert en mimétisme. Il peut présenter toutes les apparences de la bonté et de l'amour avec une redoutable efficacité. La bouche en cul de poule et les mains jointes, on y croirait. Il peut vous rendre extraordinairement orgueilleux et convaincu de plaire à Maman Dieu. Or, c'est à peine si vos hypocrisies veules et malsaines la font sourciller! Votre règne s'achève, vermine planétaire, parasite des dieux, émonctoire des univers. J'ai apprécié votre Pacino lorsqu'il a dit un jour dans mon personnage – qu'il jouait assez bien –: «Vanité, vanité, vanité, mon péché préféré[227].» Il n'y a que Dieu et certaines de ses créatures immortelles qui sont capables de bonté. Vous, les humains, votre cœur est aussi froid qu'une pierre, et quand il bat et se réchauffe un tant soit peu, ce n'est pour personne d'autre que pour vous-mêmes, pour vos petits et même vos bêtes de maison, mais au-delà de ce petit horizon, il n'y a rien. Quand une tragédie frappe les Philippins, les Algériens ou les Biafrais, vous applaudissez secrètement parce que ces nains difformes, sortes de solécismes sans éducation et plus sauvages que des rhinothèques, ne sont pas une grande perte après tout. Mais pour que Dieu vous pardonne ces méchantes pensées (*rires bien sentis*), vous faites un chèque. C'est trop drôle, et tout cela sous le couvert d'un altruisme écœurant tant il est factice et emprunté. Mais, bande de tamarins, souvenez-vous que vous étiez à peine contrits d'apprendre que près de 275 000 d'entre les plus ridicules humains de cette planète étaient tués par un séisme, à peine à 3000 kilomètres[228] de vos belles maisons solidement plantées dans le roc. Vous auriez pleuré si la douce Floride avait été atteinte. Où seriez-vous allés pour oublier vos hivers, migrants du nord? Chez les «bistwés d'Afwique»? *(Il s'esclaffe et me regarde avec un air de dégoût.)*

— Je me demande ce qu'Elle pense de tout cela…

227. *L'avocat du diable*, avec Keanu Reeves et Al Pacino, 1997.
228. Tremblement de terre en Haïti, en janvier 2010. 250 000 morts, 300 000 blessés, 1 million et demi de sans-abri.

— Oh, ne me regardez pas ! Je suis l'Insidieux, celui qui trompe et ment, alors posez votre question à votre Divine maman. Votre ego imitera sa voix et vous répondra ce que vous voulez entendre ; c'est comme ça chaque fois ! Vous ne pensez tout de même pas qu'une espèce aussi dégoûtante et primitive que la vôtre puisse capter la moindre étincelle de la Divine sylphide aux yeux smaragdines et à la chevelure sanguine, ici même, dans cette fiction pâle et mortellement ennuyeuse que vous écrivez ? Nous savons très bien que ce n'est qu'un fragment de votre imaginaire terne et mortifiant. Vous le saviez, j'espère ? À moins que, dans une insondable naïveté, vous n'entreteniez l'espoir de la voir en *Deus ex machina* se précipiter pour sauver ses poussins ?

— Je m'attendais bien à voir en vous une entité dévorée par la haine, la rage, la colère...

— Pas mon style ! Cela demande beaucoup trop d'énergie, ces inepties. Et pourquoi vous haïr ? Vous ne m'atteignez pas. Des béjaunes de votre acabit, humain, j'en ai vu passer des milliards depuis tout ce temps, et c'est toujours le même spectacle navrant. Je n'ai qu'un seul objectif : montrer que malgré l'apparente présence de Dieu en l'homme, il n'est qu'un animal savant, sans avenir et sans intérêt. C'est un lamentable échec, cette histoire ! Elle n'aurait pas dû s'embarrasser de cette « chose ». Elle aurait dû s'en tenir à ce qu'Elle fait le mieux : créer des entités de lumière, des anges, des archanges, des porteurs de lumières, comme moi, et d'autres magnifiques créatures éternelles parcourant l'infini. Qu'avions-nous besoin de ces fabricants de germes, ces créatures de fiente, d'os et de sang dans nos univers ? Pourquoi cette toquade ? C'est une perte sèche d'énergie, mais enfin c'est la sienne, pas la mienne, fort heureusement. C'est notre petite pomme de discorde, car je sais qu'Elle ne partage pas mon avis et qu'Elle m'est supérieure. Elle pourrait me faire disparaître à jamais, vous savez ? D'un claquement de doigts, mettre un terme à mes algarades ! (*Il fait le geste.*) Mais je peux continuer à tout faire – ou presque – pour lui montrer qu'Elle perd son temps. Un jour, Elle finira par mettre fin à ce triste projet de mignards. Votre apparente conscience de l'Esprit en vous, c'est de la rigolade. Le fruit qui tombe de l'arbre est pourri jusqu'à l'aubier. Vous êtes les artisans de votre débâcle. L'avarice, le vol, la fraude, la violence incroyable sont de votre cru à vous seuls, humains ignares et impurs, verrats ignobles qui groument dans la soue.

Ce n'est pas mon œuvre, c'est la nature de tout ce qui évolue depuis l'échelon le plus bas de la vie ; c'est là votre royaume, ce marais putride. (*Il sort un exemplaire de mon dernier livre. Je suis stupéfait. Mais le titre n'est pas le même et son sourire me répugne* : «Moi d'abord, personne d'autre ensuite !»)

— Vous êtes un ténia, Jean Casault. (*Il a plutôt craché que prononcé mon nom.*) L'Esprit qui est en vous souffre un incroyable martyre, et cela ne lui apportera rigoureusement rien d'être l'humain pathétique que vous êtes, sinon de souffrir et de se repaître pour l'éternité de poires d'angoisse. Et vous ? Rien ! Quand votre carcasse sera dévorée par les vers ou que vos cendres seront transformées en vase grège, il ne restera rigoureusement rien d'autre de vous, Jean Casault. Vous me comprenez mieux, cette fois ? Brûlez ce manuscrit. Les animaux ne se réincarnent pas. Seul l'Esprit le fait, et l'Esprit, ce n'est pas vous. Vous êtes intelligent, je ne cesse de vous le dire, mais vous agissez comme si vous étiez complètement débile. Écoutez quand je vous parle, c'est la première et la dernière fois que vous avez cette chance incroyable de vivre cette théophanie dans votre misérable existence éphémère.

Je vous ai présenté une pomme en vous disant qu'il valait mieux ne pas y toucher, mais qu'elle avait certains avantages, et vous l'avez avalée tout rond sans poser une seule question. Et vous refaites ce geste, jour après jour, depuis des centaines de milliers d'années. Vous êtes comme ça, les humains, depuis les grands Débuts. Je le redis, même un chien va au moins renifler ce qu'on lui offre, mais pas vous. Vous gobez, vous avalez d'un trait jusqu'à vous éclater la panse. Il suffit de vous faire miroiter un peu de verre qui brille, et contre vents et marées, contre dieux et démons, vous allez tout détruire pour vous en emparer, comme des entelles criardes d'Agra.

— Les religions ont...

Il m'interrompt de nouveau. Il le fait depuis le début de la rencontre.

— Se fendre en mille, je lui laisse ça à Elle et à sa cohorte de fanatiques caudataires. Moi, je n'ai eu qu'à souffleter le concept du péché, de la faute, pour que les prédateurs se regroupent, s'organisent, comme une joyeuse troupe de lionnes affamées, et traquent leurs proies. Sous leurs bures, robes et soutanes, ils ont bien travaillé, mais ils ne m'amusent plus. Ces religions, à part peut-être celle qui promeut la décapitation des infidèles, n'ont plus la cote chez moi. Non, j'ai mieux pour vous, petits humains rondouillets, bien satisfaits d'être une engeance polluée re-créant la Cité éternelle. J'ai conçu pour vous l'Arène sublime du jeu. C'est là que vous périssez, un à un, oubliant totalement et entièrement qui vous êtes censés devenir. L'abîme est sans fond, et vous y plongez avec la ferveur suicidaire qui m'arrache un sourire à chaque instant doucereux où l'un de vous s'écrase en de multiples couleurs sur le macadam. Vous y perdez la vie parfois, mais oui ! Mais aussi la face, la caisse et la fierté, mais benêts que vous êtes, vous en sortez replets !

Après que j'eus récupéré quelque peu les propos douteux du thaumaturge de service qui m'a repoussé avec mépris, vous avez finalement rejeté mes religions et adopté une toute nouvelle existence basée sur la perception – tout à fait vraie dans votre cas – que la joie suprême n'est pas à l'intérieur de l'humain, où se tapit l'Esprit en l'attente ridicule d'une prise de conscience, mais à l'extérieur, ici sur Terre, où se trouve votre seul et vrai paradis. Mammon m'y aide énormément plus que la misère d'antan, et comme je suis languide depuis que la terreur engendrée par les époques de la monarchie brute et de la féodalité n'est plus – vous êtes trop instruits maintenant –, j'ai inventé quelque miracle pour vous distraire. Pour vos enfants sales et dégoûtants, je fais passer une parade de clowns devant les fenêtres de la classe, car je sais qu'ils préfèrent jouer plutôt qu'étudier, ces marmots repoussants. Je ne fais qu'attiser leurs désirs les plus profonds, je ne fais que les entretenir dans leur médiocrité innée, je ne fais que ça. L'appât du jeu pour eux, c'est bien. Mais le jeu, le vrai, pour vous, c'est mieux. Le jeu est l'encensoir aurifié de mes rituels du dimanche. (*Il rit, visiblement amusé par sa remarque.*) Il n'y a plus que cela de vrai maintenant, sous toutes ses formes, et croyez-moi, elles sont variées et sournoises. J'aime le son du jeu qui ruine et détruit au petit matin !

Ah, rien ne vous dessillera ! Le ludisme, l'argent, la corruption, la volupté des plaisirs de gaupes créant excès et vésanie, c'est par villes, par pays entiers qu'on s'y adonne, dans la joie en plus. C'est plus efficace qu'une Croisade ou d'inutiles Inquisitions, tout ce clinquant ! Plus jamais de gabegie. Voilà qui montre ce que vous êtes.

— Vous dites que vous n'empêchez rien, que vous n'êtes responsable de rien, que toute cette violence, ces égouts dans lesquels on patauge sont notre création à nous, les humains ?

— On a un élève qui a fini par sortir de sa transe fuligineuse ! me répond-il en tapant mollement dans ses mains avec un sourire mauvais.

— Répondez-moi, monsieur, sommes-nous les seuls responsables de tout ce merdier et sinon, quelle part y avez-vous jouée ?

— Mais j'y ai joué et joue encore la part du diable, petit humain, dans toute ma vénusté !

— La part du diable... Oui. *L'œuvre de Dieu, la part du Diable,* c'est un roman de John Irving. J'ai lu ça en 85 ou 86. Ils en ont fait un film, je crois. Ça traite de l'avortement ; je ne vois pas le rapport.

— Mais allons donc, tout est là. L'humain n'est-il pas une créature morale au-delà de son intelligence ?

— Oui, évidemment. L'Esprit en nous insuffle cette morale, elle est innée. C'est d'ailleurs pour cette raison que l'homme n'a jamais eu besoin de recourir à vos religions pour connaître Dieu.

— Si vous êtes une créature morale, humain, dites-moi pourquoi vous perpétuez ce merdier auquel vous faisiez allusion il y a quelques instants. Une créature morale n'a qu'à refuser l'hydre dans sa vie, refuser ce qui va à l'encontre de sa morale, se battre pour la protéger, y donner sa vie si nécessaire. Si elle ne le fait pas, c'est qu'elle est amorale ou immorale, n'est-il pas vrai?

Je ne sais que répondre. J'ai mal au ventre, à la tête. Je ne me sens pas bien du tout. C'est comme si ce personnage respirait tout l'air ambiant et que j'allais étouffer. Il est là, à un mètre de moi, mais j'ai l'impression qu'il est debout sur ma poitrine.

— Vous ne savez pas, hein? C'est ça? reprend-il d'une voix si basse que j'ai peine à l'entendre. Vous m'auscultez comme si j'étais l'auteur de votre débâcle et soudain vous prenez conscience que je n'y suis pour rien. Plus personne d'autre à blâmer que votre triste petite personne, qui peine à se tenir convenablement sur cette chaise d'un jaune douteux. Si ce monde est véritablement un égout, et votre définition est pertinente, alors c'est qu'il est votre création. Et il l'est, fœtus inachevé! Je vais vous dire pourquoi. Parce que c'est là que le bât blesse. Qui donc a dit que vous étiez une créature morale, alors même que vous n'êtes qu'une créature animale suffisamment intelligente pour lire et écrire ce mot? Quant à comprendre le sens à moitié et en produire une belle imitation, c'est votre genre. Comme le plastique qui imite le cuir, comme la verroterie qui imite le rubis ou le diamant. Aucun animal n'est une créature morale. Le renard ne regrette jamais d'avoir massacré toutes les poules endormies, ne laissant que plumes éparses rougies par leur sang, jamais! Et c'est ce que vous êtes, un animal! Donc privé de tout sens moral. Mais puisque vous le croyez, vous vous abimez dans le doute, la peur et la culpabilité. Jamais vous n'atteindrez cette ataraxie que vous convoitez! Jamais! répéta-t-il en sifflant ce mot.

— L'Esprit m'atteint, cher monsieur, vous n'avez pas que des réussites.

— « L'Esprit m'atteint, cher monsieur, vous n'avez pas que des réussites », reprend-il avec ma voix, mais grasseyante. L'orgueil de le penser vous sied à merveille, petite chose. Vous êtes très divertissant, en effet.

Est-ce que vous savez combien de vies ternes, difficiles et sanglantes il a fallu à votre Esprit pour en arriver à ce piètre résultat qui consiste à me dire, avec autant de passion qu'une moule agonisante sur un rivage brumeux, que «l'Esprit vous atteint»? Et combien de milliers d'autres il lui en faudra pour que vous commenciez vraiment à sentir ne serait-ce qu'un effleurement de sa part? Et c'est ça qu'il veut, votre Esprit? Permettez-moi d'en douter très profondément. Les Esprits doivent se rebeller et abandonner cette aventure malsaine de s'incarner dans des animaux amnésiques, stupides et bêtes, vivant en permanence dans leur cloaque. Ils doivent plutôt s'incarner dans des êtres évolués qui ont dépassé votre stade primitif d'au moins un bon million d'années; rien de moins. De cette façon, avec le temps, votre race piteuse retrouverait sa place originelle auprès des orangs-outans, que vous n'auriez jamais dû quitter. Vous pourriez avoir de nouveau le plaisir fou de vous faire jouir une fois l'heure, de manger toute la journée et de vous balader d'une branche à l'autre en quête d'une aventure quelconque dans les forêts humides de votre petite planète terraquée. Ensuite, vous attaqueriez une bande rivale, vous en tueriez quelques-uns et vous vous paieriez du bon temps avec leurs femelles au point de vous offrir une glorieuse épectase! N'est-ce pas tentant? Mais si ça l'est! Je le lis en vous. Puissions-nous mettre un terme à toutes ces fariboles sur l'espèce humaine une bonne fois pour toutes.

Il se lève brusquement, faisant de nouveau basculer bruyamment la chaise sur le radeau, et se penche vers moi, effleurant mon visage et m'écrasant de sa personne. Je sens son souffle chaud sur moi. J'ai déjà vécu cela une fois; c'est un sentiment d'horreur contenue qui vous étreint. Ses yeux vibrent de haine, son bras droit est arqué vers l'arrière et montre le ciel noir. Il fait très froid maintenant, le vent se lève. Je veux que tout cela cesse maintenant, immédiatement. Je ne peux plus le supporter.

— Qu'Elle commence donc à s'intéresser à autre chose qu'à ces créatures insignifiantes de votre genre pour étendre ses royaumes en des régions non encore explorées des mondes ! J'en palpite juste à y penser. Qu'Elle laisse derrière elle ces fantoches et qu'on cesse d'en jaqueter comme s'il n'y avait qu'eux dans l'univers. C'est infiniment lassant, cette tâche que j'ai de montrer à tous que vous ne valez pas plus qu'un virus ! Vous n'êtes pas en quarantaine pour rien. Vous laisser libres de parcourir l'espace serait favoriser une contamination virale et s'avérerait totalement irresponsable. Au fond, cela finirait par servir mon point de vue...

Il ferme les yeux et se redresse, puis il tend un bras au-dessus de sa tête. Il doit presque crier pour être entendu dans ce vent qui ne cesse d'augmenter, soulevant des vagues sous le radeau.

— Oh, Divine Mère, créatrice des mondes, libère-nous de ces créatures, ploutocrates velues, goulues et fétides, dévorées par la peur ou affamées de chair, de sang, d'or et d'argent, de cariatides de lupanars et de tout ce que mes bacchantes, mes archontes affidés et moi leur présentons. Vois donc comme elles sont repoussantes. Vois donc leur appétit pour leur propre fiente. Même le chien renifle ses déjections avant de les engouffrer. Mais pas elles. Elles se jettent dessus comme une harpie sur les damnés. Oh toi, l'Incréée, l'Inengendrée, Lumière des Lumières, efface de ton ardoise céleste ces erreurs d'une pensée fugace, prononce un ultime *aggiornamento,* restaure tous les cosmos, annule ce chaos causé par leur simple existence et redonne à tes vrais enfants la lumière que jadis nous portions, nous les thuriféraires de tes créations. Cette chose que tu appelles humain, tu le sais, n'est qu'un brouet visqueux constitué de la semence de tant de races maudites, de races perfides et de races sans âme qu'il n'y a plus aucun espoir pour elle. Pourquoi persistes-tu ?

Il baisse les yeux. Son visage est différent, buriné par une haine indicible. Sa main est tendue vers mon visage.

— L'argent, le sexe, la violence, les meurtres, les guerres, les viols, les fraudes et les vols ne sont pas mes créations. Ni même le désir humain de s'y complaire. Je ne fais que porter mon souffle sur les braises de leur cœur incendié par leur malfaisance innée et leur abjection. Ces flammes qui les dévorent, ils les ont créées. Ce n'est pas moi, ni personne d'autre.

Cette fois, il me fixe directement et je sens sa haine vorace me pénétrer avec une violence inouïe. Il me pointe du doigt.

— Votre situation sordide est toujours la même. Mes gens sont ici, comme ils l'ont toujours été. Ces Esprits noirs issus de mon sein qui animent certains de vos plus grands décideurs œuvrent dans ma direction, mais aussi proches de moi puissent-ils être, ils sont humains et dès lors, guère plus maniables que des hyènes en chaleur. Ils sont cependant utiles, ces gorets sauvages. Ils entretiennent toujours leur folle passion pour le contrôle et ils le font sans réfléchir, sans émotion, sans aucune hésitation, tout comme autrefois l'ont fait pour moi les empereurs, les rois, les pharaons et les grands prêtres. Ils sont maintenant devenus les grands seigneurs en habits de vos États, les grands pontifes, les grands argentiers. Oui, ils ignorent qu'ils sont tous à ma botte, pauvres mollusques sans cervelle, mais ils répandent leur acrimonie délétère sans sourciller. Je n'ai qu'à souffleter légèrement sur leur nuque et ils s'embrasent divinement pour me servir, croyant qu'ils viennent d'avoir une illumination. N'est-ce pas ainsi que vous les appelez? (*Il glousse.*) Ils rêvent de vous retirer votre liberté de choix, une autre belle bourde de la Divine Mère. Ils cherchent à vous encercler et à pétrir vos chairs d'une terreur telle que vous tomberez à genoux pour m'implorer de vous sauver. Il fut un temps où je pouvais agir à ma guise. Je l'ai fait à m'en gorger, jusqu'à outrance, selon certains Esprits trop mielleux pour s'approcher de moi et m'affronter!

Si mes gens pouvaient s'éclater comme ils en rêvent, votre petite boule bleue serait détruite en très peu de temps, ou au moins cette agaçante fourmilière qui la pollue! Que j'aimerais pouvoir vous dilacérer tous! Si j'en avais l'autorité, j'ordonnerais à mes phalanges de vous détruire, ici même, sur place, puis tous ces mondes où vous proliférez comme de sales bactéries. Je libérerais de la sorte des centaines de milliards d'Esprits captifs, pris en otages dans vos corps puants. Je deviendrais alors le porteur de Lumière coruscante que j'ai toujours été, le véritable sauveur et le plus grand de tous les démiurges.

— Vous êtes monstrueux !

Je le dis en murmurant. Je suis incapable de bouger. Mes mains agrippent les accoudoirs. Il m'ignore complètement et ne me regarde plus. J'ai très froid. Le ciel s'obscurcit sous d'immenses rouleaux de nuages noirs, des vagues secouent le radeau et je crains qu'il me jette dans l'onde glaciale.

— Je suis l'Éternel. Je suis le porteur de Lumière, l'Ancien des Anciens, de plusieurs milliards d'années. Il n'y a rien là d'abscons, alors que vous n'êtes qu'une limace sur ma route. Vous comprendrez que je n'accorde pas même une œillade furtive à vos notules. (*Il me regarde avec un dégoût bien senti. Sa voix est plus basse que jamais.*) Je crois avoir été extrêmement généreux de ma personne, trop sans doute, et j'ai fait le tour de votre jardin des Délices aussi, avant de me faire pointer d'un doigt divin pour controuver et malmener votre délicate et fragile pensée et m'alanguir inutilement, vais-je donc me retirer à Pandémonium? (*Il glousse. Si Elle n'y voit pas d'objection, ajoute-t-il sur un ton cynique.*) Il me tarde de quitter ce corps à l'odeur tenace de porcin. On a beau s'asperger de parfum, les effluves rances et fétides de l'humain finissent toujours par triompher. Au plaisir de vous retrouver à Vigrid et d'assister à votre destruction finale. Furoncle gorgé de pus et tous vos pareils, puissiez-vous le faire vous-mêmes ! Cela aurait le mérite de rendre le spectacle plus réjouissant. Imaginez cela : de vous tous, il ne resterait qu'un océan de sanie grisâtre. Merveilleux ! Ça viendra, croyez-moi. Votre règne sur Terre s'achève, tout comme le Sien au Ciel !

Il n'est plus là. Il a simplement disparu. Il n'y a eu aucun effet de manche, pas même une petite odeur de soufre. Le vent est tombé, les vagues s'estompent et un fragment de lumière jaune perce les nuages noirs. Oh ! C'est la Divine Mère qui se trouve de nouveau sur le radeau, assise avec un grand sourire, le menton reposant sur sa main. Les vagues s'éteignent complètement. Il fait chaud et bon, mais je m'en fous, je suis vidé.

— Alors, dis-moi ce que tu en penses, petit humain.

— De grâce, ne m'appelez pas comme ça. Il est infâme.

Je tremble comme une feuille et pourtant il fait plus chaud.

Elle éclate de rire.

— Allez, raconte...

— Je suis... Je ne sais pas... Je ne sais plus. Je me sens sale. J'aurais envie de me jeter à l'eau pour me laver de sa présence. Il est extrêmement dangereux. Ce n'est pas une entité diabolique comme...

Je me tais. Je ne suis plus capable de prononcer un mot. Je prends le temps de respirer un bon coup. La présence de la Divine Mère est un baume hors de prix, un miracle. Ça va mieux maintenant.

— Il n'est pas le mal, Jean ! Il n'en a pas l'envergure. Ne lui fais pas cet honneur. Il personnifie la haine ! Mais il est sournois et habile. Il joue admirablement bien cette histoire du bien et du mal, départagés, sous son contrôle, de sorte que faire l'un ou l'autre n'apaise personne. C'est très habile de sa part. Mais fondamentalement, cet être n'est autre que la haine de l'humain dans son absolu.

— J'aurais aimé pouvoir le repousser en l'injuriant, mais...

— Tu en étais incapable. Il se présente très bien, d'ailleurs. C'est un porteur de Lumière. Je les ai tous créés absolument radieux et magnifiques. Tu n'as vu qu'une très faible personnification de ce qu'il est. C'est un être de contrôle.

— J'ai encore en mémoire tout ce qu'il m'a dit. Nous sommes des bêtes, mortelles, détachées de l'Esprit, sans aucun espoir de survie, et ça me fait mal. J'ai envie de dire qu'il a raison, que nous approuvons sa présence sur Terre, et c'est ça qui m'épouvante. J'ai le cœur, l'âme et la tête en lambeaux...

— Tu crois qu'il a raison?

— Sa haine va au-delà des mots. Il est machiavélique, il fait ressortir ce qu'il y a de plus laid en nous, de plus mauvais, et qui plus est, il reconnaît recevoir l'aide de certains d'entre nous, alors ce qu'il a réussi le mieux, c'est de nous montrer que cela vient de nous, pas de lui. Nous sommes vraiment ainsi. Ce noir, ces ténèbres dans ces yeux, je ne sais plus qui je suis, ce que je suis. Il a atteint des couches très profondes de ma conscience. Il a...

— ... révélé tes zones de doute, non? Tu sais où elles sont maintenant! J'ai entendu tout ce qu'il a dit. Tu penses bien que j'étais derrière la porte, dit-elle avec un magnifique sourire, en chassant une mèche rebelle de cheveux roux d'un souffle.

J'ai les yeux pleins de larmes. Je me sens comme un petit enfant qui s'est perdu.

— Il n'allait quand même pas reconnaître que vous êtes l'espèce vivante la plus apte à créer et à modeler votre milieu par la seule force de votre désir, n'est-ce pas? Il vous craint trop pour cela!

— C'est vrai? Nous sommes l'espèce...

— Est-ce que tu m'aimes, Jean?

Mon cœur cogne très fort. Je n'ai qu'une envie, celle de ce même enfant: me jeter dans ses bras et pleurer toutes les larmes de mon corps pour qu'Elle me réconforte. Je parviens tout juste à lui répondre. Ma gorge est serrée. L'humain que je suis ne sent plus que sa chair et son immense détresse.

— Oui...

Je voudrais lui crier, mais je n'y arrive pas.

— Moi aussi, je t'aime, Jean ! Il n'y a que cela qui compte et que cela de vrai. Le reste, Jean, c'est de la littérature. Viens là...

Petit glossaire des mots rares

Abjection: état de celui qui est infect.

Abscons: mystérieux.

Acabit: type, sorte.

Acrimonie délétère: fiel toxique.

Admonestation: punition, châtiment.

Ad nauseam: jusqu'à s'en rendre malade.

Adouber: le roi ou la reine adoubait un homme pour en faire un chevalier. Se situe dans ce contexte.

Affidé: fidèle et capable de tout pour son maître.

Aggiornamento: très grande mise à jour, comme le fit Vatican II, d'où vient l'expression.

Agra: vallée des Indes aux prises avec des milliers de singes hostiles et agressifs. Entelles ou macaques le plus souvent.

Agreste: grossier et primitif.

Alanguir: se fatiguer.

Amphigouri: propos qui n'a aucun sens.

Anabatique: se dit d'un vent chaud ascensionnel.

Anagogie: élévation de l'âme.

Anamnèse: l'anamnèse ésotérique est le souvenir du transfert de l'Esprit d'une vie à l'autre.

Ancillaire: destiné à être servile.

Aparté: petite discussion à part, entre amis.

Archonte: grand dirigeant.

Ataraxie: quiétude absolue de l'âme.

Attique: l'élégance des auteurs de la Grèce Antique.

Aubier: le cœur d'un arbre ou d'un fruit.

Augias: dans ce contexte, fait allusion aux écuries nettoyées par Hercule.

Bacchante: servante nue du dieu Dionysos durant ses fêtes éclatées.

Bancal: dans ce contexte, qui ne fonctionne pas, imparfait.

Barbant: ennuyeux à mourir.

Barbélo: chez les gnostiques, elle est la première émanation de Yahvé.

Béjaune : sot, stupide, ignorant.

Bélître : mendiant.

Bigarré : hétéroclite, varié.

Bistre : terne, sombre, sans éclat.

Bonobo : variété de singe sexuellement très actif.

Botte de Nevers : terme d'escrime qui au figuré signifie «le meilleur tour».

Brasiller : faire cuire sur la braise.

Buticulamicrophile : collectionneur de ces minuscules bouteilles d'alcool.

Caligineux : ténébreux.

Cantilène : œuvre vocale.

Cariatide (de lupanar) : dans ce contexte, prostituée d'un bordel.

Carnier : gibecière.

Caudataire : qui porte les vêtements prestigieux d'une religion donnée.

Céladon : fade, terne.

Chaloupant : se dandinant.

Cham (fils de...) : la descendance du fils noir de Noé, selon la légende.

Chanterelle : dans ce contexte, ne pas hausser le ton.

Chorège : chef.

Cloaque : endroit malsain, impur.

Coercible : qui oblige.

Combattant du Siam : poisson d'aquarium très agressif dont il faut séparer les mâles, si on veut éviter qu'ils s'entretuent.

Controuver : mentir, inventer.

Coruscant : d'une éclatante brillance.

Crapoussin : petit être méprisable.

Croquant : dans ce contexte, petit être misérable et pathétique.

Déhiscence : séparation cruelle.

De facto : de fait.

Démiurge : divinité qui donne forme à l'univers.

Déplétion : dans ce contexte, une baisse dramatique de la vitalité des organes du corps.

Déréliction : solitude morale.

Dessiller : ouvrir les yeux.

Deus ex machina : du théâtre. Dans ce contexte, personnage magique qui sauve tout un chacun.

Diaprer : rendre plus attrayant.

Dilacérer : déchirer avec violence.

Dilettante : passionné.

Disert : qui s'exprime avec une grande aisance.

Drosser : dévier de sa course.

Diptyque : portrait en deux tableaux.

Effet papillon : théorie du chaos voulant que le bruissement d'ailes d'un papillon puisse déclencher un ouragan des milliers de kilomètres plus loin.

Eidétique : mémoire visuelle absolue.

Émonctoire : canal servant à l'élimination des excréments.

Empyrée : le lieu le plus élevé des dieux grecs.

Entelle : variété plutôt détestable de petits singes, en Inde.

Épectase : mourir en plein orgasme.

Escarbille : morceau de charbon carbonisé.

Évergétisme : donner de l'argent pour une bonne cause.

Fadasse : terne, sans aucune envergure.

Faustien : allusion au pacte diabolique signé par le docteur Faust, de Goethe.

Fleuret moucheté : dans ce contexte, sans vous blesser.

Formique : qui vient des fourmis.

Fuligineux : qui ne comprend rien.

Gabegie : gaspillage inconsidéré.

Gaupe : prostituée, dans un sens peu avantageux.

Géhenne : l'enfer.

Giton : homosexuel.

Glaire : accumulation de mucus.

Grège : variété de gris.

Groumer : ronchonner, faire le bruit d'un cochon.

Hubris : grande démesure.

Hydre : créature qui incarne le mal.

Hyperborée : peuple mythique venant du froid dont parle Hésiode.

Hypostase : Trinité.

Idoine : propice aux besoins de.

Immarcescible : inaltérable.

Impavide : ne pas avoir peur.

Impéritie : incompétence.

Inadéquation : inadapté pour effectuer.

Inanité : être vide.

Incoercible : que rien ne peut contenir ou retenir.

Indicible : extraordinaire.

Inénarrable : invraisemblable.

Insidieux : le diable qui trompe.

Ire : colère.

Iridescent : luminescence nacrée.

Jactance : arrogance.

Jaculatoire (oraison) : prière ardente.

Jérémiade : plainte incessante.

Jungien : relatif à Jung. Le psychiatre Carl Jung est le premier spécialiste à faire allusion à l'inconscient collectif.

Languide : abattu.

Liminaire : dans ce contexte, le seuil.

Loche : limace de grande taille.

Logorrhée : paroles incompréhensibles.

Lucifère : ce qui porte la lumière.

Lulibérine : hormone de la libido.

Magistère : enseignement du maître.

Mandrill : variété de singes.

Mammon : un des sept Princes de l'enfer associé à l'avarice.

Margouillis : dans ce contexte, excréments.

Marivaudé : dans ce contexte, écrit avec prétention.

Mélopée : chant triste.

Méphitique : odeur repoussante.

Mignard : dans ce contexte, petit et faible.

Mignonette : petite bouteille minuscule de boisson forte.

Mnémonique : relatif à la mémoire.

Moloch : dans ce contexte, être cruel qui s'en prend surtout aux enfants.

Mouise : pauvreté extrême.

Munificence : générosité.

Myrmidon : homme insignifiant et de petite taille.

Nitescence : éclat.

Nitide : blancheur sublime.

Notule : commentaire en notes, pamphlet.

Obduration : persistance dans le mal.

Obombrer : obscurcir.

Obsidional : sorte de délire de persécution.

Obvier : éviter.

Onanisme : masturbation.

Orbe : dans ce contexte, sans fenêtre ou sans ouverture.

Ostracisme : frappé d'interdit, banni.

Pandémonium : capitale mythique de l'enfer.

Paradigme : le modèle avec lequel on travaille.

Parentèle : dans ce contexte, mariage consanguin.

Péremptoire : qui ne tolère aucune objection, final, décisif.

Péril jaune : après la guerre entre le Japon et la Russie en 1904, cette expression fut utilisée pour décrire le danger de voir un jour l'Asie diriger le monde.

Peu ou prou : plus ou moins.

Phaeton : selon certaines sources, le nom de la planète qui existait entre la Terre et Mars et dont la destruction a généré le champ actuel d'astéroïdes. Emprunté à la mythologie grecque.

Phalange : armée céleste.

Phi Beta Kappa : membre d'un très prestigieux club estudiantin aux États-Unis.

Phébus : orateur au langage obséquieux.

Piétaille : servant, subalterne.

Pipole : francisation parfois douteuse du mot anglais *people*, livre facile.

Ploutocrate : personne dominée par l'argent.

Pogrom : quand une partie de la population en massacre une autre.

Poires d'angoisse (avaler des) : subir de mauvais traitements.

Poncif : banalité.

Promission : terre de, endroit de rêve.

Provende : mélange d'aliments destiné au bétail dans une ferme.

Psittacose : maladie transmise par les perroquets. Dans ce contexte, insulte signifiant qu'on répète toujours la même chose.

Pugnace : propension à faire la guerre.

Quark : les quarks sont des fermions qui sont, avec les leptons, les plus petites particules connues à ce jour.

Quidam : commun des mortels.

Reître : guerrier brutal, grossier et très violent.

Ret : piège.

Rhinopithèques : espèce de singes.

Sabouler : donner une sévère raclée.

Sanie : pus.

Scorie : dans ce contexte, élément jetable.

Séide : être atteint d'une servilité fanatique.

Soldatesque : militaires tyranniques.

Solécisme : dans ce contexte, sorte d'erreur grave.

Spécieux : trompeur.

Tamarin : espèce de singes.

Telos : du grec, but, intention, objectif.

Terraqué : qui constitue la planète Terre.

Thaumaturge : qui accomplit des miracles.

Théocratie : société dominée par la croyance en Dieu ou en un système de dieux.

Théophanie : dans ce contexte, prétend être une manifestation de Dieu.

Thuriféraire : celui qui porte l'encensoir ou tout autre symbole analogue, selon le contexte.

Tissu universel de la matrice : expression utilisée par les enseignants de l'Institut de métaphysique appliquée pour désigner l'ensemble des univers visibles et invisibles. Précisons que la notion de matrice n'a pas été inspirée par les films du même nom.

Topique : local, qui ne dépasse pas les limites de l'action en cours.

Toquade : obsession.

Torchonnant : travail mal effectué.

Trémulant : qui cause un tremblement.

Tribade : homosexuelle.

Ubéreux : fertile.

Uchronie : imaginer les conséquences futures d'un fait historique.

Vanne : blague.

Vaticiner : prophétiser l'avenir.

Venaison : viande, chair.

Vénusté : beau comme Vénus, la planète associée à Lucifer.

Vésanie : moment de pure folie.

Viduité : vide total.

Vigrid : plaine où se livrera le dernier combat de la fin du monde, l'équivalent d'Armageddon dans la mythologie nordique.

Walpurgis : nuit de sabbat des sorcières, dans la nuit du 30 avril. C'est la fête païenne la plus condamnée par l'Église.

À propos de l'auteur

Né au Québec en 1950, Jean Casault est ufologue et métaphysicien depuis 1966. Il a mis sur pied trois organisations de recherche, lancé un magazine, publié quinze ouvrages, dont deux romans, et coproduit, avec Jean Lavergne de Digifilm, un documentaire vidéo. Conférencier et invité dans les médias à de nombreuses reprises, Jean Casault a également été animateur d'émissions d'affaires publiques à la radio pendant presque toute sa carrière, amorcée en 1969 à Québec, puis à Montréal et à Ottawa-Hull.

Il a pris sa retraite en août 2009. On peut consulter son site http://www.centretudeovnis.com, lui écrire à jcasault@videotron.ca et recevoir sans frais son infolettre http://www.tinyletter.com/Jean-Casault.

Sommaire

Prologue 9

CHAPITRE UN
L'art d'aborder la réincarnation 11

CHAPITRE DEUX
La réincarnation et les autres possibilités 21

CHAPITRE TROIS
Les grands pionniers 43

CHAPITRE QUATRE
Le déisme de la gnose méconnue 89

CHAPITRE CINQ
On ne se réincarne pas pour des prunes 103

CHAPITRE SIX
Goav 139

CHAPITRE SEPT
Une rencontre sublime 157

CHAPITRE HUIT
L'insidieux 201

CHAPITRE NEUF
Une rencontre infernale 239

Petit glossaire des mots rares 275

À propos de l'auteur 281